期货交易者教育系列丛书

铝期货

中国期货业协会　编

中国财经出版传媒集团
中国财政经济出版社
北京

图书在版编目（CIP）数据

铝期货 / 中国期货业协会编. -- 北京 : 中国财政经济出版社, 2024.10
（期货交易者教育系列丛书）
ISBN 978-7-5223-2980-2

Ⅰ. ①铝… Ⅱ. ①中… Ⅲ. ①铝－期货交易－基本知识 Ⅳ. ①F830.93

中国国家版本馆CIP数据核字(2024)第062130号

责任编辑：马 真　　　责任校对：张 凡
封面设计：王 颖　　　责任印制：党 辉

铝期货
LYU QIHUO

中国财政经济出版社 出版
URL：http：//www.cfeph.cn
E－mail：cfeph@cfeph.cn

社址：北京市海淀区阜成路甲 28 号　邮政编码：100142
营销中心电话：010－88191522　编辑部电话：010－88190912
天猫网店：中国财政经济出版社旗舰店
网址：https：//zgczjjcbs.tmall.com
中煤（北京）印务有限公司印刷　各地新华书店经销
成品尺寸：170mm×230mm　16 开　18 印张　275 000 字
2024 年 10 月第 1 版　2024 年 10 月北京第 1 次印刷
定价：49.00 元
ISBN 978－7－5223－2980－2
（图书出现印装问题，本社负责调换，电话：010－88190548）
本社质量投诉电话：010－88190744
打击盗版举报热线：010－88191661　QQ：2242791300

《期货交易者教育系列丛书》
编委会

前　言

我国期货市场经过30多年发展，经历了从无到有、从小到大、从乱到治，走出了一条独具特色的道路，取得了令人瞩目的成就。30多年来，期货市场的规则体系不断完善，品种创新有序推进，风险管理工具进一步丰富，对外开放进程明显加快。期货市场的规模稳步扩大，市场交易者结构逐步优化，资产管理和风险管理等创新业务探索取得初步成效。期货市场整体运行质量和效率不断提高，发现价格、管理风险和配置资源的基础功能得到发挥，在服务实体经济、促进产业升级、助力乡村振兴和维护国家经济金融安全等方面发挥着越来越重要的作用。

随着我国期货市场规模的不断发展壮大，新的市场参与者特别是个人交易者数量呈持续上升趋势。交易者是期货市场的重要主体，期货市场的发展离不开交易者的积极参与。中小投资者是我国现阶段资本市场的主要参与群体，但处于信息弱势地位，抗风险能力和自我保护能力较弱，合法权益容易受到侵害。维护中小投资者合法权益是证券期货监管工作的重中之重，关系广大人民群众的切身利益，是资本市场持续健康发展的基础。因此，当前我国期货市场正处于快速发展时期，做好期货交易者教育工作意义深远。

2013年，《国务院办公厅关于进一步加强资本市场中小投资者合法权益保护工作的意见》（以下简称《意见》）发布，指出要强化中小投资者教育，加大普及证券期货知识力度。将投资者教育逐步纳入国民教育体系，有条件的地区可以先行试点。充分发挥媒体的舆论引导和宣传教育功能。证券期货经营机构应当承担各项产品和服务的投资者教育义务，保障费用支出和人员配备，将投资者教育纳入各业务环节。提高投资者风险防范意识。自律组织应当强化投资者教育功能，健全会员投资者教育服务自律规则。中小投资者应当树立理性投资意识，依法行使权利和履行义务，养成良好投资习惯，不听信传言，不盲目跟风，提高风险防范意识和自我保护能力。2019 年 3 月，中国证监会、教育部联合印发了《关于加强证券期货知识普及教育的合作备忘录》，旨在学校教育中大力普及证券期货知识，推动全社会树立理性投资意识，提升国民投资理财素质，维护社会和谐稳定。2022 年 8 月 1 日，《期货和衍生品法》正式施行，确立了期货交易者权益保护制度。

随着《意见》的深入贯彻和落实，我国中小投资者保护工作取得了积极成效，围绕期货交易者教育工作，期货市场的监管部门、自律组织与中介机构都深入进行了大量形式多样、内容丰富、卓有成效的工作。由中国期货业协会（以下简称“协会”）组织编写的本套《期货交易者教育系列丛书》，就是协会按照行政监管部门统一部署，贯彻落实期货交易者教育工作的重要措施之一，也是协会积极响应《关于加强证券期货知识普及教育的合作备忘录》要求，推动期货知识进校园、进课堂、纳入国民教育体系的切入点。本丛书是为期货交易者编写的一套普及性读物，以广大普通交易者为服务对象，兼顾了专业机构的需求，采取简单明了的问答体例，在语言上力争做到深入浅出、通俗易懂、可读性强。衷心地希望本丛书的出版能够为期货交易者了解期货市场、树立风险意识、理性参与期货交易提供有益的帮助。

在此，我们对所有在本丛书编写和出版过程中付出辛勤劳动的朋友表示衷心感谢。由于编写时间紧迫，书中错误和疏漏在所难免，恳请读者批评指正。

中国期货业协会

2024 年 9 月

目　录

第六章　铝期货的套利交易 / 159

第七章　铝期货的投机交易 / 205

第一章

铝的基本知识

本章要点

本章简要阐述了铝的基本属性和冶炼工艺，以及铝的生产消费情况和铝的产业链结构，帮助投资者了解铝现货产业，做好期货交易准备。

一、铝是一种什么样的金属？

铝，化学符号是 Al，是地壳中含量最丰富的金属元素，它占整个地壳总质量的 7.45%，仅次于氧和硅，在地壳中的含量位居第三位，是地壳中铁含量的 15 倍，是铜含量的近 4 倍。在已知金属品种中，产量和消费量仅次于钢铁，为第二大类金属。铝在潮湿空气中能形成一层防止金属腐蚀的氧化膜。铝粉和铝箔在空气中加热能猛烈燃烧，并发出炫目的白色火焰。铝易溶于稀硫酸、硝酸、盐酸、氢氧化钠和氢氧化钾溶液，不溶于水。铝的相对密度是2.70，熔点是660摄氏度，沸点是2327摄氏度。铝呈现银白色，有光泽，具有特殊的化学、物理特性，不仅重量轻、质地坚，而且具有良好的延展性、导电性、导热性、耐热性和耐核辐射性，是国民经济发展的重要基础原材料。

1854年，法国化学家德维尔把铝矾土、木炭、食盐混合，通入氯气后加热得到NaCl和$AlCl_3$复盐，再将此复盐与过量的钠熔融，得到了金属铝。当时的铝非常珍贵，据说在当时的宴会上，只有拿破仑三世用铝制刀叉，而其他人用的是金制和银制餐具。那时铝被称作“来自黏土的白银”。

1886年，美国的豪尔和法国的海朗特分别独立地电解熔融的铝矾土和冰晶石的混合物制得了金属铝，奠定了今天大规模生产铝的基础。

（一）铝的自然属性

铝的质量轻，强度大，其密度为2.72克/立方厘米。纯铝退火后，对其进行的任何操作都会提高其强度。用铝替代钢，通过合理的结构设计，构件重量可减轻50%。用铝和铝合金制造的各种车辆，因为大大减轻了车辆的重量，所以能耗大幅下降，其所节省的能量远远超过炼铝时所消耗的能量。目前，在房屋建筑中，普遍使用铝合金做房屋的门窗及外墙装饰材料等。图1-1是用铝做成的铝板、铝棒，用于加工成铝合金门窗和电缆导线等。

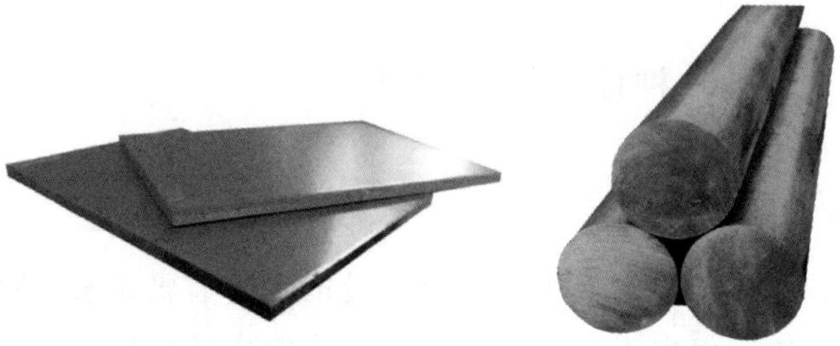

图1-1 铝板、铝棒

铝具有良好的导电性，与铜相比，其导电率是铜的65%，相同重量的铝可以承载两倍的电流。这一特性使铝在电力行业中被大量应用。在电力输送方面，铝的用量居首位，90%的高压电导线是用铝制作的。

铝拥有良好的导热性，它的热传导率是钢的5倍。在包装、热交换器等领域，铝被广泛使用。

铝还有良好的耐热性和耐腐蚀性，在室温下，铝合金表面形成一层致密的氧化铝薄膜后将停止氧化过程，加之其质量轻、硬度强的特点，铝合金材料被广泛应用于海、陆、空各种运载工具，尤其是在飞机、导弹、火箭、航天等高端领域。一架超音速飞机的用铝量占其自身重量的70%，一枚导弹用铝量占其总重量的10%以上。

铝的可塑性很好，具有延展性，便于各种冷、热压力加工，它既可以制成厚度仅为0.006毫米的铝箔，也可以冷拔成极细的丝。铝箔、铝罐、铝锅等在日常生活中的使用非常普遍。

（二）铝合金的特性

纯铝很少在实际生活中使用，其应用主要是通过合金的形式。铝的熔点660摄氏度（1222华氏度），随温度升高，它的强度迅速降低。绝大多数铝合金都用于200～250摄氏度以下。铝强度的高温强度变化曲线如图1－2所示。

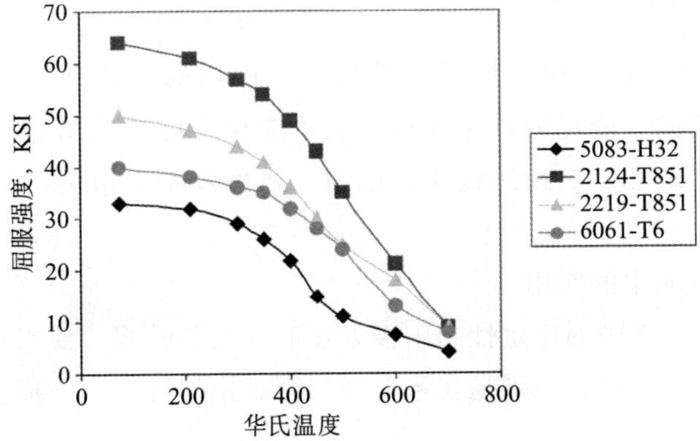

图1－2　铝强度的高温强度变化曲线

注：测试前在温度点保温30分钟。

资料来源：美国铝业。

低温下铝的性能随温度降低而升高。铝合金常用于低温结构件，如焊接低温贮罐。铝强度的低温强度变化曲线如图 1－3 所示。

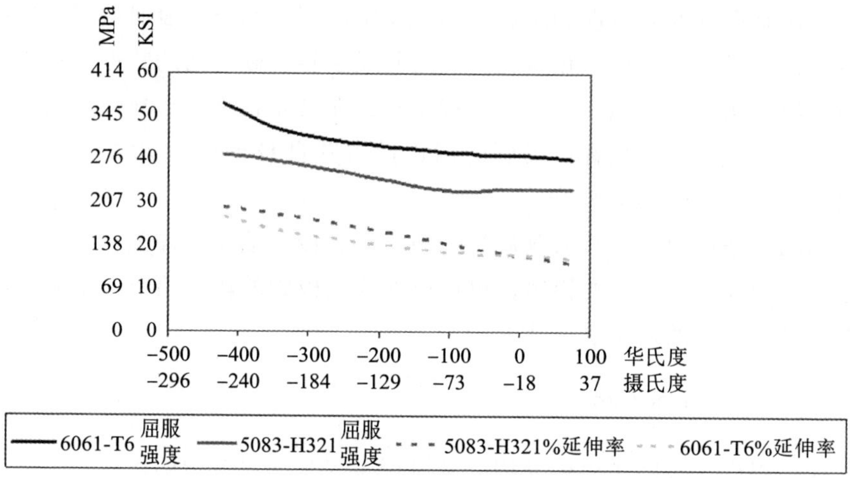

图 1－3 铝强度的低温强度变化曲线

资料来源：美国铝业。

（三）铝的主要用途

近 50 年来，铝已成为世界上最为广泛应用的金属之一。特别是近年来，铝作为节能、降耗的环保材料，无论应用范围还是用量都在进一步扩大。尤其在建筑业、交通运输业、电力、机械设备、包装、耐用消费品等行业。

1. 建筑行业中的应用

由于铝在空气中的稳定性和阳极处理后的极佳外观，使铝在建筑业上被越来越多地广泛应用，特别是在铝合金门窗、铝塑管、装饰板、铝板幕墙等方面。

（1）铝塑管。铝塑管是一种由中间纵焊铝管，内外层使用聚乙烯塑料，层与层之间热熔胶共挤复合而成的新型管道（见图 1－4）。由于其质轻、耐用而且施工方便，其可弯曲性更适合在家装中使用。铝塑管内外层均为特殊聚乙烯材料，清洁无毒，平滑，可使用50年以上。中间铝层可100%隔绝气体渗透，并使管子同时具有金属和塑胶管的优点，而又剔除了各自的缺点。铝塑复合管以无可比拟的优势广泛应用于冷、热给水管道，且相对其他管材，铝塑复合管在中国发展已相当成熟，有完善的产品标准和应用规范，广为市场所接受。

图1－4　铝塑管

（2）铝合金门窗、铝板幕墙。铝合金门窗及幕墙由于其自重轻、强度高、密封性好、耐用性好、装饰效果优雅、安装施工方便等特点，在当前的建筑中得到了极为广泛的应用（见图1－5）。

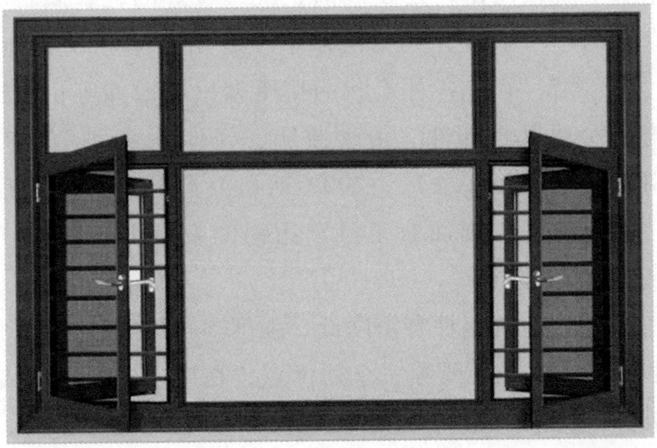

图1－5a　铝合金门窗

图1－5b　铝板幕墙

2. 交通运输行业中的应用

在交通运输业上，为减轻交通工具自身的重量，减少废气排放对环境的污染，汽车、火车、地铁、飞机、船舶等交通运输工具大量采用铝及铝合金作为构件和装饰件。例如，目前快速发展的动车组，2022 年中国已经拥有 32000 余个车厢，按铝用量 8 吨/个计算，铝的用量为 256 万吨。

（1）汽车。铝是制造汽车不可缺少的重要材料，在推动汽车轻量化进程诸多材料竞争中脱颖而出，是发展前景继续看好的轻金属材料。变形铝合金主要用于汽车的车身系统、热交换器系统、箱式车厢及其他系统部件等，主要包括板、带、箔、管、各种形状的挤压型材和锻件等；铸造铝合金主要用于汽车油箱、发动机零部件、传动装置、壳体等零件。在美国，1990 年小汽车平均用铝量为 90.72 公斤，2009 年则上升到约 145 公斤。近些年电动汽车市场的快速发展，则加速了汽车用铝的发展。2022 年美国轻型汽车单车用铝量已达到 227 公斤。

（2）飞机。铝合金由于具有密度低、强度高、耐腐蚀性强、易导热导电、塑性和加工性能良好、成本低等一系列优点，在航空方面一直是大飞机机体结构的主要用材。目前，国内飞机零件 90% 以上为铝合金件，少量为不锈钢和钛合金钢，且整体结构件越来越多，应用复合材料是今后的发展方向。

除了用于汽车、飞机制造外，铝在火车、轮船等大型交通工具中的使用也极为广泛，此处不再赘述。

3. 电力行业中的应用

中国高压及特高压输电线路广泛应用铝制品。如变压器线圈、感应电动转子、母线排等多用铝，还有铝电力电缆、铝布电线、铝电磁线等。电线电缆用铝量约占电力行业用铝量的75%～85%（见图1－6）。

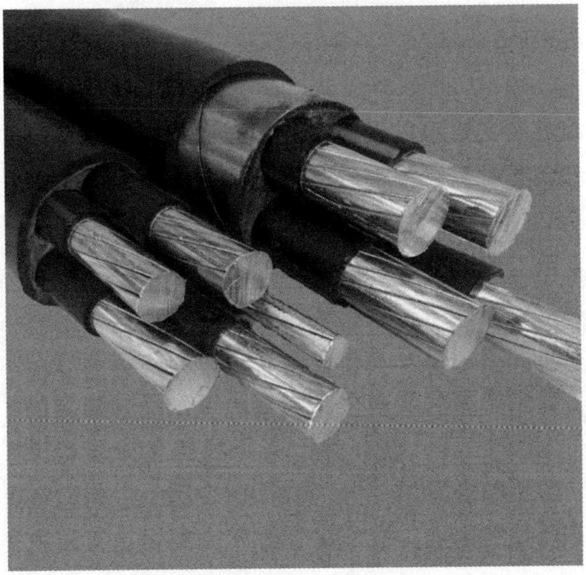

图1－6　铝线缆

由于铜线缆的制造成本比铝线缆要高出很多，电力行业将更多地使用铝制造线缆和热交换器等。

4. 包装业中的应用

全球包装工业的发展极大地带动了对铝箔的需求，使包装业成为铝箔最大的应用消费市场。据欧洲铝箔工业协会统计，欧洲有70%以上的铝箔应用于各类包装制品，在美国这一比率高达75%，在日本包装用铝箔消费占70%，其中仅食品包装就占了铝箔消费量的30%。目前，在全球约6000亿美元的包装消费市场中，中国已成为仅次于美国和日本的第三包装大国。随着我国包装工业的快速发展，铝箔在包装领域的应用迅速增加，但与发达国家相比仍有一定的差距，未来的发展空间巨大。目前，我国包装用铝箔主要集中在卷烟、食品、奶制品、医药、日化品等方面（见图1－7）。

图1-7 铝箔包装

5. 光伏行业的应用

在全球能源转型的驱动下，太阳能等新型能源的需求快速增长。太阳能光伏组件中边框则以铝制边框为主，分布式光伏使用的支架也多以铝合金为主。全球光伏产业的高速增长也为铝消费提供新的增长动能。据测算，2022年国内光伏用铝超200万吨，占总消费量的5%左右。

6. 其他产业

（1）机械设备制造业中的应用。铝合金制成的零部件具有重量轻等许多优点，使其在机械设备制造业中也得到了大量应用（见图1-8）。

图1-8 铝制零件

（2）冶金行业。在冶金行业中，铝主要用于炼钢脱氧、铁合金和特种钢生产的添加剂。炼10000吨钢需要消耗约8.8吨铝，一般普通钢耗铝量为

0.4 ~0.5 千克/吨，不锈钢耗铝量高达 30 千克/吨。随着冶金行业产品结构的调整，增加高效钢和不锈钢产量比率，冶金行业的用铝量还会增多。

（3）电子行业。电子行业用铝也非常广泛，民用产品中的收音机、电视机、基础器件中的电容器（见图 1 - 9）、电位器、扬声器等；军用产品如雷达、雷达侦察干扰设备、战术导弹成套设备、卫星地面站成套设备等均大量使用铝。

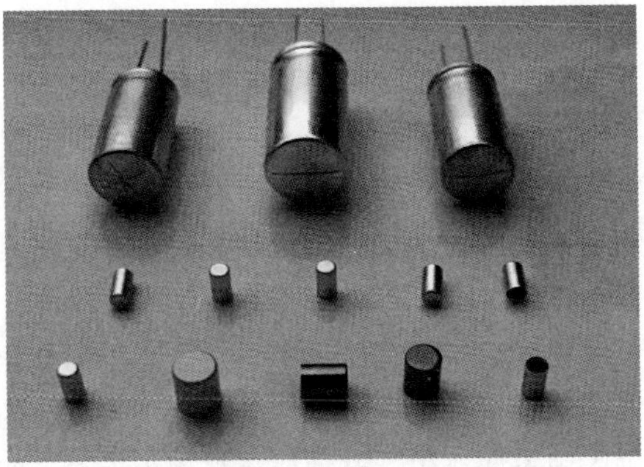

图 1 - 9　电容器

二、铝的冶炼工艺是怎样的?

铝在生产过程中由四个环节构成一个完整的产业链：铝矿石开采—氧化铝制取—电解铝冶炼—铝加工生产。铝土矿经过破碎、溶解和沉淀等过程，形成中间产品氢氧化铝；氢氧化铝经过高温焙烧后形成氧化铝；氧化铝在电解槽中经过电解处理，形成铝含量 99% 以上的铝液；铝液经过冷却、铸锭形成电解铝锭，或者通过添加不同比例的铜、锰等微量元素形成各种铝合金，用于进行加工铝合金门窗、电线电缆等各种终端使用产品。通常，4 吨铝土矿可以生产 1.92 吨氧化铝进而生产 1 吨电解铝。电解铝的冶炼过程如图 1 - 10 所示。下文主要介绍氧化铝的制备工艺和电解铝的冶炼工艺。

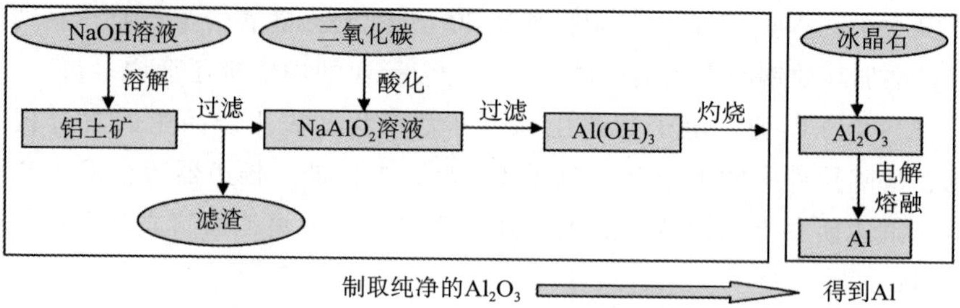

图1-10 由铝土矿制备铝的工艺流程

（一）氧化铝的制备方法

当前冶金级氧化铝基本通过将铝土矿进行化学处理，除去硅、铁、钛等的氧化物制得。制备方法可分为碱法、酸法和酸碱联合法，目前广泛使用的拜耳法即为碱法。

碱法就是用氢氧化钠溶液处理铝土矿，使矿石中的氧化铝水合物和碱反应生产铝酸钠溶液。铝土矿中的铁、钛等杂质和绝大部分的二氧化硅则成为不溶性的化合物进入固态残渣中，这种残渣被称为赤泥。铝酸钠溶液与赤泥分离后，经净化处理，分解析出氢氧化铝，将氢氧化铝与碱液分离并经过洗涤和焙烧后，即获得氧化铝。

1887年由奥地利工程师卡尔·约瑟夫·拜耳发明氧化铝制得方法，其基本原理是用浓氢氧化钠溶液将氢氧化铝转化为铝酸钠，通过稀释和添加氢氧化铝晶种使氢氧化铝重新析出，剩余的氢氧化钠溶液重新用于处理下一批铝土矿，实现了连续化生产。100多年来该方法不断得到改进，但仍然沿用着拜耳法这个名字。目前，全球绝大部分氧化铝生产都用拜耳法。

拜耳法包括两个主要的过程，也就拜耳提出的两项专利，一项是他发现氧化钠与氧化铝摩尔比为1.8的铝酸钠溶液在常温下，只要添加氢氧化铝作为晶种，不断搅拌，溶液中的氧化铝便可以呈氢氧化铝徐徐析出，直到其中氧化钠与氧化铝的摩尔比提高至6；另一项是已经析出了大部分氢氧化铝的溶液在加热时又可以溶出铝土矿中的氧化铝水合物，这也就是利用种分母液溶出铝土矿的过程。交替使用这两个过程就能够一批批地处理铝土矿，从中得出纯的氢氧化铝产品，构成所谓的拜耳法循环（见图1-11）。

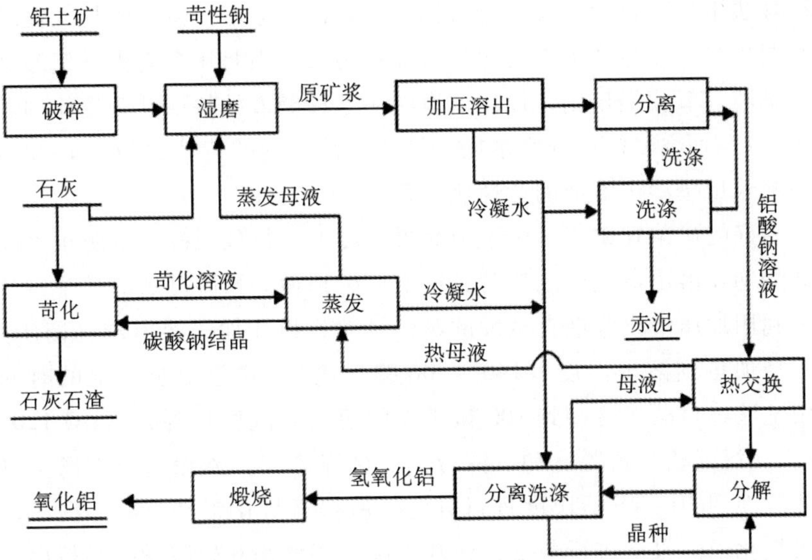

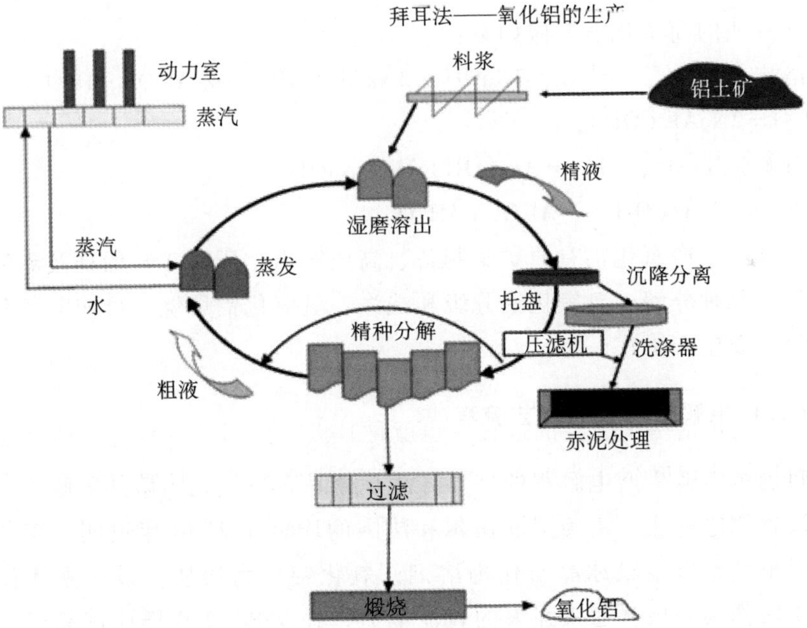

图 1－11　氧化铝生产流程

资料来源：根据新湖期货研究所公开资料整理。

拜耳法生产氧化铝需要先行将铝土矿破碎、湿磨。湿磨时加入循环苛性碱液配制矿浆。在生产中不是用纯苛性钠溶液，而是用含有大量铝酸钠的返回苛性碱液。氧化铝厂用苛性比值来说明这种碱液的特征。苛性比即碱液中所含 Na_2O 与所含 Al_2O_3 的摩尔比。循环苛性碱液的苛性比为 3.1 ~ 3.4。铝土矿的配入量按溶出溶液的苛性比 1.5 ~ 1.7 计算。

配制好的矿浆在矿浆槽中于 100 摄氏度下进行预脱硅，以防止生成的水合铝硅酸钠在溶出器组的加热管管壁上产生结垢。预脱硅后的矿浆在热交换器组中利用加压溶出浆液自蒸发的蒸气预热，再在加压溶出器（即压煮器）中进一步加热到溶出温度（140 ~ 200 摄氏度），并停留至规定的时间。然后，用洗液将自蒸发冷却到 100 摄氏度的溶出浆液稀释到含 Na_2O 120 ~ 150 克/升，在沉降槽中再脱硅和沉降分离、洗涤赤泥。赤泥送至堆场。将铝酸钠溶液冷却到 70 ~ 75 摄氏度进行分解。所得氢氧化铝经分离、洗涤，而后煅烧成氧化铝。母液进行蒸发，使其中部分碳酸钠和硫酸钠结晶析出，循环溶液返回湿磨。

拜耳法的简单化学反应如下：

溶出：$Al_2O_3 \cdot 3H_2O + 2NaOH = 2NaAl(OH)_4$ 或 $Al_2O_3 \cdot H_2O + 2NaOH + 2H_2O = 2NaAl(OH)_4$

分解：$NaAl(OH)_4 = Al(OH)_3 \downarrow + NaOH$

煅烧：$2Al(OH)_3 \rightarrow Al_2O_3 + 3H_2O$

拜耳法生产氧化铝有原矿浆制备、高压溶出、压煮矿浆稀释及赤泥分离和洗涤、晶种分解、氢氧化铝分级和洗涤、氢氧化铝焙烧、母液蒸发及苏打苛化等主要生产工序。

（二）电解法制铝的工艺流程

目前，工业生产电解铝的主要方法是冰晶石—氧化铝熔盐电解法，即霍尔—埃鲁铝电解法，由美国的霍尔和法国的埃鲁于 1886 年发明。霍尔—埃鲁铝电解法是以熔融冰晶石作为溶剂，氧化铝作为溶质，以炭素体作为阳极，铝液作为阴极，通入强大的直流电后，在 950 ~ 970 摄氏度高温下，在电解槽内的两极上进行电解。其工艺流程如图 1 - 12 所示。

主反应方程式如下：

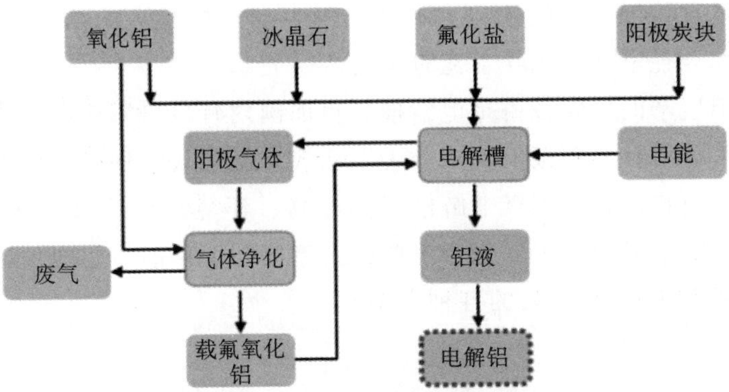

图 1－12a　电解铝工艺流程

图 1－12b　电解铝生产现场

在熔化条件下：$Al_2O_3 = 2Al^{3+} + 3O^{2-}$

阴极：$4Al^{3+} + 12e^- = 4Al$

阳极：$6O^{2-} - 12e^- = 3O_2\uparrow$

总反应式：$2Al_2O_3 = 4Al + 3O_2\uparrow$

阳极产物主要是二氧化碳和一氧化碳（当用炭做阳极时，阳极上的一次气体产物为100%的 CO_2，只有在阳极电流非常低，极化电压小于11伏特或阳极过电压小于0.1伏特时，才有可能在炭阳极上有CO生成），其中含有一定量的氟化氢等有害气体和固体粉尘。为保护环境和人类健康需对阳极气体进行净化处理，除去有害气体和粉尘后排入大气。阴极产物是铝液，铝液通过真空抬包从槽内抽出，送往铸造车间，在保温炉内经净化澄清后，浇铸成铝锭或直接加工成线坯、型材等。每生产1吨原铝，可产生15吨的二氧化碳，综合耗电在13500千瓦时左右。

电解铝生产的主要设备是电解槽，目前国内有自焙阳极电解槽和预焙阳极电解槽两种。自焙阳极电解槽分为上插式和侧插式，预焙阳极电解槽分为连续式和间断式。自焙阳极电解槽因能耗高、环境污染严重，逐步被淘汰；预焙阳极电解槽成为铝工业当今发展的主流槽型。目前，我国预焙阳极电解槽槽型包括125—600千安的各种类型。

三、铝产业链的基本情况是怎样的？

（一）铝的产业链结构

铝的产业链结构如图1-13所示，主要分为采矿、冶炼、加工、最终用户需求这几个环节。

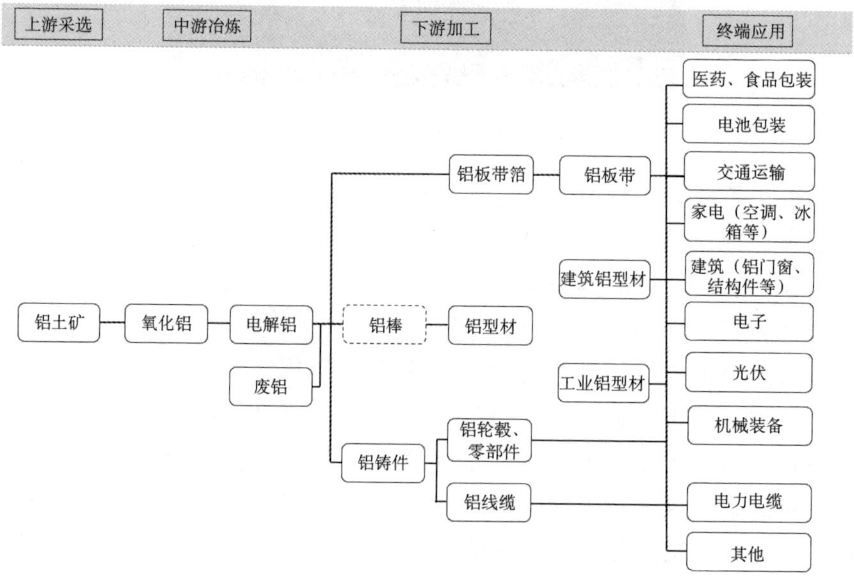

图1-13 铝的产业链结构

（二）铝土矿资源分布及产量

1. 全球铝土矿资源及产量

铝在地壳中主要以铝硅酸盐矿石存在，还有铝土矿和冰晶石。自然界已知的含铝矿物有258种，其中常见的矿物约43种。实际上，由纯矿物组成的铝矿床是不存在的，一般都是共生分布，并混有杂质。从经济和技术观点出发，并不是所有的含铝矿物都能成为工业原料。用于提炼金属铝的主要是由一水硬铝石、一水软铝石或三水铝石组成的铝土矿。

从资源量看，据美国地质调查局（USGS）2024年数据，全球铝土矿资源量为550亿～750亿吨，主要分布在非洲、大洋洲、南美及加勒比海地区、亚洲。其中，非洲占比最高达32%左右，大洋洲占23%，南美及加勒比海地区占21%，亚洲占18%，其他地区则占6%。

从储量上看，根据USGS 2023年1月发布的报告，全球铝土矿储量在310亿吨水平。具体到各个国家，铝土矿储量最丰富的国家是几内亚、越南、澳大利亚、巴西、牙买加，五国约占全球总储量的73%。而中国铝土矿储量为7.1亿吨，位居全球第7位，占全球总资源储量的2.27%（见图1－14）。

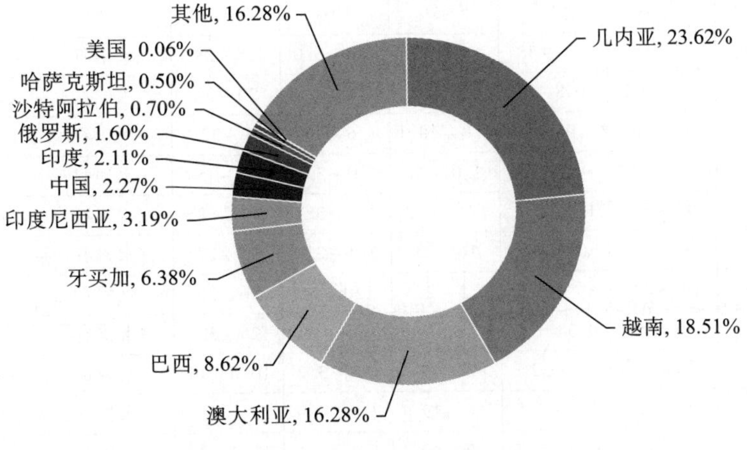

图1－14　全球铝土矿资源分布

资料来源：公开资料，USGS，新湖期货研究所。

美国地质调查局未统计到的国家中，铝土矿资源量也相当可观。老挝仅波罗芬高原铝土矿矿床资源量就达约 20 亿吨，其铝土矿均属红土型，均可露天开采；印度尼西亚 7.5 亿吨，喀麦隆 6.8 亿吨，希腊 6 亿吨，加纳 4.5 亿吨，前南斯拉夫 3.5 亿吨，匈牙利 3 亿吨，塞拉利昂 1.4 亿吨。资源量为数亿吨的国家有菲律宾、法国、瑞典、土耳其、哈萨克斯坦、沙特阿拉伯、埃及；数千万吨的国家有马来西亚、巴基斯坦、罗马里亚、多米尼亚、海地；数百万吨的国家有德国、意大利、西班牙、莫桑比克、津巴布韦。此外，哥伦比亚、所罗门群岛、洛亚尔提群岛、汤加和斐济群岛已报道有铝土矿资源的发现。

从矿石品位上看，国外铝土矿矿石主要是三水铝石型，其次为一水软铝石型，而一水硬铝石型铝土矿极少。而我国则主要是一水硬铝石型铝土矿，三水铝石型铝土矿极少（见表 1－1）。国外的三水铝石型铝土矿具高铝、低硅、高铁的特点，矿石质量好，适合耗能低的拜耳法处理。我国的一水硬铝石型铝土矿，总体特征是高铝、高硅、低硫低铁、中低铝硅比，矿石质量差，加工难度大，氧化铝生产多用耗能高的联合法。

表 1－1　世界铝土矿矿石类型及化学成分

国家	化学成分（%）					矿石类型
	Al_2O_3	SiO_2	Fe_2O_3	TiO_2	ROI	
澳大利亚	25～58	0.5～38	5～37	1.0～6.0	15～28	三水铝石，一水软铝石
几内亚	40～60.2	0.8～6	6.4～30	1.4～3.8	20～32	三水铝石，一水软铝石
巴西	32～60	0.95～25	1.0～58.1	0.6～4.7	8.1～32.2	三水铝石
中国	50～70	9.0～15	1.0～13	2.0～3.0	13～15	一水硬铝石
越南	44～53	1.6～5.1	17.1～22	2.6～3.7	24.5～25	三水铝石，一水硬铝石
牙买加	45～50	0.5～2	16～25	2.4～2.7	25～27	三水铝石，一水软铝石
印度	40～80	0.3～18	0.5～2.5	1.0～11	20～30	三水铝石
圭亚那	50～60	0.5～1.7	9.0～31	1.0～8	25～32	三水铝石
希腊	35～65	1～32	8～45	1.4～3.2	10.0～14	一水硬铝石，一水软铝石
苏里南	48～60	1.6～3.5	2.8～19.7	2.8～4.9	29～31.3	三水铝石，一水软铝石
委内瑞拉	35.5～60	0.9～9.3	7～40	1.2～3.1	19.3～27	三水铝石
俄罗斯	36～65	1～32	8～45	1.4～3.2	10.0～14	一水软硬铝石，三水铝石
印度尼西亚	38～59.7	1.5～13.9	2.8～20	0.1～2.6	32～45	三水铝石

资料来源：公开资料，新湖期货研究所。

随着潜在消费不断被挖掘，全球铝需求快速增长，也带动铝土矿资源的不断开发。全球铝土矿产量不断攀升。据USGS数据，2023年全球铝土矿产量预计在4亿吨左右，与2022年基本持平，较2013年增长超41%。产量靠前的国家多为储量居前的国家，其中澳大利亚一直稳居前列，年产量达到上亿吨，占全球比重26.5%。巴西产量呈稳定增长态势，年产量超3000万吨，在全球占比近9%。而作为资源量及储量均居首位的几内亚，近年来开采力度加大，产量快速攀升。USGS数据显示，2023年几内亚铝土矿产量预计在9700万吨，较2013年的1880万吨增长4倍，全球占比也上升至近23%。作为储量仅次于几内亚的越南，其铝土矿资源尚有较大开采空间。2022年越南铝土矿产量仅在370万吨左右，小于全球产量的1%。

作为全球第一大铝生产国和消费国，中国铝土矿储量在全球占比中虽然并不突出，但产量却位居前列，仅次于澳大利亚。USGS数据显示，2010年中国铝土矿产量还在4000万吨水平，而到2020年产量即达到9000万吨水平。近几年国内采取多种限制性开采措施，使得产量增长有所放缓。但2023年产量仍维持在9000万吨以上，达到9300万吨，占全球总产量的23.25%（见图1－15）。

2. 中国铝土矿资源及产量

自然资源部2023年全国矿产资源储量统计数据显示，中国铝土矿资源储量为6.8亿吨，分布较集中，主要分布在广西、贵州、河南、山西，四地合计占93%以上（见图1－16）。

我国铝土矿除了分布集中外，以大、中型矿床居多。储量大于2000万吨的大型矿床共有31个，其拥有的储量占全国总储量的49%；储量在500万～2000万吨的中型矿床共有83个，其拥有的储量占全国总储量的37%，大、中型矿床合计占到了86%。

山西的铝土矿床（点）主要分布在孝义、交口、汾阳、阳泉、盂县、宁武、原平、兴县、保德、平陆等五大片42个县境内，面积约6.7万平方公里。

河南的铝土矿集中分布在黄河以南、京广线以西的巩县、登封、偃师、新安、三门峡、陕州区、宝丰、鲁山、临汝、禹州等三大片10多个县境内，面积3万多平方公里。

贵州的铝土矿床主要分布在“黔中隆起”南北两侧的遵义、息峰、开

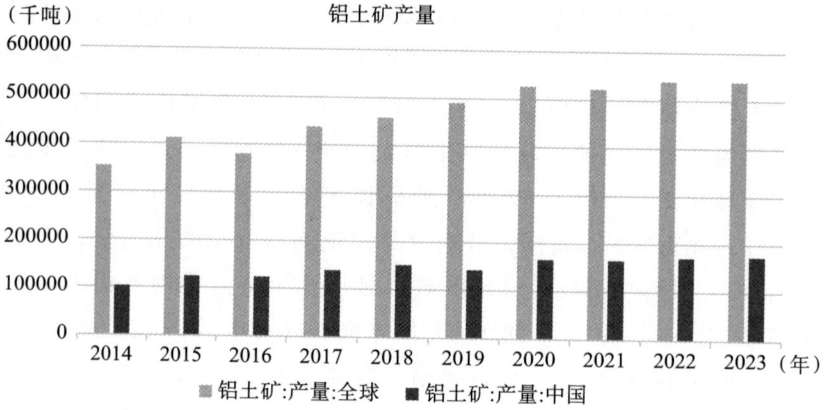

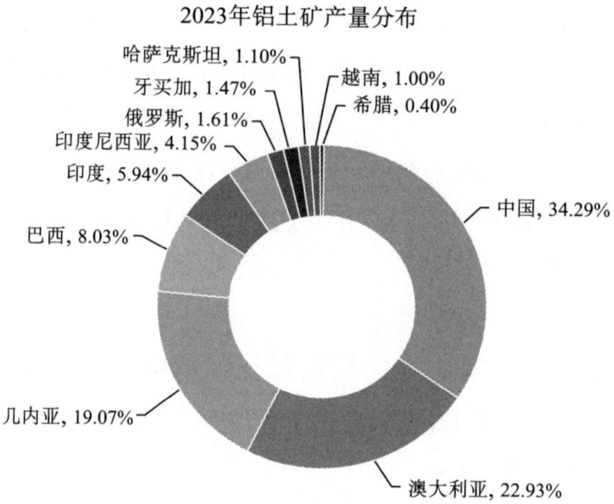

图 1－15 全球铝土矿产量及分布

资料来源：USGS，新湖期货研究所。

阳、瓮安、正安、道真、修文、清镇、贵阳、平坝、织金、荀江、黄平等十几个县境内，面积 2400 平方公里。

广西的铝土矿集中分布在平果、田东、田阳、德保、靖西、桂县、那坡、果化、隆安、邕宁、崇左等县境内。

我国铝土矿的品位比较差，加工困难、耗能大的一水硬铝石型矿石占全国总储量的 98% 以上。我国铝土矿的另一个不利因素是适合露采的铝土矿矿床不多，据统计只占全国总储量的 34% 。与国外红土型铝土矿不同的是，

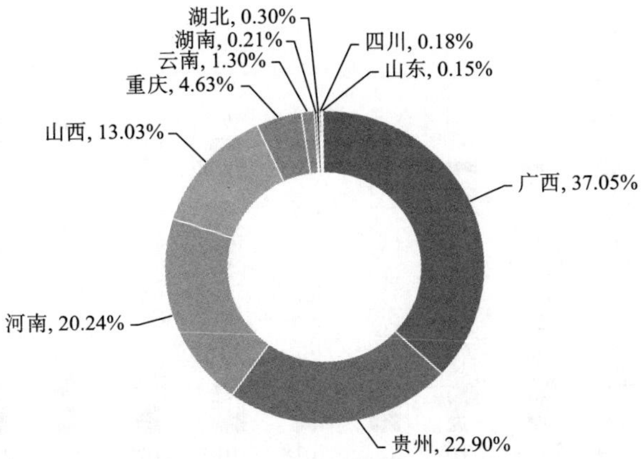

图 1－16 中国铝土矿资源分布

资料来源：公开资料，自然资源部，新湖期货研究所。

我国古风化壳型铝土矿常共生和伴生有多种矿产。在铝土矿分布区，上覆岩层常产有工业煤层和优质石灰岩。在含矿岩系中共生有半软质黏土、硬质黏土、铁矿和硫铁矿。铝土矿矿石中还伴生有镓、钒、锂、稀土金属、铌、钽、钛、钪等多种有用元素。在有些地区，上述共生矿产往往和铝土矿一起构成具有工业价值的矿床。铝土矿中的镓、钒、钪等也都具有回收价值。

（三）氧化铝生产情况

1. 全球氧化铝生产情况

氧化铝产能的持续扩张带来产量的增长，不过实际产量受多方面因素制约，市场及非市场影响引发主动及被动减产，导致产量实际表现与产能不完全匹配。据国际铝业协会（IAI）数据，2023 年全球氧化铝产量达 14181 万吨，较 2013 年增长 31.2%。其中，中国氧化铝产量从 4775 万吨增长至 8227 万吨，增幅达 72%，产量占比也从 44.2% 上升至 58%。亚洲、大洋洲、拉丁美洲和欧洲是主要的氧化铝供应地区，长期看，这三个地区的供应仍然呈逐步上升趋势（见图 1－17）。

由于产能扩张主要在中国，因此中国氧化铝产能在全球占比持续上升，目前已经超 57%。中国以外地区氧化铝产能主要分布在大洋洲、亚洲、南美、欧洲及北美，非洲仅有一家产能不足 100 万吨的氧化铝厂（见图 1－18）。

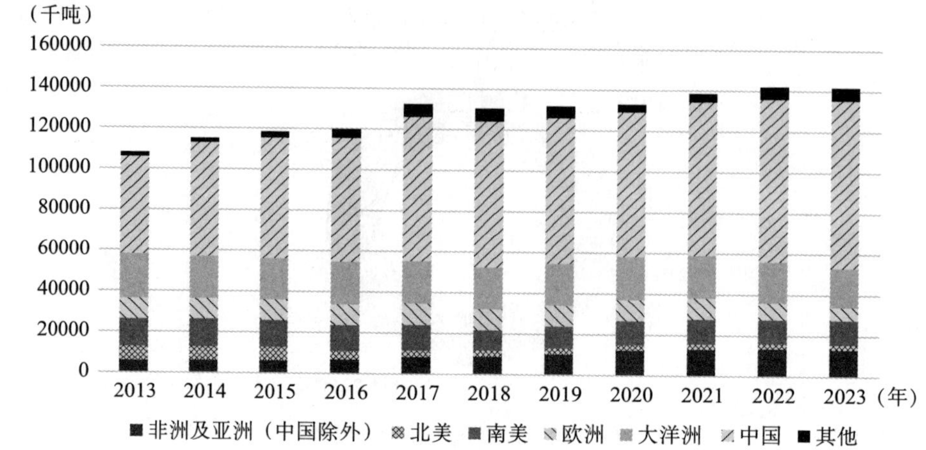

图 1－17 全球氧化铝产量及分布趋势变化

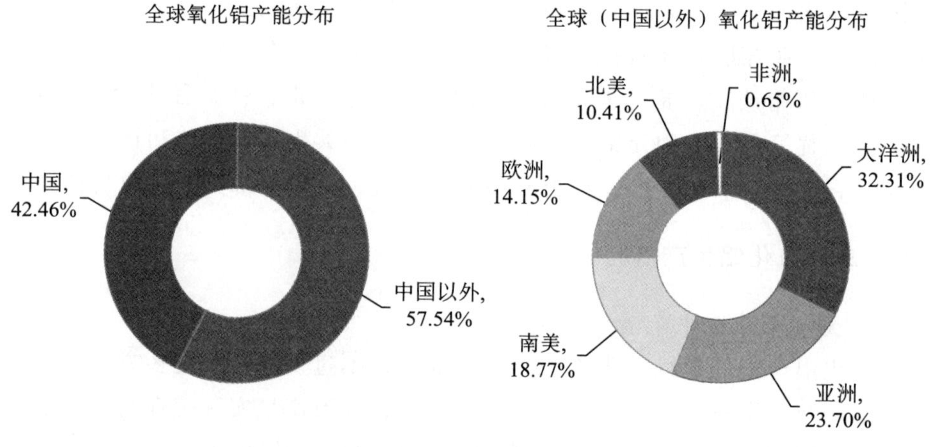

图 1－18 全球氧化铝产能分布

2. 中国氧化铝生产情况

国内氧化铝产能持续扩张，截至 2023 年总产能已经达到 1 亿吨以上，而在 2012 年产能还在 5000 万吨以下。产能主要分布在山东、山西、广西、河南、贵州等地（见图 1－19）。

产量方面，国际铝业协会（IAI）数据显示，2023 年中国氧化铝产量达到 8227 万吨，同比增长 3. 15%。

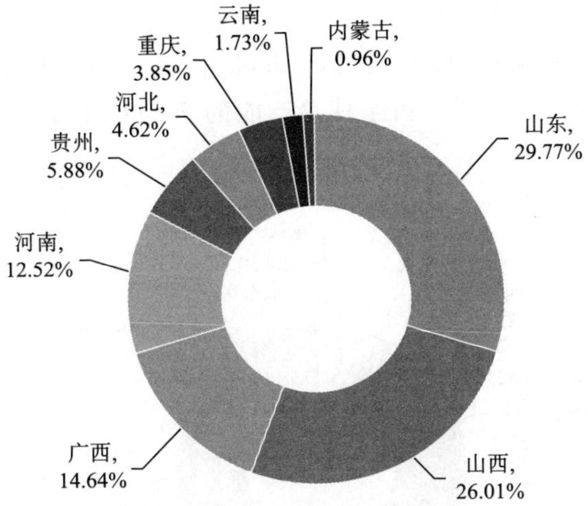

图 1－19　中国氧化铝产能分布

（四）电解铝生产情况

1. 全球电解铝生产情况

全球原铝产量随着产能扩张而不断增长，国际铝业协会数据显示，2023年全球原铝总产量在7058万吨左右（见图1－20），其中，欧洲产量约673万吨，北美洲产量约389.7万吨，亚洲产量约4634万吨，而中国年产量在4166.6万吨左右。

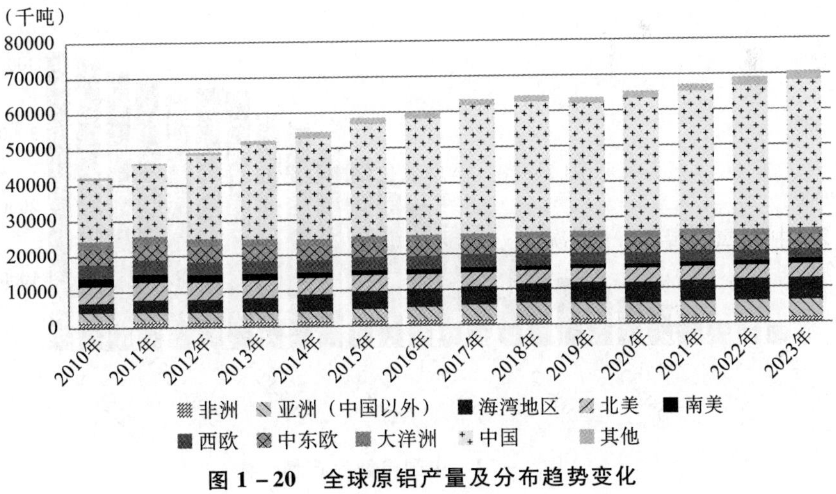

图 1－20　全球原铝产量及分布趋势变化

2. 中国电解铝生产情况

2005 年中国电解铝产能不到 1000 万吨，而到 2017 年则突破 4000 万吨，目前产能在 4400 万吨水平，占全球总产能的 50% 以上中国电解铝产能分布如图 1－21 所示。

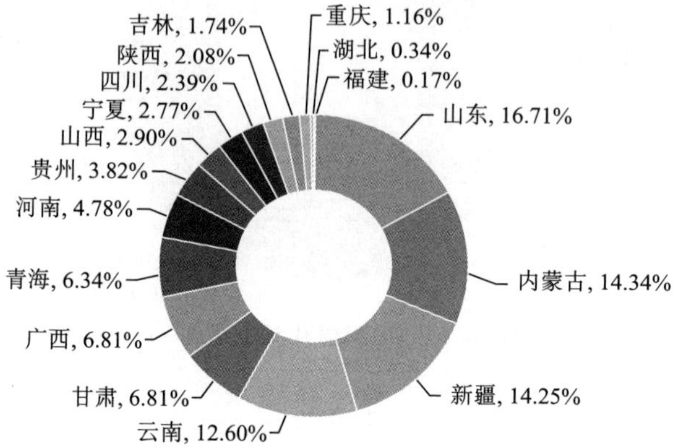

图 1－21　中国电解铝产能分布

产量方面，国际铝业协会（IAI）数据显示，2023 年中国电解铝产量达到 4166. 6 万吨，同比增长 3. 06%（见图 1－22）。

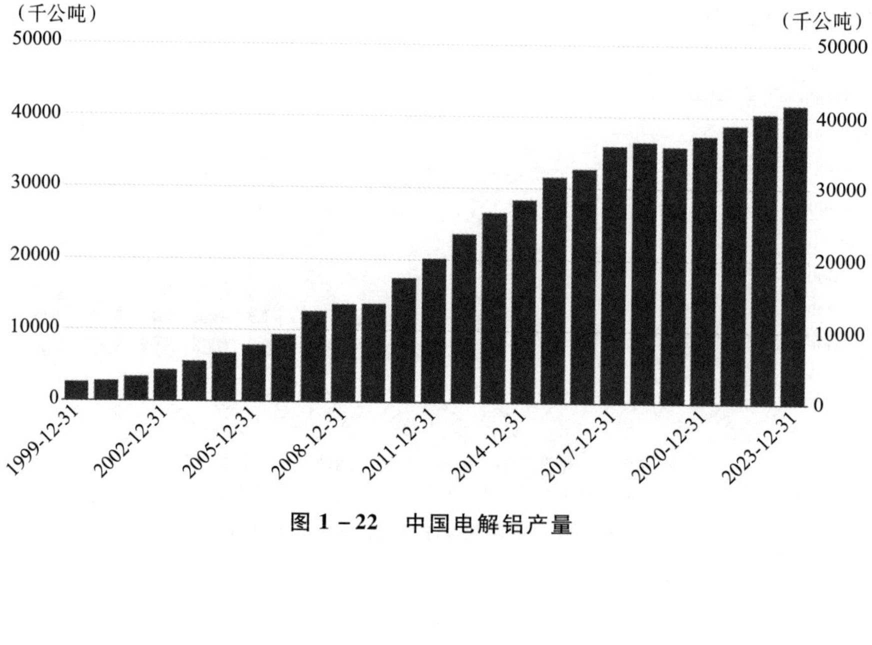

图 1－22　中国电解铝产量

延伸阅读

我国铝行业是如何实现大跨越的

2000 年，中国电解铝产量只有 283 万吨。随着我国城市化、工业化进程的加快，大量基础设施的建设刺激了对铝消费需求的爆发性增长。由于电解铝行业进入门槛较低，建设周期只需一年左右的时间，从 2003 年起，铝锭的产量呈现出奇迹般的增长。2008 年，我国电解铝产量已经达到 1565 万吨，到 2022 年则达到 4000 万吨以上。

电解铝产量的快速增长带动了氧化铝的生产（见表 1－2），2001—2005 年，进口氧化铝占国内氧化铝总供应量的 40% 以上。2005 年全年进口氧化铝达 701.62 万吨，占氧化铝总供应量的 45.11%。国内氧化铝的供应短缺使大量资金进入氧化铝的生产，氧化铝产能逐年增加。

2006 年国产氧化铝达 1370 万吨，占总供应量的 66.47%。2008 年我国氧化铝产量为 2241.6 万吨，在总供应量中所占比例达到了 86.42%。2010 年，这个比例已接近 90%，之后仍不断攀升。2023 年国内氧化铝产量达到 8227 万吨，实现完全自足，进口仅作为阶段性调节作用。

表 1－2　2013—2022 年我国生产电解铝中氧化铝自给率　单位：万吨

年度	2014	2015	2016	2017	2018	2019	2020	2021	2022	2023
氧化铝需求量（万吨）	5465.2	6083.0	6299.7	6929.7	7041.6	6908.4	7206.0	7495.5	7803.0	8042.0
中国氧化铝产量（万吨）	5576.5	5897.9	6082.7	7069.9	7154.7	7128.4	7101.0	7525.9	7976.0	8227.0
自给率（%）	102.04	96.96	96.56	102.02	101.61	103.18	98.54	100.41	102.22	102.3

（五）电解铝消费情况

1. 全球电解铝消费情况

世界金属统计局数据显示，2023 年全球电解铝总消费量为 6918.45 万吨，同比增长 1%。铝主要应用于建筑业、交通运输业、电力、机械设备、包装、耐用消费品等行业。从西方国家来看，铝消费主要用于交通运输、建筑和包装，分别占到26%、22%和13%（见图1-23a）。

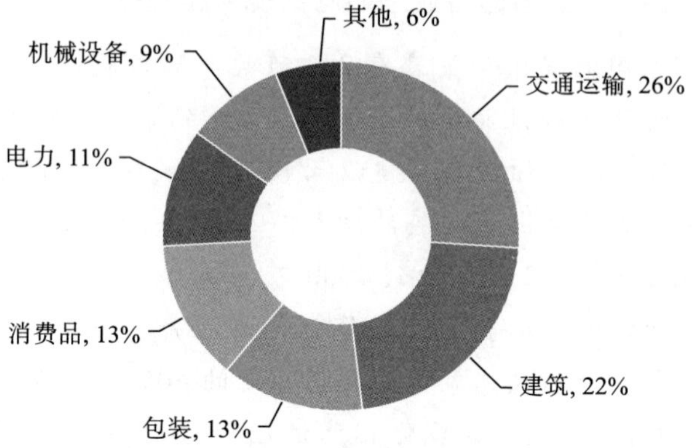

图1-23a 西方国家铝消费结构

2. 中国电解铝消费情况

中国是电解铝第一生产大国，也是第一消费大国，年消费量已攀升至4000万吨以上，2023年消费量增长至4100万吨上下（见图1-23b）。

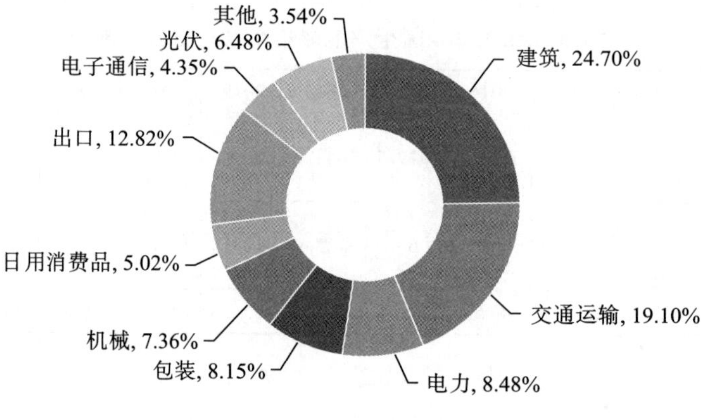

图1-23b 中国铝消费结构

从铝消费结构中可以看出，中国与西方发达国家的铝消费结构有所区别。从中国来看，铝消费主要用于建筑、交通运输和电力，分别占到24.70%、19.10%和8.48%，其中，交通运输中新能源汽车占比达25%左右。在我国加速转变经济发展方式、调整产业结构的大趋势下，铝在包装、环保、交通运输等方面的应用将进一步增大。

自测题

一、选择题

1. 目前生产氧化铝最主要的方法是（　　）。

A. 拜耳法　　B. 碱石灰烧结法

C. 拜耳—烧结联合法　　D. 霍尔—埃鲁铝电解法

2. 全球铝土矿资源最丰富的地区是（　　）。

A. 亚洲　　B. 大洋洲

C. 南美洲　　D. 非洲

3. 从我国来看，铝消费的主要用途不包括（　　）。

A. 交通运输　　B. 电力

C. 建筑　　D. 包装

4. 以下描述铝产业链的顺序正确的是（　　）。

A. 铝矿石开采—电解铝冶炼—氧化铝制取—铝加工生产

B. 铝矿石开采—氧化铝制取—电解铝冶炼—铝加工生产

C. 铝矿石开采—铝加工生产—氧化铝制取—电解铝冶炼

D. 铝矿石开采—电解铝冶炼—铝加工生产—氧化铝制取

5. 生产氧化铝的铝土矿不包括以下（　　）类型。

A. 三水铝石　　B. 一水硬铝石

C. 一水软铝石　　D. 二水铝石

6. 全球铝土矿资源最丰富的是（　　）。

A. 澳大利亚　　B. 中国

C. 巴西　　D. 印度

7. 下面（　　）省铝土矿资源较丰富。

A. 山西　　B. 河南

C. 山东　　D. 广西

8. 铝的特性中不包括以下（　　）。

A. 良好的导电性　　B. 较好延展性

C. 轻金属　　D. 易溶于水

9.（　　）发现了铝。

A. 德维尔　　B. 居里夫人

C. 门捷列夫　　D. 薛定谔

10. 铝的导电性是铜的（　　）。

A. 55%　　B. 65%

C. 70%　　D. 75%

二、判断题

1. 铝的化学符号是 Al。（　　）

2. 铝是地壳中含量最丰富的元素。（　　）

3. 铝易溶于稀硫酸、氢氧化钠溶液。（　　）

4. 美国的豪尔和法国的海朗特分别独立地电解熔融的铝矾土和冰晶石的混合物制得了金属铝，奠定了今天大规模生产铝的基础。（　　）

5. 电线电缆用铝量约占电力行业用铝量的 40%~45%。（　　）

6. 日本是第一包装大国。（　　）

7. 通常高品位铝土矿采用拜耳法生产，中低品位铝土矿采用联合法或烧结法生产。（　　）

8. 电解制铝时阳极产物主要是一氧化氮和二氧化碳。（　　）

9. 中国是最大铝生产国。（　　）

10. 中国氧化铝自给率不足 50%。（　　）

三、填空题

1. 铝在地壳中主要以铝________存在，其次是铝土矿和冰晶石。

2. 全球铝土矿资源非常丰富，储量基础超过________亿吨。

3. ________型铝土矿床，主要分布在大洋洲、拉丁美洲、非洲和东南亚，储量约占世界总储量的 86%。

4. 我国铝土矿资源分布高度集中，山西、广西、________和贵州占全国储量的90%以上。

5. 铝土矿根据所含的氧化铝水化物的形态，可划分为________型、一水软铝石型和一水硬铝石型。

6. 电解制铝过程中阳极产物主要是________和一氧化碳。

7. 从储量基础看，全球铝土矿分布最多的国家是________。

8. 从我国来看，铝消费主要用于______、交通运输和电力。

9. 全球原铝产量最多的大洲是________。

10. 铝的相对密度是_________，熔点________摄氏度，沸点________摄氏度。

参考答案

一、选择题

1. A　2. D　3. D　4. B　5. D
6. A　7. D　8. D　9. A　10. B

二、判断题

1. √　2. ×　3. √　4. √　5. ×
6. ×　7. √　8. ×　9. ×　10. ×

三、填空题

1. 铝硅酸盐矿石　2. 300　3. 红土　4. 河南
5. 三水铝土矿　6. 二氧化碳　7. 几内亚
8. 建筑　9. 亚洲　10. 2.70，660，2327

第二章

铝期货基础知识

本章要点

本章阐述了铝期货合约的基本内容，以及合约标的物的质量标准，投资者在阅读本章后可以对铝期货合约的基础知识有所掌握。

一、铝期货合约是怎样的？

铝期货合约是铝期货交易的买卖对象或标的物，是由期货交易所统一制定的，规定了某一特定的时间和地点交割一定数量和质量铝锭的标准化合约。期货合约主要条款包括合约名称、交易品种、交易单位、报价单位、最小变动价位、涨跌停板幅度、合约月份、交易时间、最后交易日、交割日期、交割品级、交割地点、最低交易保证金、交割方式、交易代码、上市机构等。

上海期货交易所铝期货标准合约的交易品种为铝，交易代码为AL。具体解读如下。

标准化的数量和计量单位：上海期货交易所上市交易的铝期货合约为1手5吨铝锭，若投资者建仓买入5手铝期货合约，即为买入25吨铝锭。

标准化的商品质量等级：铝期货交割标准品为铝锭，符合国标GB/T1196－2017 AL99.70的规定。其中，铝含量不低于99.70%。替代品为铝锭，符合国标GB/T1196－2017 AL99.80，AL99.85规定，或者符合P1020A标准的铝锭。

标准化的交割地点：铝期货的交割采取实物交割方式，在交易所指定的交割仓库进行，采用标准化的交割程序。

标准化的报价单位、最小变动价位、涨跌停板幅度、交易时间：合约交易规定：交易时间为星期一至星期五（法定节假日除外）的9：00～11：30，13：30～15：00，报价单位为元/吨，最小变动价位为5元/吨，每日价格最大波动限制不超过上一交易结算价的±3%。投资者参与铝期货交易的主要成本是交易保证金和交易手续费，交易所规定的最低交易保证金为合约价值的5%，一般期货公司会在交易所规定的基础上有所提高，以防范风险；交易所规定的交易手续费为不高于成交金额的万分之二。上海期货交易所铝期货交易的合约为每年1—12月，最后交易日为合约交割月份的15日（遇法定假日顺延）。如AL1001合约的最后交易日为2010年1月15日。表2－1是上海期货交易所铝标准合约。

表2－1　　上海期货交易所铝标准合约

交易品种	铝
交易单位	5吨/手
报价单位	元（人民币）/吨
最小变动价位	5元/吨
涨跌停板幅度	上一交易日结算价±3%
合约月份	1—12月
交易时间	9：00～11：30，下午1：30～3：00和交易所规定的其他交易时间
最后交易日	合约月份的15日（遇国家法定节假日顺延，春节月份等最后交易日交易所可另行调整并通知）

续表

交割日期	最后交易日后连续两个工作日
交割品级	标准品：铝锭，符合国标 GB/T1196－2023AL99.70 规定，其中铝含量不低于 99.70%。替代品：1. 铝锭，符合国标 GB/T1196－2023 AL99.80，AL99.85 规定。2. 铝锭，符合 P1020A 标准
交割地点	交易所指定交割仓库
最低交易保证金	合约价值的 5%
交割方式	实物交割
交割单位	25 吨
交易代码	AL
上市交易所	上海期货交易所

注：根据 2024 年 7 月 12 日上海期货交易所发布的公告〔2024〕105 号修订。

小贴士

期货与现货的区别

现货交易是一手交钱一手交货的商品货币交换。这里所说的一手交钱一手交货，并不只是指当时钱货易位、货款两清的情况。现货交易既包括物物交换、即期交易，还包括远期交易。一般来讲，现货远期交易要签订现货合同。现货合同作为一种协议，明确规定了交易双方的权利与义务，包括双方交易商品的品质、数量、价格和交货日期等。买卖双方签约后必须严格执行合同，在合同期内，即使市场行情朝着不利于交易的某一方发展，这一方也不能违约。另外，如果交易的一方因缺乏资金或发生意外事件便有可能出现难以履约的情况。

期货交易的对象不是具体的实物商品，而是“标准合同”，即期货合约。在交易成交后，并没有真正移交商品的所有权。在合同期内，交易的任何一方都可以及时转让合同，不需要征得其他人的同意。履约可以采取实物交割的方式，也可以采取对冲期货合约的方式。期货交易的目的包括套期保值、投机、套利等，并非以商品所有权的转移为目的。

延伸阅读

期货市场的产生与发展

期货市场的历史可以追索到中世纪，最初创建期货市场是为了满足农民和商人的需要，而现代意义上的期货交易在19世纪中期产生于美国中北部地区。1848年美国芝加哥期货交易所（CBOT）的成立，标志着期货交易的开始。82位商人发起组建了芝加哥期货交易所，并采用远期合约方式进行交易。

期货交易的产生，不是偶然的，是在现货远期合约交易发展的基础上，基于广大商品生产者、贸易商和加工商的广泛商业实践而产生的。1833年，芝加哥已成为美国国内外贸易的一个中心。南北战争之后，芝加哥由于其优越的地理位置而发展成为一个交通枢纽。到了19世纪中叶，芝加哥发展成为重要的农产品集散地和加工中心，大量的农产品在芝加哥进行买卖，人们沿袭古老的交易方式在大街上面对面讨价还价进行交易。这样，价格波动异常剧烈，在收获季节农场主都运粮到芝加哥，市场供过于求导致价格暴跌，使农场主常常连运费都收不回来，而到了第二年春天谷物匮乏，加工商和消费者难以买到谷物，价格飞涨。实践提出了需要建立一种有效的市场机制以防止价格的暴涨暴跌，需要建立更多的储运设施。

为了解决这个问题，谷物生产地的经销商应运而生。当地经销商设立了商行，修建起仓库，收购农场主的谷物，等到谷物湿度达到规定标准后再出售运出。当地经销商通过现货远期合约交易的方式收购农场主的谷物，先储存起来，然后分批上市。当地经销商在贸易实践中面临着两个问题：一是需要向银行贷款以便从农场主手中购买谷物储存，在储存过程中要承担巨大的谷物过冬的价格风险；二是价格波动有可能使当地经销商无利可图甚至连成本都收不回来。解决这两个问题的最好的办法是“未买先卖”，以远期合约的方式与芝加哥的贸易商和加工商联系，以转移价格风险和获得贷款。这样，现货远期合约交易便成为一种普遍的交易方式。

从早期的农产品期货开始后的100多年来，期货交易的对象不断扩大，种类日益繁多，花样不断翻新。有传统的农产品期货，如谷物、棉花、小麦、油菜籽、燕麦、黄豆、玉米、糖、咖啡、可可、猪、猪肚、活牛、木材等期货品种；有金属期货，如黄金、白银、铂、铜、铝等期货；有方兴未艾的能源期货，如原油、汽油等；有20世纪70年代后迅速崛起的金融期货，如外汇、利率、股票指数等期货。

二、铝期货品种的上市对市场有什么功能和作用？

为什么铝能成为期货品种？其原因在于：第一，铝具有品质稳定、易储存、不易变质的物理特性，具备成为一个期货品种的物质基础；第二，铝规格已经形成标准化，有明确的质量标准，满足了期货标准化合约的条件；第三，铝的市场容量大，拥有大量的生产企业、流通企业和消费者，应用领域非常广泛，具有广泛的市场参与基础；第四，随着市场供需的变化，铝价格波动大且频繁，不存在垄断。因此，铝作为期货的交易品种，在为铝相关企业提供发现价格和对冲价格波动风险的同时，吸引了大量市场投资者的参与。

铝期货品种的上市交易为市场提供了更多的投资机会，同时，也实现了为铝产业链实体企业服务的功能。

（一）价格发现的功能，为企业提供更具公允力的价格

期货市场存在着大量的投机资金，它们在追逐高利润的同时，也承受高风险的压力。大量投机资金的存在给市场带来了很大的流动性。在公开的价格博弈中，使期铝价格趋于合理，反映市场的供求状况，实现了期货市场价格发现的功能。形成的期货价格更具权威性、公开性。

期货对相关企业的销售、采购会产生一定的影响。铝期货可以改变现货市场的定价规则。在没有期货市场时，生产厂家都有自己的销售规则。而有了期货市场后，基本上都是以期货市场相关品种的报价为基准价，加上一定的升贴水。在中国的铝现货贸易中，许多铝企业在现货交易中用点价方式，以上海期货交易所铝期货的月度结算价为基准，加上升贴水进行的。可见，铝期货在现货市场上的定价功能已经确立。

（二）风险管理的功能，为企业提供风险对冲工具

市场价格波动频繁，难以及时有效地把握市场的脉搏，对于生产型企业来说，面临的主要问题是如何安排企业的生产经营节奏。在铝价上涨之际，铝加工企业可在铝期货市场上通过买进期货合约来建立虚拟库存，对冲价格上涨带来的铝锭采购成本上涨；当铝价下跌之际，电解铝厂可以通过期货市场卖出铝期货合约对冲价格下跌带来的亏损。总之，企业可以根据当前的市场价格波动情况，通过期货市场买卖的操作来调节生产和销售，在市场波动中变被动为主动。

（三）优化资源配置的功能，为企业优化资源配置提供有效市场机制

期货市场反映的是市场预期，即某一个期货品种的价格往往反映了市场对该品种未来价格的预期。企业作为市场调节信号的接受者，主要通过市场价格的涨落，了解市场供求状况，并据此安排和调整生产经营方向、品种、数量和规模，进行生产要素的组合。因此，对于期货市场价格周期的分析，有利于企业前瞻性地预测市场可能发生的变化，并提前作出相应的战略调整，用于指导企业生产经营活动。

案例 2－1

铝期货对铝企业的作用

某一大型铝锭生产企业，通过对国内外市场深入研究后，认为铝价格可能会在 2008 年的第四季度出现一定的向下调整。因此，该铝企业改变经营策略，当年 6 月通过期货公司在上海期货交易所加大卖出套期保值头寸，在 10 月金融危机席卷全球时，该企业通过期货市场有效地规避了现

货市场价格大幅下跌的风险。同时该企业审时度势，在2008年底市场价格跌至底部时，又低价大量采购原材料。可以看到，该铝企业通过期货市场发现市场运行的趋势，从而指导其现货经营，真正把握了本轮金融危机的“危”与“机”。

三、铝期货合约中标的物的质量标准是怎么规定的？

铝期货合约附件中，对交割单位和标的物质量规定如下。

（1）铝标准合约的交易单位为每手5吨，交割单位为每张仓单25吨，交割必须以每张仓单的整数倍交割。

（2）用于本合约实物交割的铝，其铝含量、杂质含量和其他各项规定必须符合国标GB/T1196－2023 AL99.70的规定。

（3）形状及重量。交割的铝应为锭，国产铝每锭重量为15公斤±2公斤或20公斤±2公斤，或25公斤±2公斤。进口铝每锭重量在12公斤到26公斤之间。

（4）每张仓单的溢短不超过±2%，磅差不超过±0.1%。

（5）每一仓单的铝，必须是由同一生产企业生产、同一牌号、同一注册商标、同一质量品级、同一块形、同一包装数量（捆重近似）的商品组成。

（6）每一仓单的铝，必须是交易所批准的注册品牌，须附有质量证明书。

（7）仓单须由交易所指定交割仓库按规定验收合格后出具。

（8）用于实物交割的铝，必须是交易所注册的品牌。具体的注册品牌和升贴水标准，由交易所另行规定并公告。

自测题

一、选择题

1. 上海期货交易所铝期货的交易标的是（　　）。

A. 氧化铝　　B. 铝锭，含量不低于99.70%

C. 铝锭，含量不低于60%　　D. 铝制品

2. 上海期货交易所的铝期货合约一手为（　　）吨。

A. 1　　B. 5

C. 10　　D. 20

3. 上海期货交易所的铝期货合约交割月份是（　　）。

A. 1—12月　　B. 当月、下月以及随后的两个季月

C. 偶数月份　　D. 奇数月份

4. 铝期货合约最小变动单位为（　　）。

A. 1元/吨　　B. 5元/吨

C. 10元/吨　　D. 0.1元/吨

5. 铝期货的交易代码为（　　）。

A. Al　　B. Cu

C. Pb　　D. Au

6. 铝期货的上市交易所是（　　）。

A. 大连期货交易所　　B. 郑州期货交易所

C. 上海期货交易所　　D. 中国金融期货交易所

7. 铝期货合约与现货合同、现货远期合约的最本质区别是（　　）。

A. 期货价格的超前性　　B. 占用资金的不同

C. 收益的不同　　D. 期货合约条款的标准化

8. 铝期货合约是指由（　　）统一制定的，规定在将来某一特定时间和地点交割一定数量和质量商品的标准化合约。

A. 中国证监会　　B. 期货交易所

C. 期货行业协会　　D. 期货经纪公司

9. 铝期货合约的交易单位是（　　）。

A. 吨/手　　B. 1 吨/手

C. 5 吨/手　　D. 25 吨/手

10. 铝期货的交割方式是（　　）。

A. 现金交割　　B. 实物交割

C. 远期交割　　D. 虚拟交割

二、判断题

1. 铝期货合约是期货交易的买卖对象或标的物，是由证监会统一制定的。（　　）

2. 铝期货合约规定了某一特定的时间和地点交割一定数量和质量商品的标准化合约，期货价格则是通过公开竞价而达成的。（　　）

3. 铝期货合约标准化条款包括标准化的数量和计量单位。（　　）

4. 铝期货合约标准化条款包括铝期货价格波动范围。（　　）

5. 铝期货的交易品种为铝，交易代码为 C。（　　）

6. 铝期货的交割采取实物交割方式在交易所指定的交割仓库进行。（　　）

7. 交易所根据铝期货合约上市运行的不同阶段制定不同的交易保证金收取标准。（　　）

8. 上海期货交易所铝期货交易的合约为 1—12 月，最后交易日为合约交割月份的 15 日（遇法定假日顺延）。（　　）

9. 国内铝期货在上海期货交易所上市交易。（　　）

10. 用于实物交割的铝，必须是交易所注册的品牌。具体的注册品牌和升贴水标准，由交易所另行规定并公告。（　　）

三、填空题

1. 铝期货是指以铝为合约________的期货合约，由期货交易所统一制定。

2. 铝期货规定在将来某一特定的________交割一定数量和质量铝现货的标准化合约。

3. 铝能成为期货品种原因在于铝具有品质稳定、________、不易变质的物理特性，是其成为一个期货品种的物质基础。

4. 铝能成为期货品种原因在于铝规格已经形成________，有明确的质量标准，满足了期货标准化合约的条件。

5. 铝能成为期货品种原因在于铝的市场容量大，拥有大量的生产企业、流通企业和消费者，应用领域非常广泛，具有广泛的________。同时行业参与度的提高能为行业经济服务。

6. 随着市场的频繁起伏，铝价格波动大且频繁，不存在垄断，因此铝期货是一个公平博弈的市场，能吸引大量的客户参与________，从而活跃铝期货市场并分担市场风险。

7. 铝期货品种的上市交易为市场提供了更多的________，同时也实现了为铝行业经济服务的功能。

8. 大量投机客户的参与，提高铝期货市场的有效性，发挥________功能。

9. 在公开的博弈中，铝期货价格趋于合理，真正反映当前的市场状况，实现了期货市场________的功能。

10. 铝相关企业可以根据当前的市场价格波动情况，通过________这样的操作方式来调节企业的产能，在市场波动中变被动为主动。

参考答案

一、选择题

1. B　2. B　3. A　4. B　5. A

6. C　7. D　8. B　9. C　10. B

二、判断题

1. ×　2. √　3. √　4. ×　5. ×

6. √　7. √　8. √　9. √　10. √

三、填空题

1. 标的 2. 时间和地点 3. 易储存 4. 市场化
5. 市场参与基础 6. 投机 7. 投资机会
8. 价格发现 9. 价格发现 10. 期货市场

第三章

铝期货的交易与交割

本章要点

本章对铝期货交易与交割相关的知识作了详细的阐述，包括铝期货的交易现状、交易制度、交易流程以及交割流程和费用等。

一、铝期货市场的交易现状如何?

自 1987 年伦敦金属交易所率先推出铝期货合约以来，铝期货交易已被公认为成熟的大宗期货品种，以及国际铝行业回避风险、发现价格所不可缺少的投资工具。尽管铝期货合约交易比铜期货合约上市交易晚了整整 100 年，但在最近的几年中，铝期货交易活跃，交易量稳步增长，已经成为伦敦金属交易所期货交易中交易量最大的一个合约，其价格也成为引导全球铝现货市场价格走势的主要依据。

目前，国际市场上除了伦敦金属交易所外，纽约商品交易所、东京工业品交易所和上海期货交易所都上市交易铝期货品种。但是从国际市场来看，铝期货交易量大且具有影响力的交易所仅为伦敦金属交易所和上海期货交易所。

伦敦金属交易所铝合约为99.7%的纯铝，每手25吨±2%，铝合约最小波动价为50美分/吨。锭形有三种：铝锭（12～26公斤）、T形锭（750公斤）、大板锭（750公斤）。最近月份加上连续两个月以及未来12个月为交易月份，11：55～12：00、12：50～12：55、15：35～15：40、16：15～16：20时间段为交易时间，报价单位为美元/公吨，最小价格跳动为0.5美元/公吨，无涨跌停板限制。伦敦金属交易所铝为实物交割，最近3个月的每一交易日及后面12个月的每月第三个星期三为交割日。

纽约商品交易所铝合约交易的是99.7%的纯铝，最高含铁量0.2%，最高矽含量0.1%。合约重量为44000磅，最小波动幅度是0.05美分/磅，每日价格最大波动20美分/磅。每天公开喊价时间是纽约时间7：50～13：15，电子盘交易时间为纽约时间周一至周四14：00到次日7：40，周五14：00～16：30，周日19：00开盘，次周一8：00收盘。合约交割月是连续25个月份，交割日是交割月份的任意营业日。

上海期货交易所铝合约在上一章已介绍过，本章主要介绍上海期货交易所铝期货交易相关制度。

（一）关于铝期货交易相关制度

期货市场是一种高度组织化的市场，为了保障铝期货交易有一个“公开、公平、公正”的环境，保障铝期货市场的平稳运行，对市场高风险实施有效的控制，上海期货交易所制定了一系列的交易制度，所有交易者必须在承认并保证遵守这些交易制度的前提下才能参与铝期货交易。与铝现货市场、远期市场相比，期货交易制度是较为复杂和严格的，只有如此才能保证铝期货市场高效运转，发挥期货市场应有的功能。

1. 保证金制度

当买卖双方成交后，交易所按持仓合约价值的一定比率收取交易保证金，交易保证金最低收取标准在期货合约中规定。交易所根据某一期货合约上市运行的不同阶段和持仓的不同数量（即从该合约新上市挂牌之日起至最后交易日止）制定不同的交易保证金收取标准，具体以上海期货交易所最新通知为准。

目前上海期货交易所关于铝标准合约保证金收取的具体规定如表 3 - 1 所示。

表 3 - 1　　铝期货合约上市运行不同阶段的交易保证金收取标准

不同时间段	交易保证金比例（交易所标准）
合约挂牌之日起	5%
交割月前第一月的第一个交易日起	10%
交割月份第一个交易日起	15%
最后交易日前两个交易日起	20%

交易过程中，当某一铝期货合约持仓量达到某一级持仓总量时，交易所暂不调整交易保证金收取标准。当日结算时，若该铝期货合约持仓量达到某一级持仓总量，则交易所对该合约的全部持仓收取与持仓总量相对应的交易保证金。保证金不足的，应当在下一交易日开市前追加到位。交易所根据铝期货合约上市运行的不同阶段（临近交割期）调整交易保证金的比例。

当某一铝期货合约价格收盘时发生涨跌停板时，当日结算时合约保证金也要相应提高。具体规定如下：收盘时处于涨跌停板单边无连续报价的第一交易日结算时，交易保证金提高到合约价值的 7%，收取比例已高于 7% 的按原比例收取；当第二交易日出现与上一交易日同方向涨跌停板单边无连续报价的情况，则第二交易日结算时交易保证金提高到合约价值的 9%，收取比例已高于 9% 的按原比例收取。经纪会员向客户收取的交易保证金不得低于交易所向会员收取的交易保证金。

2. 当日无负债结算制度

铝期货交易的结算是由期货交易所统一组织进行的。期货交易所实行当日无负债结算制度（又称逐日盯市），是指每日交易结束后，交易所按当日结算价结算所有铝期货合约交易的盈亏、交易保证金及手续费、税金等费用，对应收应付的款项同时划转，相应增加或减少会员的结算准备金。

期货交易所会员的保证金不足时，应当及时追加保证金或者自行平仓。

3. 涨跌停板制度

所谓涨跌停板制度，又称每日价格最大波动限制，即指铝期货合约在一个交易日中的交易价格波动不得高于或者低于规定的涨跌幅度，超过该涨跌停幅度的报价将被视为无效，不能成交。涨跌停板一般是以合约上一交易日的结算价为基准确定的。

4. 持仓限额制度

持仓限额是指交易所规定的会员或者客户对某一合约单边持仓的最大数量。有色金属系列的期货合约采用限制会员持仓和限制客户持仓、比例限仓和数额限仓相结合的办法，控制市场风险。某一月份合约在其交易过程中的不同阶段，分别适用不同的持仓限额，进入交割月份的合约的持仓限额从严控制（见表3－2）。

表3－2　铝期货合约在不同时期的限仓比例和限仓数额规定

<table>
<tr><td rowspan="3"></td><td colspan="2">合约挂牌至交割月份</td><td colspan="3">合约挂牌至交割月前第二月的最后一个交易日</td><td colspan="2">交割月前第一月</td><td colspan="2">交割月份</td></tr>
<tr><td rowspan="2">某一期货合约持仓量</td><td>限仓比例（%）</td><td rowspan="2">某一期货合约持仓量</td><td colspan="2">限仓比例（%）和限仓数额（手）</td><td colspan="2">限仓数额（手）</td><td colspan="2">限仓数额（手）</td></tr>
<tr><td>期货公司会员</td><td>非期货公司会员</td><td>客户</td><td>非期货公司会员</td><td>客户</td><td>非期货公司会员</td><td>客户</td></tr>
<tr><td rowspan="2">铝</td><td rowspan="2">大于等于10万手</td><td rowspan="2">25</td><td>大于等于10万手</td><td>10</td><td>10</td><td rowspan="2">3000</td><td rowspan="2">3000</td><td rowspan="2">1000</td><td rowspan="2">1000</td></tr>
<tr><td>小于10万手</td><td>10000</td><td>10000</td></tr>
</table>

注：表中持仓量、限仓数额为单向计算；期货公司会员的限仓比例为基数。

5. 大户报告制度

大户报告制度是与持仓限额制度紧密相关的又一个防范市场风险的制度。通过实施大户报告制度，可以使交易所对持仓量较大的会员或投资者进行重点监控，对于有效防范市场风险有积极作用。

6. 强行平仓制度

强行平仓制度是指当会员、投资者结算准备余额小于零，并未能在规定时限内补足的情况下，交易所有权对有关持仓实行平仓的一种强制措施。强行平仓制度是交易所控制风险的手段之一。

7. 信息披露制度

信息披露制度是指期货交易所按有关规定定期公布期货交易有关信息的制度。期货交易所公布的期铝信息，主要包括铝期货交易活动中产生的交易行情、交易数据统计资料、交易所发布的各种公告信息以及中国证监会指定披露的其他相关信息。

8. 交割制度

交割是指铝期货合约到期时，按照期货交易所的规则和程序，交易双方通过该合约所载标的物所有权的转移，或者按照规定结算价格进行现金差价结算，了结到期未平仓合约的过程。以标的物所有权转移进行的交割为实物交割，按结算价进行现金差价结算的交割为现金交割。一般来说，铝等商品期货以实物交割为主，股指等金融期货以现金交割为主。

（二）交易流程——开户、下单

1. 开户环节

自然人开户须提供本人身份证、作为其期货结算账户的本人银行账户，且须由本人签署开户文件，不得委托代理人代为办理开户手续。法人开户须提供企业法人营业执照、企业组织机构代码证、税务登记证、银行开户证明（即企业基本户的开户许可证）、法人代表身份证。客户签署期货经纪合同，留存影像资料，开户完成后，期货公司将为其申请交易编码，投资者将获得交易用户名和密码。

2. 软件下载

在开户后，期货公司为客户提供交易客户端软件以及行情软件，客户安装软件后即可登录交易账户。

3. 出入金

期货里的“出金”和“入金”是指期货公司和客户之间的资金划转。“入金”就是指客户将用于期货交易的资金划入自己在期货公司的交易账户。“出金”就是指客户将存放在期货公司的自己交易账户中的资金提出。客户可通过银行柜台、网上银行、交易系统等方式进行出入金操作。国内工商银行、农业银行、建设银行、中国银行、交通银行都已经开通了银期转账业务，对于投资者出入金操作提供了很大的便利。

4. 下单交易

客户通过登录交易客户端软件，即可进行下单操作。期货交易的操作步骤包括：开仓、持仓和平仓。以铝期货交易为例，开仓是指客户新买入或者新卖出一定数量的铝期货合约，买入开仓就意味着投资者看涨后市铝行情；卖出开仓就意味着投资者看跌后市行情。

开仓成功后，投资者当前即为持仓状态。持仓是指开仓之后还没有对冲掉的合约，买入开仓的就是多头持仓，卖出开仓的就是空头持仓。

若投资者想离场，则必须进行反向平仓操作。平仓是指将买入的铝期货合约卖出，或者将卖出的铝期货合约买入，通过数量相等、方向相反的期货交易来对冲原有的铝期货合约，解除实物交割的责任。

案例 3－1

铝期货投资者如何进行开仓与平仓操作

如某位投资者想开仓投资铝期货，该投资者可在交易软件的委托界面下输入计划操作的铝合约及相关信息，如交易合约为 AL2011，买卖方向为买入，开仓，开仓价格 15000 元/吨，开仓数量 10 手，点击确认则下单成功，该委托为已报状态，若已成交则显示该委托为已成状态。

假如该投资者进行上述 AL2011 合约开仓操作后，铝价格上涨至 15100 元/吨，该投资者如果想平仓获利，则对 10 手持仓进行全部平仓。可进行以下操作：在委托界面输入交易合约为 AL2011，买卖方向为卖出，选择平仓指令（若平当天开的仓位则选择平今仓），平仓价格输入 15100 元/吨，平仓数量为 10 手，点击确认则下单成功，若成交则显示已成，委托成功，则当前投资者无 AL1001 合约的持仓。若投资者只需要减少仓位至 5 手，则平仓数量选择 5 手进行操作即可。

（三）交易流程——竞价如何形成铝期货合约的价格

目前国际上期货合约价格的形成方式主要有公开喊价方式和计算机撮合

成交两种方式。国内期货交易所采用的是计算机撮合成交方式。

计算机撮合成交是根据公开喊价的原理设计而成的一种计算机自动化交易方式，由期货交易所的计算机交易系统对交易双方的交易指令进行配对撮合。在买卖申报单配对撮合过程中，按照价格优先、时间优先的原则进行排序。当买入价大于等于卖出价则自动撮合成交，撮合成交价等于买入价（BP）、卖出价（SP）和前一成交价（CP）三者中居中的一个价格。

当 BP≥SP≥CP，则最新成交价 = SP；

当 BP≥CP≥SP，则最新成交价 = CP；

当 CP≥BP≥SP，则最新成交价 = BP。

开盘价是指某一合约开市前五分钟内经开盘集合竞价产生的成交价格。开盘集合竞价未产生成交价格的，以当日竞价交易的第一笔成交价为开盘价。收盘价是指某一期货合约当日交易的最后一笔成交价格。

集合竞价采用最大成交量原则，即以此价格成交能够得到最大成交量。高于集合竞价产生的价格的买入申报全部成交；低于集合竞价产生的价格的卖出申报全部成交；等于集合竞价产生的价格的买入或卖出申报，根据买入申报量和卖出申报量的多少，按少的一方的申报量成交。

（四）交易流程及结算

结算是指根据交易所公布的结算价格对交易双方的交易结果进行的资金清算和划转。期货交易的结算由交易所统一组织进行。会员、境外特殊参与者进行期货交易应当按规定向交易所交纳交易手续费、交割手续费等费用。该等费用标准由交易所另行规定。会员应当代收国家规定由客户、境外特殊非经纪参与者等上交的税费。

交易所实行当日无负债结算制度。每一交易日闭市后，交易所对每一会员的盈亏、保证金、期权权利金、税款、手续费等款项进行结算。会员应当通过会员服务系统获取并核对相关结算数据。会员的结算准备金余额低于交易所规定的结算准备金最低余额的，应当追加保证金。交易所可以根据市场风险状况，在交易过程中或者交易日终向风险较大的会员发出追加保证金的通知。会员应当在规定时间前补足保证金。会员未能按时补足的，若结算准备金余额大于或者等于零而低于规定的结算准备金最低余额，不得开新仓；若结算准备金余额小于零，交易所有权对该会员采取强行平仓等风险控制措施。

1. 当日结算价

当日结算价是指每一交易日闭市后，用于结算保证金、当日未平仓期货合约盈亏和计算下一交易日涨跌停板额的合约基准价。

举例说明：某日从开盘至收盘，铝期货 AL2011 合约的成交情况为：在 15000 元/吨成交 100 手，15010 元/吨成交 200 手，15020 元/吨成交 500 手，则结算价 =（15000 × 100 + 15010 × 200 + 15020 × 500）/（100 + 200 + 500）= 15015 元/吨。结算价是交易所提供的，不需要个人投资者计算。

结算价是进行当日未平仓合约盈亏结算和制定下一交易日涨跌停板额的依据。

2. 历史持仓盈亏

历史持仓盈亏公式如下：

历史持仓盈亏 =（当日结算价 − 上一日结算价）× 持仓量

3. 当日开仓持仓盈亏

当日开仓持仓盈亏公式如下：

当日开仓持仓盈亏 = ∑［（卖出开仓价 − 当日结算价）× 卖出开仓量］+ ∑［（当日结算价 − 买入开仓价）× 买入开仓量］

4. 当日盈亏

当日盈亏公式如下：

当日盈亏 = ∑［（卖出成交价 − 当日结算价）× 卖出量］+ ∑［（当日结算价 − 买入成交价）× 买入量］+（上一交易日结算价 − 当日结算价）×（上一交易日卖出持仓量 − 上一交易日买入持仓量）

举例说明：若某投资者当日开仓买入 AL2011 合约 10 手，买入开仓价格为 15000 元/吨，且未平仓，当日结算价为 15015 元/吨，铝期货的 1 手是 5 吨，则该投资者的当日开仓持仓盈利 =（当日结算价 − 买入开仓价）× 买入开仓量 =（15015 − 15000）元/吨 × 10 手 × 5 吨/手 = 750 元，即该投资者当日开仓持仓盈利为 750 元。

5. 涨跌停板额。

涨跌停板额公式如下：

涨跌停板额 = 上一日结算价 × 涨跌停板幅度

举例说明：假设铝期货 AL2011 上一日结算价为 15015 元/吨，一般情况下沪铝期货的涨跌停板幅度为 5%，则当日的涨跌停板额 = 15015 × 5% = 750.75 元，即当日最高能上涨到 15765 元/吨，最低能下跌至 14265 元/吨。

二、什么是铝期货的交割?

(一) 铝期货交割及流程

实物交割是指期货合约到期时，交易双方通过该期货合约所载商品所有权的转移，了结到期未平仓合约的过程。在合约最后交易日后，所有未平仓合约的持有者应当以实物交割方式履约。客户的实物交割应当由会员办理，并以会员名义在交易所进行。并不是所有投资者都必须经历交割阶段，不能交付或者接收增值税专用发票的客户不允许交割。

铝现货企业需要通过期货市场进行铝期货交割时，买方通过铝期货交割获得铝锭，卖方通过铝期货交割卖出铝锭，从而实现铝现货企业套期保值或通过期货市场进行现货买卖的目的。

(二) 交割准备阶段

(1) 在进入交割之前，卖方应对持仓进行相应的调整。铝期货最小交割单位为 25 吨，即每张标准仓单所列铝锭的重量为 25 吨。因此，进入交割月后，铝合约持仓应当是 5 手或 5 手的整倍数，新开、平仓也应当是 5 手的整倍数，套期保值持仓也有相似的规定。同时，临近交割，保证金也将按规则进行调整。因此，临近交割时，买卖双方应按照规定对保证金进行调整，以保证顺利进入交割环节。

（2）欲办理交割业务的会员和客户须先开立标准仓单系统账户。

（3）卖方货物入库及制单。

货主向指定交割仓库发货前，应当办理入库申报（交割预报）。入库申报的内容包括品种、等级（牌号）、商标、数量、发货单位及拟入指定交割仓库名称等，并提供各项单证等。客户应当委托期货公司会员办理交割预报（入库申报）手续。

交易所在库容允许情况下，考虑货主意愿，在3个交易日内决定是否批准入库。货主应当在交易所规定的有效期内向已批准的入库申报中确定的指定交割仓库发货。未经过交易所批准入库或未在规定的有效期内入库的商品不能用于交割。

商品运抵指定交割仓库后，指定交割仓库按交易所有关规定对到货及相关凭证进行验核。验收完毕后，指定交割仓库应当将入库验收的结果输入标准仓单管理系统。会员向交易所提交制作标准仓单申请，在获得交易所批准后，指定交割仓库方可签发标准仓单。

（三）交割阶段

1. 第一交割日。

（1）买方申报意向。买方在第一交割日内，向交易所提交所需商品的意向书。内容包括品种、牌号、数量及指定交割仓库名等。

（2）卖方交标准仓单。卖方在第一交割日内通过标准仓单管理系统将已付清仓储费用的有效标准仓单交交易所。

2. 第二交割日。

（1）交易所分配标准仓单。交易所在第二交割日根据已有资源，按照“时间优先、数量取整、就近配对、统筹安排”的原则，向买方分配标准仓单。

不能用于下一期货合约交割的标准仓单，交易所按所占当月交割总量的比例向买方分摊。

（2）买方交款、取单。买方应当在第二交割日14：00前到交易所交付货款并取得标准仓单。

（3）卖方收款。交易所应当在第二交割日16：00前将货款付给卖方，如遇特殊情况交易所可以延长交割货款给付时间。

案例 3-2

铝期货交割流程

假设A企业为本次铝期货交割的卖方，B企业为本次铝期货交割的买方，双方在铝期货2309合约上分别有21手和23手的期货头寸，计划以20手进入交割，A企业通过期货交割卖出100吨铝现货，B企业通过期货交割买入100吨铝现货。

1. 交割前准备环节

（1）在进入交割之前，卖方应对持仓进行相应的调整。

进入交割月前，双方各自将持仓调整为5的倍数，A、B双方均调整为20手，准备进行交割。

（2）欲办理交割业务的会员和客户须先开立标准仓单系统账户。A、B均计划进入交割，因此，会员和客户须先开立标准仓单系统账户。

（3）卖方货物入库及制单。

卖方进行铝交割流程：A企业必须准备好相应的符合交易所交割标准的品牌铝锭现货100吨，并根据本身的实际情况选择好交割仓库。先要向交易所提出入库申请，交易所在库容允许情况下，考虑货主意愿，在3个交易日内决定是否批准入库。交易所批准后方能将铝锭入指定交割仓库。A企业应当在交易所规定的有效期内向已批准的入库申报中确定的指定交割仓库发货。未经过交易所批准入库或未在规定的有效期内入库的商品不能用于交割。仓库验单、理货、码入后，商品运抵指定交割仓库后，指定交割仓库按交易所有关规定对到货及相关凭证进行验核。验收完毕后，指定交割仓库应当将入库验收的结果输入标准仓单管理系统。会员向交易所提交制作标准仓单申请，在获得交易所批准后，指定交割仓库方可签发标准仓单。交易所批准后制作标准仓单，经确认后，生成标准仓单。同时，A企业支付交易所和仓库相关的交割费用。

标准仓单生成后，即等待交割环节的来临。最后交易日的结算价为19600元/吨，且无地区升贴水和货物升贴水，因此，实际交割货款价格为19600元/吨。

2. 交割结算阶段

（1）第一交割日（2023年9月18日）。

买方申报意向。B企业须在第一交割日内，向交易所提交所需商品的意向书，内容包括品种、牌号、数量及指定交割仓库名等。

卖方交标准仓单。A企业须在第一交割日内，将已付清仓储费用的有效标准仓单交交易所。

（2）第二交割日（2023年9月19日）。

交易所分配标准仓单。交易所根据已有资源，按照“时间优先、数量取整、就近配对、统筹安排”的原则，向B企业分配标准仓单。

买方交款、取单。买方应当在第二交割日14：00前到交易所交付货款并取得标准仓单。

卖方收款。交易所应当在第二交割日16：00前将货款付给卖方，如遇特殊情况交易所可以延长交割货款给付时间。

卖方交增值税专用发票。增值税发票的金额为196万元。

3. 买方提货出库

B企业通过交割流程获得100吨铝的标准仓单，凭标准仓单向交易所换取提货单。B企业凭提货单向交割仓库提货，并支付相应的出库费、仓储费等费用。

至此，铝期货的交割完成。

三、哪些品牌的铝锭可以在上海期货交易所交割？

用于实物交割的铝锭，必须是上海期货交易所注册的品牌。同时，交易所对可交割的铝锭在包装、重量、必备单证等方面也进行了详细的规定（见表3－3）。

商品的包装：每一交割单位的铝锭应当是由同一生产企业生产、同一牌号、同一注册商标、同一质量品级、同一块形、同一包装数量（捆重近似）的商品组成。注册生产企业自行选定注册产品捆重，但要利于组手。每捆包装采用（30～32毫米）×（0.9～1.0毫米）表面作防锈处理的钢带井字形捆

表 3 – 3　上海期货交易所铝锭注册商标、包装标准及升贴水标准

序号	国别	生产企业	产地	注册日期	商标	升贴水	外形尺寸（毫米）	块重（千克）	块/捆
1001	中国	中国铝业股份有限公司	甘肃永登	19931105	三乐	标准价	805 × 185 × 85	20	54
1002	中国	中国铝业股份有限公司	青海西宁	19931105	海湖	标准价	805 × 184 × 85	20	54
1005	中国	中国铝业股份有限公司	甘肃兰州	19931105	LL	标准价	805 × 184 × 85	20	54
					LL2		795 × 165 × 85		
1006	中国	包头铝业有限公司	内蒙古包头	19931105	包铝	标准价	800 × 180 × 90	20	54
					BTL		730 × 165 × 85	15	54
									44
				20240605	BTL		830 × 190 × 120	25	44
1008	中国	青铜峡铝业股份有限公司	宁夏青铜峡	19931105	QTX QX	标准价	820 × 190 × 85	20	54
1010	中国	陕西铜川铝业有限公司	陕西铜川	19941101	玉华	标准价	805 × 184 × 85	20	54
1012	中国	甘肃东兴铝业有限公司	甘肃陇西	20110112	甘铝	标准价	800 × 180 × 90	20	54
			甘肃嘉峪关	20160621		标准价	800 × 180 × 90	20	54
			甘肃嘉峪关	20171120		标准价	820 × 188 × 108	25	44
1013	中国	焦作万方铝业股份有限公司	河南焦作	19960101	万方	标准价	805 × 184 × 85	20	54
				20180514			823 × 183 × 110	25	44
1014	中国	河南神火煤电股份有限公司	河南永城	19960101	如固	标准价	750 × 174 × 76	20	54
			新疆昌吉	20161031			800 × 175 × 90	20	54
				20190422			825 × 188 × 105	25	44
1016	中国	中国铝业股份有限公司	贵州贵阳	19970601	华光	标准价	740 × 180 × 88	20	54
1018	中国	云南铝业股份有限公司	云南呈贡	19991101	云铝	标准价	805 × 180 × 90	20	54
			云南曲靖	20210127			820 × 190 × 105	25	44

续表

序号	国别	生产企业	产地	注册日期	商标	升贴水	外形尺寸（毫米）	块重（千克）	块/捆
1019	中国	遵义铝业股份有限公司	贵州遵义	20000726	黔星	标准价	805×184×85	20	54
				20240119	黔星	标准价	834×119×110	25	44
1020	中国	河南万基铝业股份有限公司	河南洛阳	20000726	万基	标准价	805×184×85	20	54
1025	中国	四川启明星铝业有限责任公司	四川眉山	20050919	AAC	标准价	815×170×65	20	54
1026	中国	河南豫港龙泉铝业有限公司	河南伊川	20050919	豫港龙泉	标准价	795×180×85	20	54
1027	中国	山西兆丰铝业有限责任公司	山西阳泉	20061102	ZF	标准价	760×180×90	20	54
1029	中国	青海百河铝业有限责任公司	青海西宁	20081117	BHL	标准价	780×190×80	20	54
1030	中国	内蒙古霍煤鸿骏铝电有限责任公司	内蒙古霍林郭勒	20090219	H&H	标准价	805×184×90	20	54
				20171120	H&H	标准价	825×185×100	25	44
1031	中国	中铝山西新材料有限公司	山西河津	20091010	CHALCO	标准价	740×165×90	20	49
1034	中国	青海桥头铝电股份有限公司	青海西宁	20160523	桥铝	标准价	800×180×90	20	54
1035	中国	山东宏桥新型材料有限公司	山东邹平	20160706	HONGQIAO	标准价	800×180×90	20	54
1036	中国	黄河鑫业有限公司	青海西宁	20160817	HAL	标准价	805×185×85	20	54
				20230822	HAL	标准价	825×190×110	25	44
1037	中国	宁夏宁创新材料科技有限公司	宁夏中宁	20171011	JJYS	标准价	825×190×105	25	44
1038	中国	内蒙古锦联铝材有限公司	内蒙古霍林郭勒	20180702	兰江	标准价	825×190×105	25	44

续表

序号	国别	生产企业	产地	注册日期	商标	升贴水	外形尺寸（毫米）	块重（千克）	块/捆
1039	中国	鄂尔多斯市蒙泰铝业有限责任公司	内蒙古鄂尔多斯	20221109	蒙泰	标准价	820×200×100	20	54
1040	中国	甘肃省临洮铝业有限责任公司	甘肃临洮	20230613	临铝	标准价	800×185×100	25	19
2001	澳大利亚	美铝澳大利亚有限公司	Portland（VIC）	20090429	PORTLAND	标准价	750×180×110	22.5	44
2002	俄罗斯	俄罗斯铝业联合公司（UC RUSAL）	伊尔库茨克	20111031	RUSAL I	标准价	740×170×114	22	44
2003	俄罗斯	俄罗斯铝业联合公司（UC RUSAL）	萨扬诺戈尔斯克	20111031	RUSAL KH	标准价	700×153×115	22	44

扎，捆扎应当坚固，同时标有醒目的、不易脱落的产品商品标志、生产炉批编号及捆重。每捆重量不超过 2 吨。到库商品中，遇有包装钢带断裂或严重锈蚀的捆件及散块商品，应当重新组合，用规定的钢带捆扎紧固，方可用于交割。包装费用由货主承担。

交割商品铝的必备单证：国产商品应当提供注册生产企业出具的产品质量证明书；进口商品应当提供产品质量证明书、产地证明书、商检证书、海关进口关税专用缴款书、海关代征增值税专用缴款书，经本交易所审定合格为有效。国家税收、商检等政策调整的，应当遵守其规定，相关进口商品的单证要求由交易所另行发布。

交割商品铝的重量规定：国产铝每锭重量为 15 公斤 ±2 公斤或 20 公斤 ±2 公斤或 25 公斤 ±2 公斤。进口铝的形状应当为锭，每锭重量在 12 公斤到 26 公斤之间。

溢短：每张标准仓单所列铝锭的重量为 25 吨，溢短不超过 ±2%。

磅差：不超过 ±0.1%。

延伸阅读

期货交割的作用

期货交割是期货交易的最后一个环节，是联系期货市场与现货市场的纽带，也是保障期货市场价格发现和套期保值功能得以正常发挥和实现的重要环节。铝期货交割，是指交易双方在交割日将合约所记载铝的所有权按规定进行转移、了结未平仓合约的过程。

1. 期货市场实物交割可以实现市场发现价格的功能，并为期现套利提供机会

期货市场是以现货市场为基础的，而期货交割能够促使期货价格和现货价格最终趋向一致。当期货价格远远偏离现货价格时，投资者可以通过期货现货两个市场进行套利交易来获得收益。例如，当某一铝期货合约价格过高而铝现货价格过低时，投资者会在期货市场上卖出该铝期货合约，在现货市场上买进铝现货。铝现货需求增多会导致铝现货价格上升，而铝期货合约的大量卖出会使铝期货价格下降，从而使铝的期现价差缩小；反之，当某一铝期货合约价格过低而现货价格过高时，投资者在期货市场上买进该铝期货合约，在现货市场卖出铝现货，铝期货价格上升，现货价格下降，使期现价差趋于正常。正是由于实物交割的存在，期货、现货两个市场得以实现相互联动，期货价格的走势与现货价格保持相对一致，使期货市场真正发挥价格晴雨表的功能。

2. 期货实物交割可为企业实现套期保值功能

期货市场要为现货企业实现风险转移和套期保值的功能，其前提条件：一是期货市场价格与现货市场价格在进入交割期时，必须趋于一致。价格趋于一致的原因在于在同一时期内，期货市场与现货市场是受共同的供求关系影响，期现价格趋同，套期保值者才能通过在期货市场的对冲实现稳定利润、锁定成本的目的。二是期货市场在交割期内，必须保证买方套期保值者能够在期货市场上进行实物交割买到实物，然后卖到现货市场或者作为自己企业的原材料；卖方套期保值者在现货市场买到实物后能够在期货市场的交割中将实物由期货市场卖出。

因此，综上所述，进行期货实物交割是实现市场发现价格的功能，为期现套利提供机会，使得期现价格趋于一致，从而使得企业实现套期保值功能。

四、铝期货交割产生的成本和费用有哪些?

进行实物交割的买卖双方应当分别向交易所及期货公司交纳交割手续费，其中交易所收取2元/吨。铝在出入库及在仓库储存期间发生的费用项目和标准由交易所核定。指定交割仓库正常收费项目和费用计收方法如表3-4所示。

表3-4 铝期货交割仓库的收费标准

项目		完税交割	保税交割	主要作业内容
期货仓储费		货场：0.4元/吨·天	库房：0.6元/吨·天 货场：0.5元/吨·天	按日计算，自商品到库日起计租
入库费用	专用线	26元/吨	无	卸车至货位，包括分唛理货、表面检验、数量、重量点数检斤、单证检验、吊运码垛、计码标码、设立账卡、签发仓单等
	自送	18元/吨、30元/吨（集装箱）	18元/吨、30元/吨（集装箱）	
出库费用	专用线	26元/吨	无	验证发货、装车、签发出门证、码单质保书随货同行、仓库内部销账等
	自提	15元/吨、25元/吨（集装箱）	15元/吨、25元/吨（集装箱）	
过户费		1元/吨	1元/吨（暂不开通）	更换仓单户名、收回原仓单、签发新仓单、调整库内相应账目
分检费		5元/吨	无	散捆混装分拣码垛
代办车皮申请		5元/吨	无	落实车皮计划
代办提运		2元/吨	2元/吨	接货、提运、交接（不包括运输费用）
加急费		无	无	在正常作业期间无法完成的作业量，按客户要求加急处理可增收加急费

续表

项目	完税交割	保税交割	主要作业内容
打包费	35 元/吨	35 元/吨	打包人工费和材料费。铝块重 15 ±2 千克的，打包材料可用 0.7×19～0.9×19 毫米以上，表面作防锈处理的钢带，井字形打捆。铝块重 20 ±2 千克的，打包材料可用 0.9×32～1.0×32 毫米以上，表面作防锈处理的钢带，井字形打捆。打捆要紧固，进口商品可按块重，参照上述条件处理
打印费	100 元/张	100 元/张	申请打印纸质仓单

1. 进库费、出库费、装卸费、打包（装袋）费、分拣（整理）费、过户费、代办费、加急费及需特殊处理的劳务作业费用，由指定交割仓库根据实际发生的项目及劳务，按规定标准出具合法结算凭证，交货主核对后，由货主向指定交割仓库一次付清。

2. 仓储费按日收取。最后交割日以前（含当日）的仓储费用由卖方承担，最后交割日以后的仓储费用由买方承担。收费后，由指定交割仓库在标准仓单上注明仓储费付止日期。货主应当在每月月底前到指定交割仓库办理付费手续，可以预付。

假设某客户要在 AL2311 合约进行铝期货交割，该客户提前一个月于 10 月 15 日将货物入库，因此仓储费需交纳至交割结束即 11 月 17 日，共计 32 天。

卖方交割费用 = 交割手续费 + 交割仓库费用 = 2(交割手续费) + 32 × 0.4(仓储费) + 18(入库费) + 1(过户费) + 5(代办车皮申请) + 2(代办提运) + 0(加急费) = 42.8 （元/吨）

买方交割费用 = 交割手续费 + 交割仓库费用 = 2(交割手续费) + 26(出库费) = 28 （元/吨）

自测题

一、选择题

1. 某投资者以 14500 元/吨的价格买入 AL1001 合约 100 手，若保证金比例为 10%，其占用的保证金为（　　）万元。

A. 14.5　　B. 145

C. 72.5　　D. 725

2. 某投资者以 15000 元/吨的价格卖出 AL1001 合约 10 手，后以 15300 元/吨的价格卖出 20 手，该投资者的开仓均价为（　　）元/吨。

A. 15150　　B. 15000

C. 15300　　D. 15200

3. 以下说法正确的是（　　）。

A. 沪铝期货合约一手为 25 吨铝

B. 伦敦金属交易所铝期货合约一手为 5 吨铝

C. 沪铝期货合约的交易代码为 AL

D. 沪铝期货合约的最小变动价位为 10 元/吨

4. 铝期货合约当天的涨跌停板幅度以（　　）为标准计算。

A. 前一日收盘价　　B. 前一日结算价

C. 当天开盘价　　D. 当天结算价

5. 沪铝在合约交割月份的第一个交易日起对客户的持仓限额为（　　）手。

A. 300　　B. 500

C. 1000　　D. 1200

6. 沪铝期货合约在上市运行的不同阶段的交易保证金是不断变化的，在交割月份的第一个交易日，铝期货的交易保证金比例为（　　）%。

A. 5　　B. 10

C. 15　　D. 20

7. 铝期货交易过程中，以下（　　）类型的投资者申请经交易所批准后一般不受限仓制度的约束。

A. 铝期货的套利投资者

B. 铝期货的投机客户

C. 进行套期保值操作的铝生产企业

D. 参与铝期货投资的铝现货贸易商

8. 以下有关实物交割的说法正确的是（　　）。

A. 期货市场的实物交割比率很小，所以实物交割对期货交易的正常运行影响不大

B. 实物交割是联系期货与现货的纽带

C. 实物交割过程中，买卖双方直接进行有效标准仓单和货款的交换

D. 标准仓单可以在交易者之间私下转让

9. 我国期货交易的保证金分为（　　）和交易保证金。

A. 交易准备金　　B. 交割保证金

C. 交割准备金　　D. 结算准备金

10. 某客户在7月2日买入上海期货交易所铝9月期货合约1手，价格15050元/吨，该合约当天的结算价格为15000元/吨。如果涨跌停板幅度为7%，该客户在7月3日，最高可以按照（　　）元/吨的价格将该合约卖出。

A. 15953　　B. 15452

C. 15660　　D. 15810

二、判断题

1. 铝期货价格与铝现货价格毫无关系。（　　）

2. 交割月前第一月的最后一个交易日收盘前，铝期货合约的持仓应当调整为5手的整倍数。（　　）

3. 进入交割月后，由于铝期货持仓量小，因此保证金无须调整。（　　）

4. 自然人不得参与铝期货投资。（　　）

5. 铝期货结算价是指某一铝期货合约当日成交价格按成交量的加权平均价。当日无成交的，以上一交易日的结算价作为当日结算价。结算价是进行当日未平仓合约盈亏结算和制定下一交易日涨跌停板额的依据。（　　）

6. 交易保证金是指会员在交易所专用结算账户中确保合约履行的资金，是未被合约占用的保证金。（　）

7. 当每日结算后客户保证金低于期货交易所规定的交易保证金水平时，期货经纪公司按照期货经纪合同约定的方式通知客户追加保证金。（　）

8. 交易所实行价格涨跌停板制度，由交易所制定各上市期货合约的每日最大价格波动幅度。（　）

9. 标准仓单流转是指标准仓单用于在交易所履行到期合约的实物交割、标准仓单交易及标准仓单在交易所外转让。（　）

10. 在实物交割的具体实施中，买卖双方并不是直接进行实物商品的交收，而是代表商品所有权的标准仓单。（　）

三、填空题

1. 某日从开盘至收盘，铝期货的成交情况为：15000 元/吨成交 100 手，15010 元/吨成交 200 手，15020 元/吨成交 500 手，则结算价为＿＿＿＿＿元/吨。

2. 某投资者以 15000 元/吨的价格卖出铝期货 1001 合约 10 手，当日又以 14500 元/吨的价格买入平仓，则此操作该投资者盈利＿＿＿元。

3. 某投资者进行铝期货买近卖远跨月套利操作，开仓时两合约价差为 150 元/吨，平仓时两者价差缩小至 100 元/吨，则该操作＿＿＿元/吨。

4. 交易所宣布进入异常情况并采取强制减仓措施的，应当同时明确＿＿＿＿和采取强制减仓的相关合约。

5. 实物交割的双方应当分别向交易所及＿＿＿＿交纳交割手续费。

6. 集合竞价采用最原则，即以此价格成交能够得到最大成交量。集合竞价产生的价格的买入申报全部成交；集合竞价产生的价格的卖出申报全部成交；＿＿＿＿等于集合竞价产生的价格的买入或卖出申报，根据买入申报量和卖出申报量的多少，按少的一方的申报量成交。

7. ＿＿＿＿可以根据市场风险状况改变执行大户报告的持仓界限。

8. 根据平仓数量的分配原则，在平仓范围内按盈利的大小和投机与保值的不同分成＿＿＿＿级，逐级进行分配。

9. 我国期货交易的保证金分为＿＿＿＿和交易保证金。

10. 假设铝期货 AL2406 上一日结算价为 20225 元/吨，一般情况下沪铝期货的涨跌停板幅度为 7%，则当日的涨跌停板价格为________元/吨。

参考答案

一、选择题

1. C　2. D　3. C　4. B　5. C
6. C　7. C　8. B　9. D　10. A

二、判断题

1. ×　2. √　3. ×　4. ×　5. ×
6. ×　7. √　8. √　9. ×　10. √

三、填空题

1. 15015　2. 25000　3. 盈利 50
4. 强制减仓基准日　5. 期货公司
6. 最大成交量、高于、低于
7. 期货交易所　8. 四
9. 结算准备金　10. 21435

第四章

影响铝价波动的主要因素

本章要点

本章主要从多个角度阐述了影响铝价波动的主要因素，包括供需情况、成本因素、货币以及国家的宏观政策等方面，将铝价的运行情况向读者进行了全面的介绍。

一、影响铝价波动的主要因素是什么？

从图 4－1、图 4－2 对铝价历史走势的回顾中，我们可以发现，铝价总体表现较为震荡，特别是 2008—2009 年、2020—2022 年波动非常大。以伦铝为例，2008 年 7 月之前，其基本保持稳步上扬态势，最高曾升至 3381 美元/吨的峰值，此后受金融危机冲击，迅速滑落至 1278 美元/吨的谷底，之后反弹。2020 年受新冠疫情影响再度大跌至 1450 美元/吨水平，但随后在以美联储为首的央行大放水的背景下持续反弹。此外，能源成本飙升、俄乌冲突带来供应错配均推升铝价，伦铝最高飙升至4070美元/吨历史高位，之后则在持续加息、经济放缓的情况下大幅下跌至2000美元/吨水平。沪铝主力合约在历史上最高也曾到达24830元/吨的高位，而最低曾跌至10140元/吨，2009年初至2011年中同样走出了一波上升行情，并在17000元/吨附近逐渐显现疲势。2015年股灾期间，沪铝主力合约再创历史新低至9600元/吨，之后开启两年牛市。2020年同样受新冠疫情影响再度跌至11200元/吨低位，之后开启上涨模式，并在2022年极度靠近历史高位，达到24760元/吨。

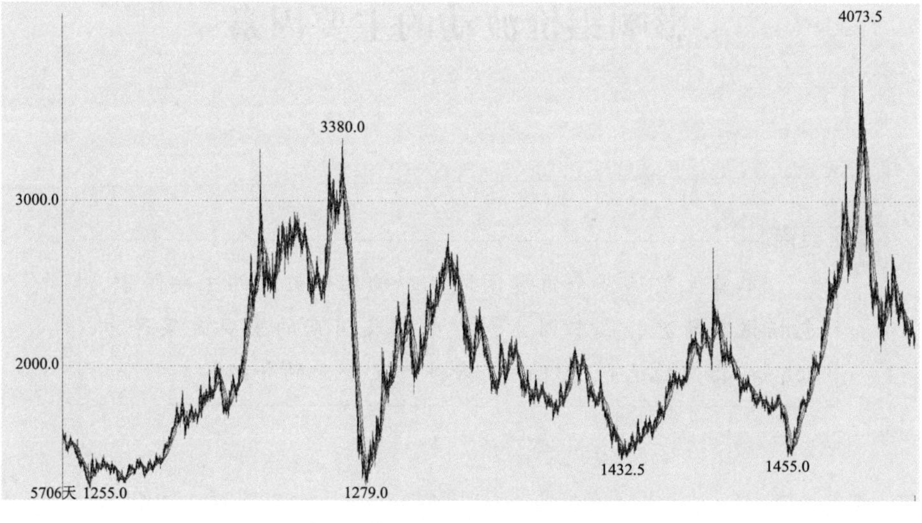

图4-1 伦铝历史走势日线图

资料来源：文华财经、新湖期货。

现货方面，一般情况下，现货铝价格都会跟随期铝同涨同跌（见图4-3）。

面对铝市的跌宕起伏，到底是谁在左右铝价？影响铝价走势的主要因素又有哪些？

大体而言，影响铝价的因素可归结为基本面和宏观面两大要素。基本面要素包括铝锭的上游供给和下游行业的需求、库存高低等，铝土矿、氧化

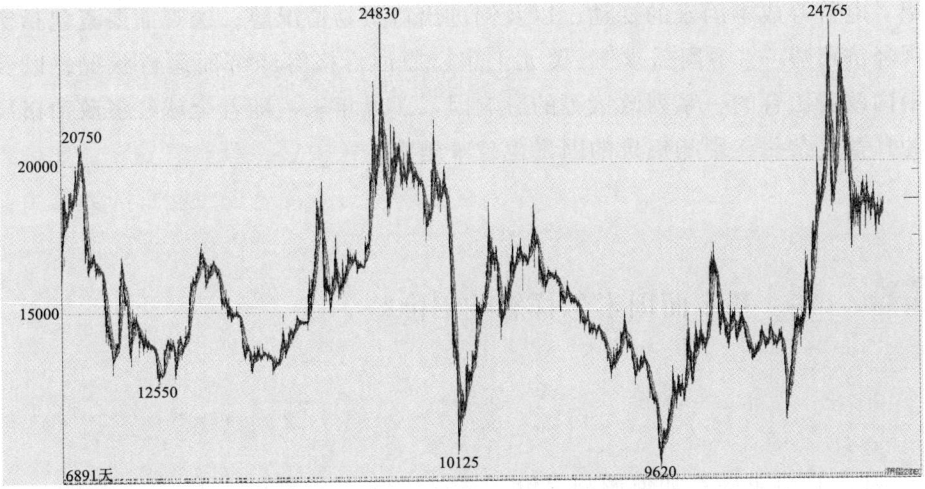

图 4－2　沪铝连三历史走势日线图

资料来源：文华财经、新湖期货。

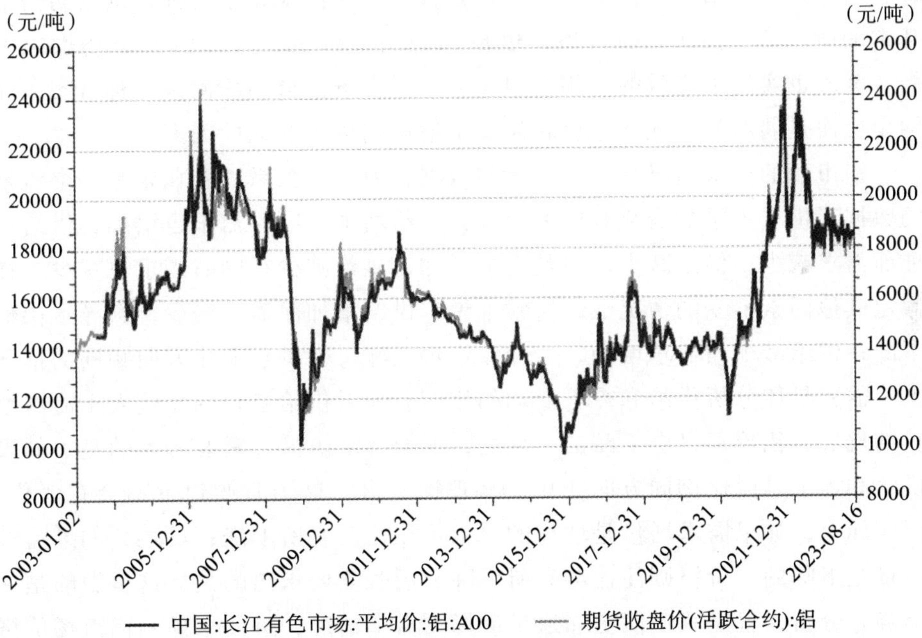

图 4－3　长江现货市场铝锭日均价与上期所铝期货主力合约收盘价

资料来源：Wind 资讯，新湖期货。

铝、电价等成本因素的变动，以及铝进出口贸易情况等；宏观面要素包括宏观经济形势、“中国需求”、美元汇率、原油价格等经济面运行状况，以及中国政府出台的一系列政策等的影响因素。近年来，随着全球经济政治格局的日益复杂化，影响铝价的因素也越来越多。

二、基本面因素怎样影响铝价？

（一）供求关系如何影响铝价

供求关系的变化对铝价的走势有着直接的影响。供求关系本身有三种状态：第一种是供给大于需求；第二种是供给小于需求；第三种是供给与需求基本平衡。第三种状态的价格，也被称为均衡价格，这个时候市场供求平衡，资源也实现了有效的利用。但实际上，市场供求不均衡是一种常态，而均衡反而是偶然的情况。这里就需要了解影响供求变化的因素。

铝市场的供求情况是一个存量的数据，而供求关系的变化则是一个流量的数据。供求关系的变化有四种形式：供给增加，同时需求也增加；供给增加而需求减少；供给减少，但是需求增加；供给减少，同时需求也减少。在假定其他因素不变的情况下，通常来说，供给增加而需求减少，会导致铝价下降；供给减少而需求增加，会导致铝价上涨。在供求变化方向相同的情况下，需要具体分析供给和需求变动的比例。如果供给增长的比例大于需求增长的比例，铝价还是会下跌的；反之，就会上涨。另外需要考虑的是，如果供给和需求是同比例同方向变化，从理论上讲，这个时候铝价不会有变化，但实际上，如果需求增量是增加的，铝价往往会有所上涨；反之，如果需求增量是下降的，价格则往往会有所下降。同时需要指出的是，这里做的是一个静态分析，就是我们假定知道了市场的需求情况，进而来预测铝市场价格走势。实际当中，供求关系和价格是相互影响的，是一个动态的变化。例如，在时间 t_1，我们发现供给大于需求，这个时候市场会形成价格下跌的预期，该产品价格一般就会先期下跌，而现货有可能没有太大变化。而到了时间点 t_2，现货市场价格下降，根据需求原理，多数商品价格下跌之后会刺激需求的增长，那么在短期供给不变的情况下，又会形成一个价格上涨的预期。在这个例子当中，我们可以看到，价格本身的变化也会影响供求关系的变动，价格和供求关系之间会发生一个系统的反馈，导致市场价格不会偏离均衡价格过大。

但是在另外一种情况下，如果供求双方或者一方，短期内不能根据价格信号作相应的调整，那么这种供求关系与价格直接的反馈调整就不会出现。例如，国储局要实施一次对铝的收储业务，这个消息传出之后，投资者就会预期市场价格会上涨，如果收储规模比较大的话，现货市场可能会很快出现一定的上涨。这个时候，国储局收储的规模和时机已经确定，不能改变，这种情况下价格信号就不会引起主要需求方面的变化，进而出现单方面上涨的一个情况，同时市场交易者买涨不买跌的心态，也会加剧这种单方面的价格波动情况。

另外，投资者需要关注的一个问题，就是铝产能过剩不等于市场实际的供给大于需求，这里面有一个开工率问题。一般而言，开工率和铝价是正相关的，同时每年也有诸如设备检修等因素造成部分生产线停车，也会使得开工率下降，进而产量也会下降，影响到一定时间段内的供求关系情况，进而对铝价的走势形成冲击。

（二）如何从库存数量的变动来判断铝的供求状况

在铝的期货市场上，投资者可关注体现铝供求关系变化的一个指标——库存。铝的库存又分为报告库存和非报告库存，报告库存又称“显性库存”或“交易所库存”，是期货交易所定期公布的其指定交割仓库铝的库存数量；而非报告库存主要是指全球范围内的生产商、贸易商和消费者手中持有的铝的数量，由于这些库存无专门机构进行统计和对外发布，所以这些库存又称为“隐性库存”，也称“产业链内库存”。

库存规模情况是判断铝市场供求关系的一个重要依据。交易所库存都会有定期的报告，而产业链内库存的判断方法主要有两种：第一种是依据对相关企业的走访，抽样调查、行业协会对库存规模的调查等方法收集信息、数据，进而处理得到的；第二种是依据历史或者经验数据，进行统计学的计算，从数学关系上找到与容易得到相关数据的统计关系。铝的社会需求增加会导致铝的库存下降，铝价可能会受影响而上涨；反之，亦然。

延伸阅读

如何利用统计学判断产业链内库存

举个例子，可以从数学角度计算铝的消费量与国内生产总值（GDP）增长速度的数学关系，然后铝的产量是可以相对容易确定的，用产量减去估计的消费量，就可以得到铝的库存规模估计值。一般来说，GDP 增速比较容易确定，由统计检验得到数学关系，可以计算出产业链内库存的大致规模。但是，这种方法面临着几个问题：首先，数学上检验的关系可能是一种伪回归，或者说是一种伪因果关系。这种关系未必符合实际的经济逻辑，这种数学关系可能是一个小概率的结果。用这个特殊的样本检验的结果，应用新的变量可能会得到错误的结果。其次，在不同的自变量区间，因变量与自变量的关系可能是不同的。例如，铝的消费量与 GDP 增速 5%~8% 的关系与 8%~10% 可能是不同的，这个数学的分界位置也有可能会变动。

这里先分析交易所库存与市场供求情况的关系。交易所库存增加，一般是在市场行情预期走好或者期货价格持续大于现货价格时期现套利的一种模式，期货市场做空，同时现货市场做多。市场套期保值仓、期现套利仓等会出现一个持续增加的过程。这个时候，现货市场的供求关系未必是供大于求的，只是预计在未来供求会紧张，价格会上涨。

我们可以回顾一下 2009 年 3 月中旬到 2009 年 4 月上旬的一波铝上涨行情，沪铝连续从底部的 12000 元/吨附近一直上涨到接近 15000 元/吨。在这个过程中，上海期货交易所铝库存从开始的 34000 余吨，一直增加到 44000 余吨。需要注意的是，在这个过程中库存并非一直连续增加的，中间会出现波动，或者急剧下降情况，主要原因是上海期货交易所当期合约交割时间是在每月的 16—20 日，这个时间内注册仓单的大规模注销也是很正常的。交易所库存减小，一般是在市场对未来一定时间内铝价看跌，行情看淡的时候出现。特别是在期货价格低于现货时，这个时候是一个反向市场，期现套利的盈利模式是在期货市场做多，现货市场做空。一般在这种情况下，交易所库存会出现一个持续下降的过程。

例如，2008年7月下旬到2008年12月中旬金融危机最严重时，沪铝期货价格从20000元/吨左右一直跌到10700元/吨左右，同时上海期货交易所库存从接近13.7万吨一直下降到5.5万余吨。在这个过程中，沪铝交易所库存规模也不是一个连续减少的过程，中间会有些波动，库存会出现小波段增加的情况，但是整体上来看，在沪铝期价大幅下跌时，库存规模是减小的趋势，与价格一样处于一个下降通道之中。

总体来看，交易所库存的变化趋势与期价的走势关联性很强，呈现出正相关的特点。交易所库存的变化，更多的是反映投资者对远期供求关系情况或者价格走势的判断，往往与当前供求关系变化的相关性不大。例如，当前供大于求，只要期价上升，市场预期未来价格会继续上扬，那么交易所库存就会逐步增加。这种情况下，现货市场贸易商往往会囤积惜售，社会库存的规模在增加，通过这种方式，人为地制造现货市场货源紧张，以期货价格拉动现货价格上扬。

小贴士

交易所的潜在库存规模

按照规定，交割仓库是由交易所指定的，双方依照合同规定彼此的权利与义务。需要进行交割的投资者，按照程序把经过检验的交割标的物，交由交割仓库保管，同时从交割仓库取得交易所认可的标准仓单持有凭证。一般而言，指定交割仓库除了保管已经做成标准仓单的铝锭外，还保管其他投资者存放的铝锭。按照惯例，这种在同一个仓库里存储的铝锭，极有可能在适当的时候转化为交易所的库存。原因在于持有标准仓单的仓储成本比普通的仓储成本要大很多，而且普通仓储很容易转化为标准仓单，进而参与交易所交割。对于这种可以很方便转化为交易所标准仓单的库存，可以被称为交易所的潜在库存。一般来讲，作为交易所指定交割仓库的实际库存规模一般都比交易所公布的库存要大一些。

外盘的交易所库存规模与供求情况的关系，在原理上和国内是一致的。需要了解的就是，外盘有一些金融创新的情况。例如，如果交易所库存增加过快，或者处于一个高位，就会对期价的走势形成压力，很难上涨，但是有时候也有例外。例如，国外有一种被称为"现货持有协议"的工具，就是投机商在现货市场买入铝锭并卖出近期合约的交易行为，这会导致现货市场供应紧缺，进而以现货市场走高制造供给紧缺的假象来推动期货价格的上行。投机商在现货市场上购进大量的铝锭，把这些铝锭投入交易所库存，再把仓单质押贷款，循环购进更多的铝锭。这样，实际上交易所的一部分库存是无法参与交割、不能流动的，已经被质押出去了，如在2009年7月下旬，伦敦金属交易所三月期铝盘中摸高1747美元/吨，超越1月7日盘中最高点1649美元/吨，创出年内新高；另外，伦敦金属交易所铝库存攀升至452.02万吨，再度刷新历史纪录。同期，国际铝市场其实是供给大于需求，基本面相当疲软，但是伦敦金属交易所铝价一路走高。

这种情况下，在观察外盘交易所库存时就需要注意，交易所库存中可能有一部分是不能参与交割的，这就增加了基本面分析的难度。抵押融资也好，现货持有协议也好，在市场上都是客观存在的现象，因此交易所公布的显性库存仅供参考。前几年铝价大涨的时候，伦敦金属交易所的库存非常低，但贸易商手中却囤积了大量的货；如果我们换一种思路来看，库存是流转的，通常会从一个仓库转移到另一个仓库。因此，估算产业链内的库存规模是一件很重要的事情。

现在谈一下产业链内库存与市场供求情况的关系，一般来说，市场供给大于需求时，产业链内库存会处于一个高位；反之，产业链内库存规模会下降。按照库存持有机构的不同，可分为生产商库存、贸易商库存与消费商库存三种。在经济不景气时，库存通常集中于生产商和贸易商两个环节，这时常常伴随着供大于求的情况。在经济景气时，库存通常集中在贸易商和消费商环节。通过估算产业链内库存的规模，进而判断整体产业的供求平衡情况，对分析中长期的价格走势有着重要的意义。

（三）注册仓单数量对期铝价格有何影响

当现货商把符合交割标准的货物交到交易所的交割仓库，交割仓库检验合格后，给货物持有人开具交易所的标准仓单，交易所会定期公布已经做成仓单的铝库存数量。已经注册的仓单也可以随时办理注销手续，但此时仓单所标示的货物未必就出库了，可能还在交割仓库存放着。当某个月份的合约履行交割手续后，会有部分仓单办理注销和出库手续。

但有时候持有仓单的主力为了影响价格，会通过注册、注销仓单来改变交易所公布的库存数量。例如，当主力希望铝价格上涨时，就把持有的铝注册仓单大量地注销，造成可交割的铝现货不足的表象，从而引发交易者对未来价格上涨的预期，而实际上可交割的铝并没有减少，还在仓库里面存放着。当主力希望铝价格下跌时，他们又会把仓单再次注册，造成铝增多的现象，使得期货价格受此影响而下跌。

案例 4－1

通过库存水平，判断铝价走势

2009 年上半年，原铝市场面临巨大的库存。从年初的不足 240 万吨，到年中已经增长到 440 万吨，几乎翻了一番，其中 5 月全球铝库存总额较上年同期增加了 165%，达到 17 周需求水平，高于 75 周的长期平均水平。国内某铝锭生产厂家在 3 月就发现国内、国际铝库存的上涨态势，显示出铝的供需不平衡，并预见在未来一定时间内铝价将会处于一个偏弱盘整态势，为了锁定其生产的利润，在 4 月上旬的 13200 元/吨的价格附近，在期货市场上进行了卖出套期保值。这样，尽管铝价在随后的 4 月到 6 月一直处于较低的价位，该厂家依然能够保持一定的开工率，避免了因为成品价格的低迷而影响其生产的正常进行。

（四）进出口数据及相关贸易情况如何影响铝的基本面及价格

铝进出口数据可以在一定程度上反映市场的供求情况，尤其是需求状况。投资者可以关注每月公布的海关进出口数据（见图 4－4）。但需注意的是，海关公布的数据往往具有滞后性，因此还需多渠道获取进出口情况，例如，可以了解运保费情况、国内现货升贴水的变化情况、定点仓库和保税区仓库的动态等。

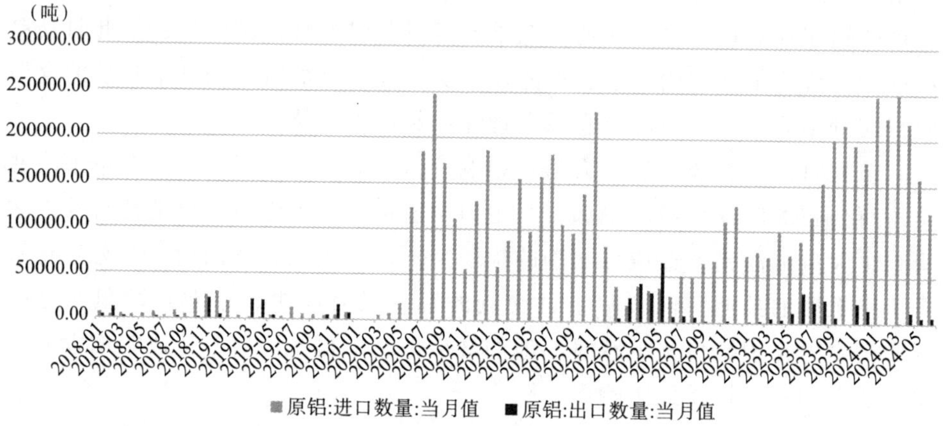

图 4－4 中国进出口原铝数量当月值

资料来源：Wind 资讯，新湖期货。

全球电解铝的生产格局近年来发生了较大变化。中国、大洋洲和拉丁美洲地区的产量增长在加速。2002—2008 年，中国电解铝产量年均增长率达到惊人的 26.8%，每年增加的电解铝产量超过 100 万吨。南美洲和非洲表现出未来产能加速扩张的态势，而传统的欧美国家的产能也逐步进入重启行列，由此也带来了铝在基本面上供给过剩的困境。另外，值得投资者关注的是，一些相关的偶然性事件对铝价的影响作用，例如，澳大利亚的洪灾或印度尼西亚的地震导致当地铝土矿供给中断，相应地就会影响到当时铝价的走向。

我国铝锭基本能满足自给，但每年也有一定量的进口（见表 4－1），从进口国看，主要来自俄罗斯和印度，也有少量来自其他国家和地区市场，如澳大利亚、巴林、巴西、塔吉克斯坦、迪拜、南非等。当国内价格出现升水的时候，会有一部分进口铝锭进口到国内铝市场，但总体对市场影响不大。

表 4-1 2022 年铝相关产品进出口情况

	进口量（万吨）	同比（%）	出口量（万吨）	同比（%）
氧化铝	198.97	-40.19	100.74	742.30
铝土矿	12547.1	16.85	4.69	7.46
未锻轧铝及铝材	239.14	-25.6	660.36	-16.30
原铝	66.81	-57.71	19.6	2679.68
铝合金	126.79	14.08	22.51	49.35
铝材	44.51	13.31	618.25	13.20
铝废碎料	151.6	47.38	—	—

资料来源：海关统计数据、新湖期货研究所。

（五）成本变动如何影响铝价

生产成本的变动是影响铝价的因素之一，生产成本的变动一般将同向影响价格，即成本上升则价格上涨，成本下降则价格下跌。正常情况下，铝价高于生产成本，但在某些特殊时期，如供应过剩或需求不足，价格也有可能跌至生产成本之下，若相当一段时间生产成本高于价格，企业处于亏损状态，企业将主动减产甚至停产。当供应逐渐减少不满足需求时，价格又会逐渐上涨，恢复到生产成本之上。另外，当价格大幅高于生产成本时，铝锭生产利润的增加将会吸引更多资金投向铝锭生产企业，增加大量产能，供大于求时，价格又将逐渐回落。总之，铝价不会长期脱离生产成本，生产成本是价格的重要支撑。

如图 4-5 所示，电解铝生产成本的组成主要包括氧化铝成本、电力费用、炭素成本以及人工等其他成本。我们先来分析一下铝锭的物耗成本，电解铝的冶炼厂家生产铝锭所耗费的物质资料主要有三种：氧化铝、电力、炭素（阳极炭块），每生产一吨电解铝大约需耗电 13500 千瓦时作用、1.93 吨氧化铝和 0.5 吨阳极，这三项成本占其总成本的 85% 以上。此外，还有氟化铝等，但它们所占成本较小，一般每生产一吨铝锭只耗用 200～300 元。下面主要分析上述三种物质所耗用的成本。

	单耗	单位成本（元）
生产材料		
氧化铝	1.925吨	5597
预焙阳极	0.48吨	2490
氟化铝	0.027吨	160
冰晶石	0.005吨	50
动力消耗		
交流电	13500千瓦时	5535
直接人工		200
制造费用		288
备件材料		114
辅助材料		27
财务成本		1500
折旧		147
合计		16108

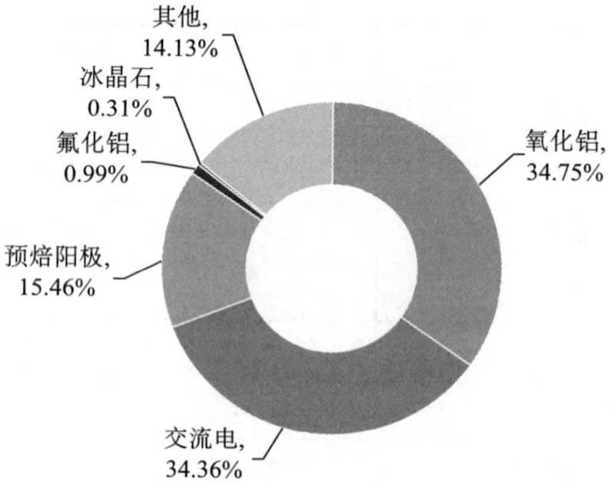

图 4－5　电解铝生产成本的组成及比重构成

1. 氧化铝成本

一般来讲，每生产一吨铝锭需 2 吨氧化铝，随着越来越多的生产厂家采用先进技术和加强技术改造，目前大多数厂家生产一吨铝锭需要氧化铝约在 1.93 吨左右，虽然这一比例随着各个厂家的努力还有下降的趋势，但下降的幅度不会很大，我们可理解为常量。这样，氧化铝的价格变化就决定了这方面的成本。假如氧化铝市场报价为 2900 元/吨，可以计算出铝锭生产企业每吨铝锭所耗氧化铝的费用约为 5597 元。

氧化铝价格则受国内产量、进出口变化以及原材料铝土矿等价格的影响。随着我国电解铝生产规模的不断扩大，国内对氧化铝的需求也在不断增长。作为电解铝的主要生产原料——氧化铝，其生产主要集中在亚洲、大洋洲和拉丁美洲。2017 年之前，我国需要每年进口一定量的氧化铝补充国内需求，但随着电解铝供给侧结构性改革以及氧化铝产能加速扩张，国内产量在全球占比已超 50%，基本能满足国内需求，不过每年仍有一定进口量起到调节的作用（见图 4－6）。

近年来，氧化铝价格的上涨推动了国内一些地区和企业开始通过进口铝土矿资源在中国沿海地区投资建设氧化铝生产项目。自 2005 年底以来（见图 4－7），中国铝土矿进口增长迅猛。在铝的冶炼中，我国 90% 以上的铝土矿资源都是一水硬铝石型铝土矿，属于中低品位矿石，耗能高，且加工难度大。

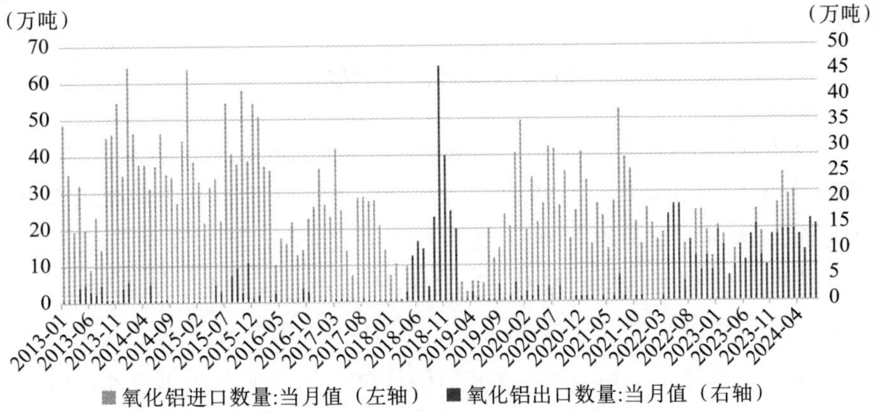

图 4－6　中国进出口氧化铝数量当月值

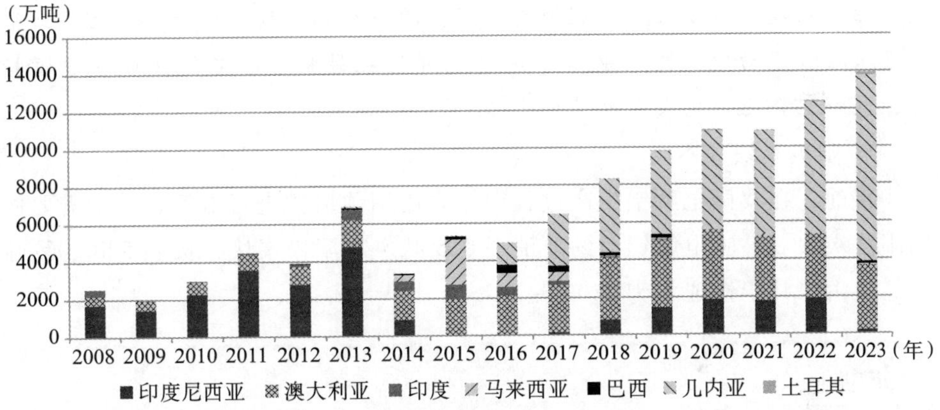

图 4－7　中国铝土矿进口量及国别分布

2. 电力成本

中国属能源短缺的国家，电力资源地区间很不平衡，各地电费也有所差异，目前，一吨电解铝的耗电量大约在 13500 千瓦时。这一部分的成本涉及两个变量，一个是每一度电的电价高低，另外一个变量是每生产一吨铝锭所耗费电量的多少。电解铝行业耗电量很大，由于生产技术装备水平的差异，各生产企业每生产一吨铝锭所耗费的电量差异也较大。随着国家电价的上调，目前国内电解铝生产厂家的平均电价为 0.41 元/千瓦时左右，则每吨铝锭的耗电成本大约在 5535 元。

案例 4-2

电价调整对铝价的影响

2009年11月19日，国家发改委和能源局等出台电价调整方案，规定自2009年11月20日起，将国内非居民销售电价每千瓦时平均提高2.8分。此次电价上调，将增加铝厂生产成本约390元/吨，盈利空间也将被压缩。在这种情况下，某电解铝厂家认为由于铝的生产成本增加，产品的出厂价自然将要提高，铝市场价将上涨。由此，他们根据自己的产量，在15500元/吨的价格附近陆续买入铝合约。在2010年初，铝期货合约上涨至18000元/吨附近，该厂家在17500元/吨附近平仓离场。这样在期货盘面上获利近2000元/吨。虽然现货市场上由于电价上涨，成本的上涨压缩了一定的利润，但是在期货市场上的获利使得该厂家的净利润得到了保障。近几年，全球进入减碳运动中，国内也不断调整能源消耗结构，相应能源成本逐步抬升，电解铝企业用电成本也随之上涨。

3. 阳极炭块成本

目前，在我国电解铝生产过程中，多使用预焙槽进行电解，其中需要使用阳极炭块。一吨电解铝大约要消耗0.5吨左右阳极炭块，按照5000元/吨计算，占每吨铝锭成本为2500元。

小贴士

电解铝的电解槽型

电解铝的电解槽型分为自焙槽和预焙槽，两者相比较，自焙槽具有工艺成熟、投资少、见效快的特点，以前我国铝锭生产企业中多数使用这种工艺较为落后的自焙槽，但这种工艺存在较明显的缺陷：首先是烟气敞开排放，严重危害生态环境和工人的身心健康；其次是技术指标落后、电耗高；最后是产量小、自动化程度低。预焙槽则刚好相反，具有环境污染小、技术指标高、电耗较低、自动化程度高等特点。仅耗电量一项，每生产一吨铝锭预焙槽比自焙槽少耗电1000度以上。

延伸阅读

阳极炭块的价格走势

进入21世纪以后，国内电解铝产量迅猛增长，为了满足电解铝生产企业的需求，许多企业纷纷开始兴建或扩大铝用阳极产能。产量增加后，由于铝用阳极原材料、燃料价格不断上涨，铝用阳极生产企业的利润空间不断缩小，许多企业为了生存和发展，普遍采用压价倾销策略，国内行业陷入了恶性竞争的局面。在这种形势下，一些大型电解铝厂为了降低生产成本，也开始压低阳极价格，促使恶性竞争越演越烈。我国的铝用阳极炭块价格也从2001年的3000元/吨左右降到2003年的2725元/吨左右。2004年和2005年我国电解铝行业由于受电、氧化铝价格上涨等因素的影响而陷入困境，电解铝价格一路走低，最低时降到14000元/吨左右。受电解铝价格不景气的影响，前两年铝用阳极炭块的价格也一直维持在2500元/吨左右的低价位。近几年，随着国内外市场石油等能源价格上涨影响，阳极生产的主要材料石油焦、煤沥青、重油、天然气等燃料价格均出现大幅上扬，预焙阳极价格一度涨至9000元/吨以上.

综上所述，我们可得出目前国内每生产一吨铝锭所耗费的平均原材料成本为：250（氟化铝等）+5636（氧化铝成本）+6075（电力成本）+2500（阳极炭块成本）=14460（元/吨）。这仅仅是制造成本当中最基本的直接材料费用，而一个企业要维持简单的社会再生产还必须支付企业人员的工资、管理费用、财务费用和销售费用、摊销机器厂房折旧费用、银行贷款利息及税金等，这些都应该计入企业的生产成本。如果以这些其他成本占总成本的10%计算，目前铝的成本在15910元/吨左右。

在三大原材料中，氧化铝价格取决于市场的供需，电价取决于各主产区电力供应情况及政策调控力度，阳极炭块为石油下游产品，石油价格也与其有密切联系。近几年，氧化铝的价格波动比较频繁，最高价曾触及3300元/吨，最低价曾到1600元左右，大部分时间价格在2400～3200元/吨之间。氧化铝的价格由其价值决定并受供求关系的影响，我国氧化铝工业生产采用的方法有烧结法、混联法和拜耳法三种。我们根据加权平均法得出目前国内氧化铝的单位制造成本为2500元/吨左右，如果再加上其他一些成本费用，国内氧化铝的生产成本大致在2700元/吨。西方国家氧化铝的生产90%以上采用拜耳法，其生产成本平均为250美元/吨。国内、国际市场相比较，西方国家氧化铝更具竞争力。

另外，我国电费成本占铝锭生产成本的30%以上，和西方国家电费成本占25%相比相差较远。在国际、国内两个市场联动性越来越强的今天，如果电费成本占生产成本的比重还降不下来，势必会危及国内电解铝行业的生存与发展。电费成本中涉及的一个变量是每单位的电价，目前国内电解铝行业的平均电价为0.45元/度，在国内大多数生产企业的技术装备水平很难一下子改变的情况下，降低电费成本最快捷的方法便是降低电价，但随着煤价的上涨，降低电价的可能性极小，目前许多电解铝生产企业积极进行铝电合营的方式。

（六）从现货铝对期货铝的升贴水变化中怎样判断铝价走势

在期货市场上，现货的价格低于期货的价格，即基差为负数（基差=现货价格-期货价格），远期期货的价格高于近期期货的价格，这种情况称为“期货升水”，或称“现货贴水”，远期期货价格超出近期期货价格的部分，称为“期货升水率”；如果远期期货的价格低于近期期货的价格、现货的价格高于期货的价格，则基差为正数，这种情况称为“期货贴水”，或称“现货升水”，远期期货价格低于近期期货价格的部分，称为“期货贴水率”。

理论上认为，期货价格是市场对未来现货市场价格的预期，由于影响因素的相近，期货价格与现货价格往往表现出同升同降的关系。但是影响因素又不完全相同，因而两者的变化幅度也不完全一致。从现货铝对期货铝的升贴水变化中，可以对铝现货的需求状况，进而对铝价走势进行预测。一般而言，如果现货铝价相对期货铝价升水，则表明现货需求十分旺盛，市场出现供不应求的情况。反之，如果现货铝价相对期货铝价贴水，则表明市场的消费和需求可能不及升水时的状况，只有当市场出现短期内供需矛盾极其紧张的时候，才会出现现货升水的情况。

延伸阅读

高铜价时代，铝替代铜不是梦

材料工业的技术进步，在矿产资源、国家政策、市场、价格等环境因素的相互作用下，性能相近材料在应用领域的“替代”与“被替代”在时刻发生着。铜价快速上涨的根本决定性因素，是资源的短缺与需求的增加，而这种现象将会长久延续下去。铜价上涨以及铝和铜性能上的相似性，为铝替代铜创造了机遇。

自2005年10月以来，铜价在全球范围内实现了前所未有的大幅上升。持续的高铜价，使下游产业用户制造成本迅速上升、市场销路受阻、利润被挤压，用户不得不在原材料上另寻“替代品”。据英国商品研究所（CRU）统计，2005年被替代的铜量达22.5万吨，是2004年的3倍，2006年铜被替代量达到35万吨以上，近几年该数字还在持续攀升。

小贴士

空调行业的铝替代铜

空调制造业除压缩机外，空调铜管用量较大，所占成本较高。据调查，对于在空调换热器上用铝管替代铜管的研究一直在进行着，相关的替代应用实验证明，空调采用铝管替代铜管对空调的性能和使用年限没有任何影响。在国外，美国正在全力推进全铝热交换器的应用。在国内，著名空调制造商青岛海信电器股份有限公司在2005年就部分使用了铜铝结合型连接管，材质的变化并没有影响空调的使用和质量。

在空调制造业，铝管替代铜管有两种，一种是半替代，即空调连接管两头采用铜管，中间则采用铝管，这种替代方式对减少空调企业制造成本的作用很小，每台空调成本只能下降20～30元。另一种是全替代，即全铝空调。采用全铝替代方式，每台空调可直接降低成本400～600元。目前包括格力、格兰仕、奥克斯在内的诸多空调制造企业都在进行“铝代铜”的全面研发和测试性价比优良的全铝空调。按我国每年生产空调7000万台、每台空调平均用铜7公斤计算，实施“铝代铜”方案，可节省铜管50万吨；按铜铝材料最小价差4万元计算，可减少成本200亿元。可见“铝代铜”的经济效果非常可观。

小贴士

电线电缆行业的铝替代铜

首先，在导线替代上，铝导线与铜导线相比，其不足之处在于导电率和安全性方面，所以铜导线一直在电线电缆领域扮演主导角色。如果铜铝价差保持在正常水平，工业方面倾向于使用铜作为导体。但是，在铜铝价差背离较大时，以铝导线取代铜导线在经济上是非常有利的。

据摩根大通一份报告称，全球铝在电力导线上一直占有约6%的市场份额，目前较高的铜价致使铜在电力电线市场份额的扩大之势被遏止。由于铝具有价格比较优势，铝导线替代铜导线已在国内外呈现快速发展之势。在国外铝导线广泛用于变电站的变压器、屏内母线、密集型母线以及大小截面的干、支电线，其应用比率为：泰国90%、沙特50%、韩国和日本70%、美洲50%。

其次，铝芯电缆替代铜芯电缆。目前，铜电缆的制造成本比铝电缆要高出近60%，在国外，欧美和日本都在推广应用铝芯电力电缆，特别是在英联邦国家，铝芯电缆使用得很普遍，发展中国家的电缆工程招标书中，很多也都提出使用铝芯电力电缆。但是在我国，除铝占有中低电压电缆18%的市场份额外，其他基本上还是铜芯电缆。

由于铝芯电缆造价较低（在同等载流量的情况下，铝导体电缆的金属导体原材料成本较铜导体约低1/4），另据国际铝协副秘书长Christopher Baylissc称，1公斤的铝电缆能够输送的电量相当于1公斤铜输电量的两倍，因此，在高铜价时代，铝芯电缆替代铜芯电缆的步伐预计将会提速。目前我国有2000多家电机生产企业和7000余家电线电缆生产企业，这将为铝芯电缆创造一个庞大的市场。电力供应部门已经得到授权，指定在中低电压电缆业使用铝。在这一领域，铜大约60万吨的总体消费量将可能被铝替代。据《中国电力报》称，我国常州供电公司首次成功使用了铝芯电缆，此批规格为500平方毫米、长1640米的10千伏铝芯电缆替代铜芯电缆后，节约工程投资189万元，只相当于铜芯电缆费用的23%。目前特高压电缆基本使用钢芯铝绞线。另从国外电缆行业的发展情况看，铝制电缆将应用于航空业，空中客车（Airbus）也表示，基于重量因素已经决定部分采用铝制电缆制造A380客机。汽车行业铝制电缆应用也正在研究之中。

在变压器上的铝替代铜。一个370千伏安变压器约使用33吨铜。虽然铝只有铜一半的导电性，但是重量只有其1/3，因此只需要60%铜的重量就能达到同样的导电性。在国外，铜和铝的变压器都有供应。然而在中国，目前只有铜变压器。如果铜铝价差继续保持目前的水平或进一步拉大，那么相关产业界将有足够的动力来研制铝变压器，实现对铜制变压器的替代，一旦这种替代变成现实，铝材在此领域的消费份额将较铜具有更大的发展潜力。

小贴士

电子材料行业的铝替代铜

1. 功率模块中的铝替代铜

美国加州的功率半导体和集成电路供应商IXYS公司近日宣布了一项新型的铝基基片技术，也称为直接铝材连接（DAB）技术，已经用于集成功率半导体模块的生产中，如马达驱动、DC/DC转换器和功率模块中。该项技术是一项替换直接铜材连接（DCB）的先进技术，在直接铜材连接（DCB）技术中铜作为主要的导体被连接到铝或者氮化铝陶瓷上，在直接铝材连接（DAB）技术中，铝材作为主要的导体与陶瓷形成非常坚固和可靠的连接。这样就可以形成良好的热循环性能，以满足在汽车、工业、航空和航天等应用中对功率控制技术标准的要求。铝材层的安置所采用的方法绝大多数与在标准的DCB和PC板中铜材层的安置方法相同，为了能够方便使用，表面镀覆了一层具有可焊性的材料。DAB基片也比DCB要轻得多，通常情况下可以节省下37%~64%的重量。

2. CPU散热片中的铝替代铜

CPU散热片一般用铜材和铝材制作，但铜制CPU散热器比例较大。国外最新研究结果表明，经过脱脂处理的银白色铝材，其导热效果最佳。与铜比较，铝材有着导热性能突出、易加工、抗氧化以及重量轻（比相同规格的CPU散热器减重20%~40%）、价廉等突出优点。铝材已成为CPU散热片材料的最佳选择。从著名制造商富士康公司推出的一系列物美价廉的铝质高效CPU散热器应用效果看，也证实了以上研究结果，预示在CPU散热片用材上，铝替代铜的前景乐观。

3. 印刷电路配线板中的铝箔替代铜箔

电器自动控制系统的配线板是用粘贴在绝缘膜上的铜箔经过腐蚀后构成电路，现在改为铝箔，替代的优点体现在配线板重量减轻2/3，而价格只有铜箔的1/4。铜箔电路厚度0.018~0.035毫米，而铝箔仅为0.007毫米；铜箔配线宽度为0.6毫米，而铝箔仅为0.15毫米。

小贴士

热传输领域的铝替代铜

有研究表明，热传输行业的热交换器对1050、1200、3003和3103铝合金薄板或铝箔的需求已有显著增加，热交换器向全铝化发展。汽车用铝散热器（水箱）在轿车、轻型车上已大部分替代铜散热器，另外建筑行业的装饰制品、水管道、采暖散热器、工业领域的高压导体等都存在铝材替代或部分替代铜材的发展趋势。

延伸阅读

铜包铝线，双剑合一

铜包铝线，顾名思义，是一种双金属线材，在铝线外表包复一层一定厚度的铜层，使该线材成为一种高性能的双金属材料。其铜的厚度大约是最小半径的3.5%，导电率大约是铜线的62.9%，但同样重量的铜包铝线的长度是纯铜线长度的2.7倍。

铜包铝线广泛应用于有线电视工业中，在美国，铜包铝线已成为同轴电缆的标准材料。因为高频信号传输是完全在导线外层运行，所以铜包铝线可以代替相同规格的铜线。在低频应用中，铜包铝线的安载容量是同规格铜线的65%。

因其重量轻，在需要大规格尺寸时也比铜更为柔软，铜包铝线广泛应用于电瓶电缆、焊接电缆、楼宇电缆和电磁导线中。铜包铝线是优化了两种金属的最佳特性于一体的复合线材。铜占线材截面的10%，其厚度最小为线材的3.5%，铜包铝线的密度为每立方英寸为12磅（每立方厘米3.32克），是铜线的37%。由于铜包铝线具有经济、质轻、易于操作和安装等优点，在实际应用中是取代铜线的最佳制品。据悉，近年来我国通信行业的CATV同轴电缆生产企业为了提高产品质量、降低成本、实现与国际技术接轨，已经采用铜包铝线作为CATV同轴电缆的更新换代产品，且用量逐年增加。铜包铝线与铜线比，成本下降20%~40%，且具有良好的耐腐蚀性、焊接性以及比重小、易于加工、便于安装运输、传输性能好等诸多优点，必将成为铜线的替代品。

另外，采用铜包铝材料作内导体，可以制成一种新型的电磁线——铜包铝漆包线，它是铜漆包线的替代品，其特性介于铜和铝之间，吸取了铜的优良导电性和铝的重量轻的优点。铜包铝漆包线的优点包括：铜包铝线的直流电阻率约为纯铜线的15倍，阻值相同时，铜包铝线重量约为纯铜线的1/2；拥有良好的钎焊性，铜包铝线由于其表面包覆了一层纯铜，因此具有与纯铜线一样的可钎焊性；重量轻，铜包铝线密度是相同线径铜线的1/3，对降低电缆和线圈的重量十分有效。铜包铝漆包线的应用领域包括：制作要求重量轻、相对导电率较高、散热性好的绕组，特别是传输高频信号的绕组；高频变压器、普通变压器、电感线圈、工业电机、家用电机、微型马达、微型电机转子线圈、音响线圈、光驱、显示器偏转线圈、消磁线圈、手机内部线圈、手表驱动元件等。

资料来源：http：//news. cnal. com/knowledge/2009/07 －02/124646906041688. shtml。

三、宏观面因素怎样影响铝价？

（一）宏观经济形势对铝价的影响

众所周知，铝是国民经济中应用最为广泛的金属品种，不论是在汽车行业、交通运输行业、建筑行业，还是军工、包装、电力等行业，铝都凭借其优异的品质扮演着重要的角色。正是因为铝的广泛用途，使其生产消费状况与整个国民经济的发展息息相关，宏观经济尤其是一些重要经济领域的“冷热”，都可以在铝的生产消费中得到反映，而宏观经济的变动，又将会对铝的生产和消费产生很大的影响。当一个国家或地区经济快速增长时，对铝的需求增加会相应地带动价格的上升；反之，经济萧条时对铝的需求萎缩则促使相应价格的下跌。例如，2008 年全球金融危机全面爆发，经济领域的不景气导致铝价大幅下跌；2009 年中国实行积极的财政政策和货币政策，扩大内需，又带动了铝的消费增长。

我国铝的消费量与国内生产总值（GDP）、工业生产之间存在十分密切的关系。在经济衰退、工业生产下降时，铝消费下降的速度往往超过工业生产的下降速度；而当经济处于上升阶段，工业生产不断扩大时，铝消费的速度又远高于工业增长水平。图 4 －8 反映了 2008—2023 年我国电解铝产量、消费量与 GDP 的情况。由图 4 －9 可见我国电解铝产量和消费量的变化与 GDP 变化的对比情况。图 4 －10 反映了自 2008—2023 年我国铝消费增长率与工业生产增长率的情况，根据数据计算分析得到我国铝消费增长率与工业生产增长率的相关系数为 0.87，呈高度正相关。

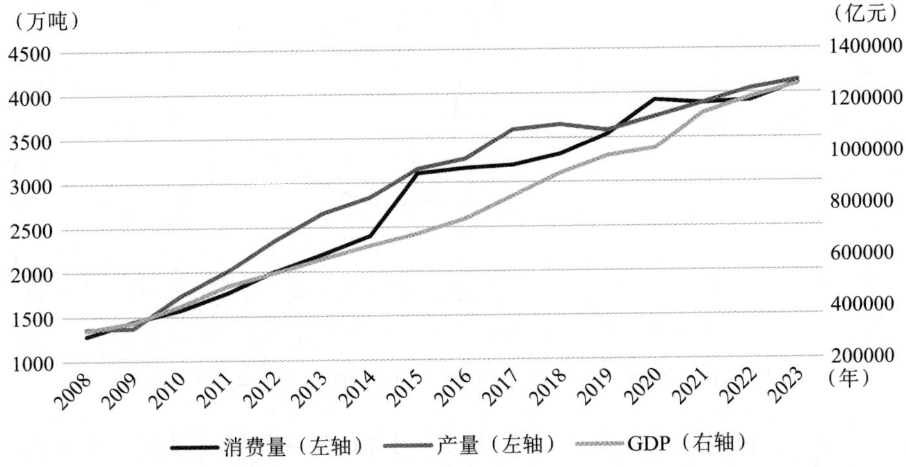

图 4－8 2008—2023 年中国电解铝产量、消费量与 GDP

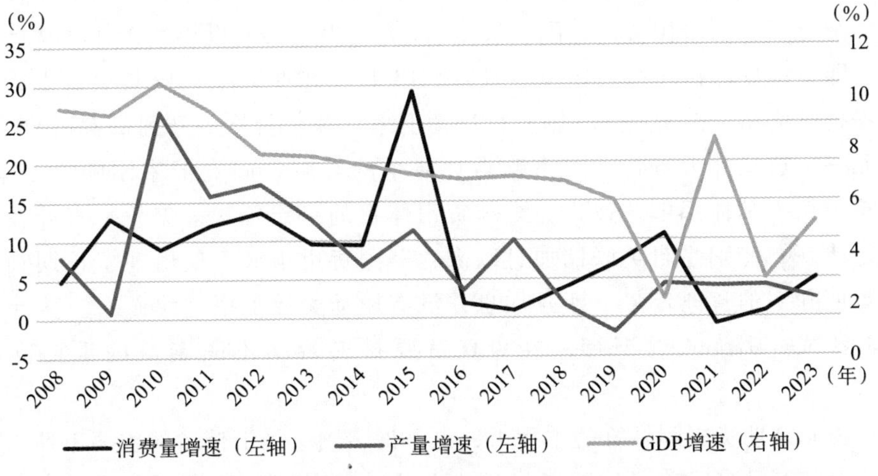

图 4－9 2008—2023 年中国铝产量、消费量增长率和 GDP 增长率

（二）美元汇率的波动如何影响铝价

1816 年，英国制定《金本位制法》，形成了世界上最早的金本位制货币

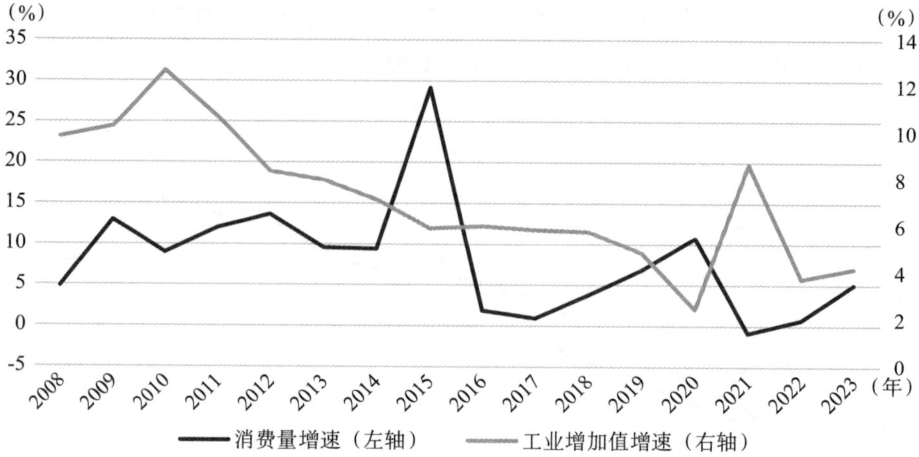

图 4－10　2008—2023 年中国铝消费增长率与工业生产增长率

体系。第一次世界大战爆发后，英国、美国等国家先后停止使用黄金进行国际支付。为了防范全球经济动荡，保证国际货币市场的稳定，1944 年 7 月，美国、英国、苏联、法国等 44 个国家的代表在美国新罕布什尔州的布雷顿森林举行了“联合国货币金融会议”，以美元为中心的世界货币体系从此诞生，即布雷顿森林体系。1973 年 11 月 13 日，在西方七国财长会议上，美国停止以美元兑换黄金，各国实行浮动汇率，黄金价格上升到每盎司 90.85 美元——这实际上宣告了布雷顿森林体系的瓦解，固定汇率制随之结束。自布雷顿森林体系解体以来，全球货币体系的稳定锚——美元一直处在不稳定状态，特别是自美联储加息以来，美国货币市场不仅出现了长期利率与短期利率的背离走势，而且加息并没有撬动美元汇率这块顽石。美元汇率波浪式、螺旋式的下行，也一直是原材料价格不断走高的重要支撑因素。

美元是期货国际结算的主货币，也是许多国家外汇储备的主要币种，而全球大宗商品多以美元计价，美元的强弱对大宗商品的价格有较直接的影响。贵金属和有色金属具有双重属性：一方面，二者在工业生产中用途非常广泛，地位十分重要；另一方面，由于它们都是衍生产品，金融属性极强。这样，金属市场起起伏伏，循环往复，不断上演起降平落“闹剧”，美元则是这“闹剧”幕后的幽灵。当美国经济低迷时，政府下调利率，刺激经济增长，美元贬值，往往造成资产泡沫，金属价格大幅上涨；相反，当美国经济增长强劲，投资旺盛之时，美国政府往往上调利率，抑制经济过快增长，美元升值，最终导致资产泡沫崩溃，甚至引发金融危机，金属价格下跌。近几年美联储降息、加息动作频繁，引发美元指数大幅波动，也对有色金属等大宗商品价格影响较大。

延伸阅读

布雷顿森林体系

布雷顿森林货币体系（Bretton Woods System）是指战后以美元为中心的国际货币体系。关税总协定作为1944年布雷顿森林会议的补充，连同布雷顿森林会议通过的各项协定，统称为“布雷顿森林体系”，即以外汇自由化、资本自由化和贸易自由化为主要内容的多边经济制度，构成资本主义集团的核心内容，是按照美国制定的原则，实现美国经济霸权的体制。布雷顿森林体系的建立，在第二次世界大战后相当长的一段时间内，确实带来了国际贸易空前发展和全球经济越来越相互依存的时代。但布雷顿森林体系存在着自己无法克服的缺陷：它以一国货币（美元）作为主要储备资产，具有内在的不稳定性。因为只有靠美国的长期贸易逆差，才能使美元流散到世界各地，使其他国家获得美元供应。从20世纪50年代后期开始，随着美国经济竞争力逐渐削弱，其国际收支开始趋向恶化，出现了全球性“美元过剩”情况，各国纷纷抛出美元兑换黄金，美国黄金开始大量外流。到了1971年，美国的黄金储备再也支撑不住日益泛滥的美元了，尼克松政府被迫于当年8月宣布放弃按35美元一盎司的官价兑换黄金的美元“金本位制”，实行黄金与美元比价的自由浮动。欧洲经济共同体和日本、加拿大等国宣布实行浮动汇率。1973年2月，美元进一步贬值，世界各主要货币由于受投机商冲击被迫实行浮动汇率制。浮动汇率制不再承担维持美元固定汇率的义务，美元也不再成为各国货币围绕的中心，这标志着布雷顿森林体系的基础已全部丧失，该体系终于完全崩溃。

（三）原油价格波动对铝价产生的影响

原油是位于产业链上游的能源型资源产品，是生产资料价格指数的重要组成部分。因此，原油价格的变化会直接并且有力地影响到生产资料价格指数的变化，进而通过价格传导机制作用于整个工业品价格指数，可以说原油的价格和整个国民经济发展都是息息相关的。具体而言，原油价格波动对总体价格水平的影响通过了一个相对比较复杂的传导机制。如果从劳动力市场来看，原油价格的上升会导致产出的下降，而无论是劳动力还是资本的边际产出均会有相应的减少。在劳动力的实际工资减少时，消费者往往会倾向于平滑自己的消费选择，调整消费结构，如提高消费的比例而减少储蓄的份额，这将会导致实际利率的上升。而当产出下降，在货币供应量没有改变的情况下，经济体对于实际货币余额的需求便会萎缩，而同时失业率的增加以及国内生产总值的下降，都会最终引发通货膨胀的到来。如果政府在油价上涨的阶段采取了货币紧缩政策来避免通货膨胀，则银行利率就会进一步攀升，由此上述两者的共同作用会抑制投资需求，进而引起经济衰退。研究显示，原油的价格波动同消费者物价指数、生产资料价格指数之间存在着长期稳定的协整关系，而结合中国的实际情况来看，虽然原油成本上升通过产业链向下游产业直接传导的路径由于国家对成品油价格的控制而有一个间断滞后的断裂效应，但是通过劳动力市场，乃至通过其他生产资料和制成品的进出口贸易都会直接和间接地存在着传导效应。同时，对原油价格的变动以及未来走势的预期，都会引起相关产业部门进一步地提升价格，这些机制都是导致原油价格波动与总体价格水平之间存在长期稳定协整关系的重要因素。

而铝作为重要的有色金属品种，特别是在发达国家或地区，铝的消费已经与经济的发展高度相关。当一个国家或地区经济快速发展时，铝消费亦会出现同步增长。同样，经济的衰退会导致铝在一些行业中消费的下降，进而导致铝价格的波动。原油是支持经济发展不可替代的战略物资，在经济发展中具有举足轻重的作用。由此可见，原油价格的波动会从各个方面影响到铝的价格。由于我国目前的经济增长方式仍然是高能耗的粗放模式，对石油这样的战略能源的依赖就更加严重。因此，铝业发展对原油价格的变动十分敏感，国际原油价格小幅度的波动都会引起国内铝业品出厂价格指数大幅度的变动。同时，原油价格上涨会一定程度拉动天然气、煤炭、电力等重要能源价格的上涨，这样就对我国能耗大、用油多的整个工业发展都产生“供给约束”。由此，无论是铝土矿的开采、电解铝的生产以及后期铝材的加工等过程中所需的燃料，能源方面的生产成本，还是运输所需的运输成本，都会受到直接的影响。

伴随着有效能源供给减少，生产资料价格上涨，工业成本提升，工业品或者铝的出厂价格指数必然上涨。由于原油价格的变动也会同样地作用到其他生产领域，尤其是对其他工业品出厂价格有巨大的影响，这导致铝行业生产过程中由于生产仪器等硬件的消耗所带来的生产成本也会受到原油价格的影响。另外，原油价格通过对各个领域价格的影响，也会影响到人们的消费水平，于是铝生产领域的工资水平势必会作出相应的调整以满足该行业人员日常生活的正常需要。最后，原油作为大宗商品，除了商品属性外还有很强的金融属性。它的价格波动会很大程度上影响到国际投资资金的流动，这也会间接地影响铝的价格。由此，铝价和原油的价格有很强的正相关性，而这个相关性可以从生产成本和资金流向两个方面去理解，而这两个方向背后的结合就是美元。另外，由于传导的关系，国际油价对我国工业品出厂价格的主要影响发生在滞后的两个月内，而政府对石油进口所持有的谨慎的态度使得油价对我国工业品，或者说对铝产品出厂价格的影响有一定的抑制作用。

另外，值得注意的是，原油价格波动对经济的影响是非对称性的，即油价波动的不同方向（油价的上涨与下跌）对宏观经济影响的程度是不一样的。普遍的结论认为，油价上涨对经济影响的程度要大于油价下跌对经济的影响程度，这两者的影响是非对称的。从总需求和总供给的角度来解释油价波动对经济影响的“总量效应”认为油价上涨对经济有负的影响，油价下跌对经济有正的影响，而“分配效应”主要从资源重新配置的角度来解释油价波动对经济的影响，主要包括“部门转移论”“调节成本论”和“未来油价不确定论”。分配效应是不对称的，即油价上涨和油价下跌对经济都有负的作用。这两者结合可以从理论上解释油价对经济影响的非对称性。当油价上涨时，“总量效应”对经济有一个负的影响，“分配效应”对经济有一个负的影响，两类效应相互加强的结果是油价上涨对经济有显著的负的影响；当油价下跌时，“总量效应”对经济有一个正的影响，“分配效应”对经济有一个负的影响，两类效应相互抵消的结果是油价下跌对经济的影响不显著。

案例4-3

通过原油价格走势，判断铝价趋势

在2009年3月初，美元迅速贬值的刺激下，纽约市场的主力原油期货合约价格高涨7%以上，收盘位突破51美元/桶，为半年来首次收盘在50美元之上。在这个时候，有一家专门做铝加工的厂商敏锐地感觉到，原油作为大宗商品的风向标，将会带动整个基本金属板块的走强，而铝价当时正处在阶段性的低点，其后期的上涨势头将不可小觑。为了避免铝价的上扬导致其生产成本的增加，该厂家选择了在期货市场内12000元/吨价格附近做了买入套期保值。其后，虽然铝价一路上涨，在2009年8月涨到了15000元/吨左右，但是由于该厂家早已通过期货市场锁定了生产成本，因此其正常的生产并未受到原材料价格上涨的影响。

（四）影响铝行业的相关产业政策

改革开放以来，我国有色金属工业实行了“优先发展铝”的方针，加大了建设铝工业的投资力度，促进了我国铝工业的发展。一方面新建多个大中型企业，另一方面对部分企业进行了技术改造。此外，部分地区也积极推进当地铝工业的技术进步，极大地改变了我国铝工业整体技术装备水平落后的状况。目前，我国电解铝大型预焙技术已经接近国际水平。

虽然我国铝工业发展取得了很大成绩，但是产业结构不合理、重点发展滞后、低水平重复建设、竞争力不强等矛盾仍十分突出，这些矛盾已经成为制约我国铝工业健康发展的主要因素。主要表现在：电解铝产能增加过快，企业组织结构不合理的状况没有改善；上下游产业结构不合理，铝加工企业多且产能低；产品结构不合理；铝土矿无序开采严重；铝产品成本偏高。为此，原国家计委《关于印发我国铝工业“十五”发展指导意见的通知》中提出了铝工业“十五”发展计划。其主要措施和政策要求包括：搞好宏观指导工作，严格执行产业政策，避免低水平重复建设；加快建设重点铝基地；合理利用铝土矿资源；严格执行国家环保政策；加快现代铝企业建设的步伐；加快技术进步；建立稳定的氧化铝进口渠道。

随着我国电解铝生产能力迅速增加，技术装备水平不断提高，但环境保护技术研究相对滞后，环境监管比较薄弱。原国家环境保护总局 2004 年 6 月发布了《关于进一步加强电解铝行业环境管理的通知》，通知要求：加大对现有电解铝企业的环境监管力度；进一步搞好电解铝建设项目环境影响评价工作；鼓励开展电解铝环保科研和在线监测能力建设。

2005 年 9 月，国务院常务会议讨论并原则通过《铝工业发展专项规划》《铝工业产业发展政策》。会议指出，我国铝工业的发展，在指导思想上，要坚持科学发展观，继续加强和改善宏观调控，重在控制总量，优化结构，合理布局，降低消耗，推动铝工业走新型工业化道路，实现由大到强的转变。要着力抓好的工作包括：要通过制定和实施铝工业发展专项规划和产业发展政策，合理确定发展规模，规范投资行为，使铝工业发展与我国资源、能源和市场需求相适应；要严格准入标准，严格新上电解铝项目，限制现有企业盲目扩大产能；严格氧化铝项目建设，确保氧化铝工业有序发展；要加快产业结构调整，支持电解铝企业与上下游企业联合重组，鼓励铝电联营，提高产业集中度和企业竞争力；要积极推进技术进步，淘汰落后的高耗电生产能力，重点发展技术含量和附加值高的铝合金、铝深加工产品，满足国民经济发展对铝产品品种、质量的需求；要大力发展循环经济，开发和推广使用高性能、低成本、低消耗的新型铝产品，发展废杂铝回收再生产业，降低消耗，减少污染，提高铝资源利用率；要充分利用国内外两种资源，建立稳定的铝工业资源供给保障体系。

2005 年底，国家发改委针对 2006 年铜铝工业提出政策建议，铜铝工业的工作重点应围绕控制总量、加快产业结构调整、加强进出口管理和发展循环经济展开。

2006 年 4 月，国家发改委发布《加快结构调整促进我国铝工业持续健康发展》，要求坚持科学发展观，进一步加强和改善宏观调控，因势利导，区别对待，从根本上解决引发投资热的深层次矛盾，是实现铝工业持续健康发展的客观需要。要充分发挥市场机制的作用，按照结构优化、技术进步、科学规划、控制总量、降低消耗、保护环境的原则进行宏观引导。

但是，随着电力供需紧张状况的缓解及资源性产品价格的上涨，截至

2007 年第一季度，一些地方集中投资电解铝、氧化铝生产能力的行为又开始反弹；铝土矿资源保障程度下降，进口价格大幅上升；铝加工行业出现了集中投资热连轧生产线热潮，一些电解铝企业以向深加工延伸名义投资建设低端建筑型材生产能力。这些问题引起国务院领导的高度重视。2007 年 4 月国家发改委发布的《国家发展改革委关于进一步贯彻落实加快产业结构调整政策措施遏制铝冶炼投资反弹的紧急通知》要求做到以下几点：按照产业政策和投资项目管理规定规范投资行为；加强产业政策与土地、环保、融资政策的协调配合和市场监管；加快淘汰落后工艺装备，防止落后生产能力死灰复燃；加强环保防止环境污染；规范矿产资源开发利用秩序；加强安全生产监督检查；抓好节能降耗工作，促进产业结构调整；清理在建拟建项目。

2007 年 7 月，针对部分高耗能、高污染行业，国务院要求加快淘汰钢铁电解铝等 13 个行业落后产能。为进一步遏制高耗能、高污染行业，国家发改委、财政部、电监会于当年 10 月联合下发通知，决定取消电解铝、铁合金和氯碱企业的电价优惠政策。2007 年 10 月底，发改委连同其他相关部门制定了《铝行业准入标准》，从规模、工艺、装备、能耗、资源消耗、环保等多个方面对铝行业准入条件进行了严格规定。

2008 年，受美国次贷危机影响，我国实体经济出现较大幅度滑坡。2009 年国务院办公厅发布了有色金属产业调整和振兴规划，从政策上对铝行业进行扶持，包括关税、贷款、收储等多方面的政策优惠，使铝行业从危机中得以复苏。

2010 年，国内电解铝产业进入快车道，产能加速扩张，无序扩张也带来了产能过剩，行业进入长期微盈利甚至亏损状态。2013 年国务院发布《国务院关于化解产能严重过剩矛盾的指导意见》，钢铁、煤炭等行业率先实施供给侧结构性改革。2017 年国内实施电解铝供给侧结构性改革，对新增产能的规模进行了严格的限制，并严厉打击违建产能，而所有新增产能必须通过关闭旧有产能以实现等量或减量置换。

2018 年国内颁布了《关于电解铝企业通过兼并重组等方式实施产能置换有关事项的通知》，逐步确立了电解铝行业的产能天花板为 4500 万吨。电解铝行业进入良性发展轨道。

延伸阅读

"节能减排"——铝行业的瘦身运动怎样影响价格?

2011年3月，国家发改委最新发布了《"十一五"节能减排回顾》，该报告称，在"十一五"期间，党中央、国务院高度重视节能减排工作，提出单位GDP能耗降低20%左右、主要污染物排放总量减少10%的约束性指标，并成立节能减排工作小组，采取强化目标责任、调整产业结构、实施重点工程、推动技术进步、强化政策激励、加强监督管理、开展全民行动等一系列强有力的政策措施，付出艰辛努力，节能减排取得显著成效。

对电解铝行业而言，节能减排带来的冲击并不小。《"十一五"节能减排回顾》称，在"十一五"节能减排期间，电解铝行业结构得到了优化和升级，先进生产能力比重有明显提高，大型、高效装备得到推广应用，大型预焙槽产量比重也由80%上升到90%。可以说，节能减排政策措施的实施，大大推动了节能技术进步，使得电解铝行业的单位能耗大幅下降，能效整体水平大大提高，据统计，综合能耗下降了10.06%。

而在应对节能减排上，国内铝行业似乎迎来了一场瘦身运动，尤其是在临近"十一五"尾声，即从2010年9月开始，各地进入了完成节能减排任务的最后发力期。以河南省为例，2010年9月，该省被发改委列为节能减排预警等级一级地区，当时有报道称，2010年前8个月，河南大体只完成了全年节能目标任务的30%，这意味着其将在接下来的时间内付出更多的努力来确保节能减排目标的实现。而作为中国最大的电解铝生产省份，河南省的节能减排措施能够在较大程度上影响整个市场的铝供给，从而对铝价行情产生重要的影响。节能减排，一方面限电限产，缩减铝供给，对铝基本面是利好，从而支撑铝价；另一方面，当地政府通过提高电价的方式，对铝厂施加压力，间接起到限产的作用，同时也提高了电解铝的生产成本，这对铝价也是向上的支撑。当时的统计数据显示，因河南、贵州、青海和广西等省区当地政府为达到2010年节能减排目标，实施拉闸限电、暂停生产等措施，铝产量不断下降，该年下半年的铝价呈现了17%的增幅。统计局数据显示，自2010年6月以来，中国原铝产量逐月下滑，在10月出现同比增加3.1%，达到121万吨，为下半年5个月以来首次增加，且为月度数据中产量唯一增长的基本金属，因价格稳健激励中国冶炼厂增加产量，但该月铝产量仍较上年同期减少5.4%。

2013年12月，国家发改委联合工信部发布《国家发展改革委 工业和信息化部关于电解铝企业用电实行阶梯电价政策的通知》，对电解铝企业铝液电解交流电耗不高于每吨13700千瓦时的，其铝液电解用电（含来自自备电厂电量）不加价；高于每吨13700千瓦时但不高于13800千瓦时的，其铝液电解用电每千瓦时加价0.02元；高于每吨13800千瓦时的，其铝液电解用电每千瓦时加价0.08元。

2021年8月，发改委发布《国家发展改革委关于完善电解铝行业阶梯电价政策的通知》，按铝液综合交流电耗对电解铝行业阶梯电价进行分档，分档标准为每吨13650千瓦时。电解铝企业铝液综合交流电耗不高于分档标准的，铝液生产用电量不加价；高于分档标准的，每超过20千瓦时，铝液生产用电量每千瓦时加价0.01元，不足20千瓦时的，按20千瓦时计算。自2023年起，分档标准调整为铝液综合交流电耗每吨13450千瓦时（不含脱硫电耗）；自2025年起，分档标准调整为铝液综合交流电耗每吨13300千瓦时（不含脱硫电耗）。阶梯电价制度倒逼电解铝企业不断进行技术改造升级，持续降低电解铝用电单耗。

节能减排除影响市场价格之外，对产业结构也是一轮重新洗牌的过程。在不是全面限电停产，而是相应规格以下企业停产的情况下，最先受益的是大型企业，而在限产规格之列的小型企业的生存环境则越发艰难。对小型企业而言，电价多为外购，而相应的资金流以及技术又不足以与大型铝企相抗衡，因此必然在电解铝行业产能调整中被淘汰，相对应的是，大型企业则会充分受益于这样的调整。

（五）进出口政策变动如何影响国内铝相关的行业

国内铝锭销售方式有以下几大类：一是国内贸易方式，即在国内采购氧化铝，生产出铝锭后在国内市场销售；二是加工贸易方式，即在国际市场上采购氧化铝，在国内加工成铝锭再出口；三是一般贸易方式销售和出口，即在国际市场采购氧化铝生产铝锭，然后在国内市场销售或者出口。由于国内氧化铝严重短缺，加上进口氧化铝关税以及一般贸易自动登记等问题，再考虑到进料加工贸易方式生产的铝锭必须要出口核销，国内铝锭的销售方式主要以国内贸易销售和进料加工贸易出口两大类为主。企业选择何种方式采购氧化铝，主要是看哪种方式带来的利润更多。如果企业在国内采购氧化铝生产铝锭并在国内销售所获得的利润比从国外采购氧化铝生产铝锭再出口所获得的利润要大，那么企业就会选择国内贸易方式。反之，如果企业从国外采购氧化铝生产铝锭再出口比在国内采购氧化铝生产铝锭并在国内销售的利润大，那么企业就会选择进料加工贸易方式。

如果说上游结构的变化主要是经济利益驱动，那么下游的变化则更多是政策导向。在 2004 年之前，为了鼓励铝生产企业出口创汇，国家对进料加工贸易方式采取十分优惠的举措，在免关税进口氧化铝的同时，对出口核销的铝锭实行退税，即先征后退（先征收 17% 的增值税，再按一定的比例退税）。随着国内铝锭产能的迅猛扩张，铝锭生产的重复建设问题越来越严重，国内的铝锭产量不但一跃成为世界第一，而且从铝锭净进口国转为净出口国，出口量呈现快速增加态势。据国家统计局数据，2004 年中国原铝产量达到 655 万吨，而出口量从 2001 年的 40.88 万吨猛增至 2004 年的 141.68 万吨，增加了两倍半。国内铝产能的盲目扩张，导致了电解铝生产项目的无序重复建设。而且最近两年来，叠加极端天气频发，国内能源供应十分紧张，电力紧张问题越来越突出。在这样的情形下，政府针对电解铝这类高能耗和高污染行业，采取严格的调控举措来规范行业的良性发展。

2004 年以来，受到国家关税政策调整的影响，未锻轧的铝（铝和铝合金）的出口量开始逐步减少，取而代之的是各类铝材产品的出口快速增长。近几年国内铝行业调控力度不断加大，主要体现在行业进出口政策的变化上。2004 年，铝锭出口退税税率由 15% 降至 8%，限制年产能 10 万吨以下的铝厂直接进口氧化铝；2005 年，取消铝锭出口退税并对出口铝锭征收 5% 的关税。从 2005 年 8 月 22 日开始，商务部、海关总署将氧化铝（含铝矿砂）列入加工贸易禁止类商品目录，进料加工贸易方式被取消，这些政策举措令出口企业成本大幅增加。

可以预计，在国内铝行业重复建设、产能盲目扩张的势头得到有效遏制，国内消费继续保持强劲增长条件下，进出口政策的变化将会逐渐改变国内铝锭已经存在的供求平衡。取消退税，征收5%关税甚至取消进料加工贸易改为一般贸易，出口成本的增加无疑会促使企业选择在国内销售铝锭而不再出口，国内供应压力增加势必会打破原来国内外的比价平衡点，向着另外一个平衡点发展。当然，一旦国家对氧化铝的一般贸易方式进口资格完全放宽，那么企业就会根据国内比价来选择自主的销售方式，有效地在国内或者国际市场进行套期保值操作，这样国内市场对氧化铝的需求不但不会减少反而可能增加，在供应没有得到缓解的情形下，甚至会加剧氧化铝市场的供求矛盾。

因此，未来国内对铝行业的外贸政策变化将在很大程度上影响到国内外氧化铝市场供需状况的变化，值得关注。取消加工贸易、放宽氧化铝进口权限后，一方面，国际市场价格变化将左右国内市场进出口格局，影响国内价格波动；另一方面，原材料价格的波动将更直接地给国内企业带来冲击。尽管短期可能会对铝行业的生产经营带来巨大的冲击，但从长远来看，政策调控使得铝企业更直接地面对国际市场竞争，这就促使企业不断提高生产经营和管理能力，提高技术水平，使企业实力不断得到增强。

（六）产业振兴规划如何影响铝价

2008年下半年，由美国次贷危机引发的国际金融危机对全球经济造成了严重的冲击，我国实体经济也出现了大幅下滑，有色金属作为我国重要的基础原材料产业，也是受其影响最为严重的行业之一。在这样的大背景下，党中央、国务院果断实施积极的财政政策和适当宽松的货币政策，采取了扩大内需促进经济平稳增长的十项措施，并在国务院第37次常务会议上提出大力支持重点产业发展，编制包括有色金属在内的9个产业振兴规划。

2009年，国务院办公厅发布有色金属产业调整和振兴规划，涉及的主要政策措施包括：完善出口税收政策；抓紧建立国家收储机制；加大技术进步及技术改造投入；推进直购电试点；完善企业重组政策；支持企业“走出去”；修订完善产业政策；合理配置资源；继续实施有保有压的融资政策；严格执行节能减排淘汰落后产能问责制；建立产业信息的交流和披露制度；发挥行业协会（商会）作用。

产业振兴规划在很大程度上对铝价形成了有效支撑。截至 2008 年底，政府部门推出扩内需十项措施以及积极推进十大产业振兴规划后，国际、国内铝价以及其他有色金属价格均出现了大幅回升。总体而言，政策面的动向依然是通过改变基本面供需关系以及优化产业结构的方式来影响铝价走势的。

首先，对供给的影响上，产业调整与振兴主要任务之一是严格控制总量，加快淘汰落后产能。目前，我国铝行业产能中还存在一部分高耗能、高污染的企业，这部分产能规模虽小，对资源的消耗却很大，不但不利于产业可持续发展，而且带给人民生活上诸多负面影响。加快对落后产能的淘汰，既遏制了资源的过度利用，又有效地平衡了市场的供需关系。另外，针对目前不断扩张的新建项目，加强审批和总量控制，可以有效缓解供需关系中不平衡的状态。借助本次经济危机，政府部门鼓励各企业进行合理的兼并重组，使企业向做大做强方向发展，这不但提升了企业自身在市场中的竞争力，还将国内竞争市场中隐性产能和定价进行有效的梳理，使市场信息更加透明化，也有利于企业根据市场供需关系在生产上进行合理的安排。供给上的合理配置和有效安排将缩小市场的供需差距，对铝价形成有效支撑。

其次，对需求的影响上，为了缓解经济危机对有色金属行业的影响，一些地方政府采取了应急措施。例如，云南省政府针对有色金属产业，由商业银行贷款给收储重点企业的有色金属和化肥产品，并由省财政给予贴息支持；又如 2008 年底，国家物资储备局向部分电解铝企业收储了 29 万吨电解铝。尽管政府收储并非实际需求，但至少从表观上减缓了供需不平衡关系，铝生产企业库存压力减少，利于企业长期发展。除了有色金属行业被列入十大振兴行业外，汽车、船舶、装备制造、电子信息等行业也纳入其中。而这些行业均属于铝行业下游行业，政府推动汽车、船舶、装备制造、电子信息行业的振兴在很大程度上将会增加对铝产品的需求。下游需求的增加无疑将会对铝价格形成支撑。

最后，通过提供优势政策，增强企业竞争力。政府部门通过调整有色金属产品出口退税率结构、积极推进直购电试点和继续实行有保有压的融资政策等方式，对有色金属企业提供政策上的帮助。符合条件的有色金属企业在政策扶持下，一方面大大降低生产成本，另一方面得到更多的资金支持，不仅增强了国际、国内的市场竞争力，而且有利于产业内部整合，淘汰落后产能，使行业结构更加优化。从供需结构上来看，出口政策的扶持不但提高了企业的市场广度，而且有利于降低国内库存压力。而直购电试点的推进、融资政策的政策扶持又直接减少了市场供给压力，使市场供需失衡状态有所缓和。

（七）政府收储如何影响铝价

2008年底，云南省政府决定，将投入巨资收储100万吨铜、铝、铅锌、锡等有色金属矿产品，旨在支持有色金属生产企业和流通企业渡过难关；2009年上半年，国家粮食和物资储备局（以下简称“国储局”）分两次分别收储29万吨铝；2009年3月，广西启动5万吨铝锭收储计划；2009年3月底，河南省计划建立50万吨电解铝储备以帮助一些停产企业积极恢复生产；2021年11月及2013年3月，国储局先后收储10万吨及30万吨铝锭。

从总体上来看，政府收储减缓了市场的供需压力，对铝价形成一定的支撑。云南省实行金属铝收储之后铝价开始逐级反弹也印证了这一点。政府收储对铝价的影响主要体现在：

首先，直接通过高于市场价的收储价支撑铝价。从国储局收储价格来看，第一批收储价格在12350元/吨左右，第二批收储价格在12500元/吨左右。国家收储直接拉动铝现货价格走高。同时，由于国内收储价格高于国际铝价，导致贸易商大量进行内外盘套利，拉动国际价格反弹。从铝价走势上来看，沪铝经过2008年底暴跌后，即形成历史低点，此后一路回升，而伦铝在沪铝的影响下，也于2009年2月见底，并逐步回升。可见，政府及时的收储政策确实起到了立竿见影的效果。

其次，通过收储降低市场供给压力。2008年底，随着经济不断恶化，各企业大量积压库存，有色金属行业也同样未能幸免。包括中国铝业在内的绝大多数铝生产企业纷纷减产，甚至停产。库存不断积压不但难以将生产转化为利润，甚至大多数企业开始亏损，企业缺少流动资金使企业经营愈加困难。通过政府收储，不但可以盘活企业经营，还可以缓和市场供需失衡的现状。同时，通过经济危机对落后产能的淘汰可以进一步确立优势企业的地位。

最后，通过收储增强市场积极性，刺激实体需求。随着有色金属价格的大幅回落，金属下游需求方也愈加谨慎，对金属的需求更多表现为观望。这些下游企业往往是根据实际生产需要有保留地购货。政府收储大大提高了下游企业的积极性，特别是政府收储价格被默认为市场价格的底线，有色金属下游企业在此基础上大大激发了需求欲望，从而有效地稳定了市场价格。

总体而言，一方面，政府收储起到了蓄水池的作用，在供需失衡的情况下进行收储有利于缓解供给压力，在经济复苏后慢慢释放之前的收储，防止资源类商品价格暴涨；另一方面，政府收储给市场以积极信号，表明市场对经济判断的态度以及对经济扶持的力度，而这些都将影响铝价的走势方向和波动幅度。

案例 4 - 4

2009 年国家收储对铝价的影响

2009 年 2 月下旬，按照中央应对金融危机，稳定经济和价格的统一部署，国储局公开宣布收储铝锭 20 万吨的计划，并且收储的价格比当时市场价格略有上浮。这导致之后在基本面相对疲软的情况下，贸易商囤积惜售，铝消费商为了保证生产追涨买进，保持一定的库存规模，从而使现货市场出现一定的供给紧张现象。在随后的一周内，迅速拉起一波持续到 2009 年 4 月中旬的沪铝期货上涨行情。铝期货价格从 11500 元/吨附近一路上扬至金融危机后的最高点 13700 元/吨，涨幅达到了 20%（见图 4 - 11）。由此可见，国家收储对于铝价是会造成直接而且明显的影响的。

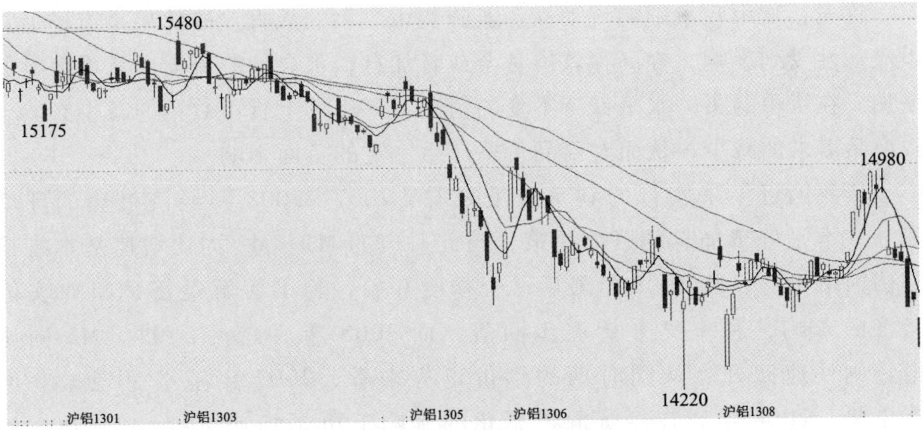

图 4 - 11 国家收储对铝价的影响

（八）货币政策如何影响铝价

通常我们所说的货币政策是指中央银行为实现既定的经济目标（稳定物价、促进经济增长、实现充分就业和平衡国际收支），运用各种工具调节货币供给和利率，进而影响宏观经济的方针和措施的总和。货币政策对铝价的影响一方面体现为市场流动性的变化导致价格的变动，另一方面表现为货币政策对宏观经济的影响进而对商品价格产生的影响。

从近些年货币政策来看，2007 年是央行动用货币政策最为频繁的一年，存款准备金动用了十次，同时还多次上调存贷款利率，因而整个 2007 年度铝价走势基本呈现震荡回落。2008 年，货币政策面先紧后松，第一季度依然维持偏紧的货币政策，第二季度和第三季度则呈现有紧有松的政策趋向，主要是存款准备金进一步偏紧，而存贷款利率则偏松，第四季度受经济滑坡加速影响，存款准备金和利率政策都比较宽松。从 2008 年走势来看，铝价第一季度受投资过热带动出现一定幅度的反弹，之后在经济环境恶化的影响下大幅下挫。

货币政策的动向与铝价走势不一致并不意味着货币政策对铝价没有影响，不一致是因为货币政策往往是在宏观经济出现过冷或过热的情况下施行的，而经济环境本身对铝价走势的影响又往往大过货币政策对铝价的影响。总体上来看，货币政策对铝价的影响主要表现在以下几个方面：

首先，货币政策影响流动性。实施货币政策的最直接的效果是市场上货币流动性受到影响。提高存款准备金或者加息，都会抑制流通中货币数量的增加。在货币购买力水平保持不变的情况下，市场上货币数量的减少必然导致商品需求的减少，从而对商品价格产生一定的负面影响。

从我国近年来实行的利率政策来看，2007—2008 年经济过热的环境下，基本是处于加息的紧缩政策，与此对应的 M1、M2 同比增速基本维持震荡回落走势；从 2008 年最后一个季度开始，为了缓解经济危机对实体经济的影响，利率又开始逐步回落，而 2008 年底之后，M1、M2 同比增速则快速回升。从同时期的铝价走势来看，2007 年基本呈现振荡回落走势；2008 年底在经济危机恶化的影响下更是加速下挫，但 2008 年底铝价也形成了底部，之后在货币政策等多方面因素的刺激下逐步回升。

其次，货币政策影响汇率市场，从而影响国际定价商品价格。货币政策变化往往伴随着汇率市场的变化。以美国为例，为应对经济危机，美国政府大量发行美元，导致美元对一揽子货币汇率大幅下滑，而以美元计价的金、铜、铝等金属在美元汇率下滑后快速走高。这主要是因为宽松的货币政策往往导致本币购买力水平发生变化，这种变化又直接体现在大宗商品上。2009年中期以来，国际金属价格在缺少实体需求的情况下走势依然坚挺，其主要原因就是美元不断贬值。

最后，货币政策对宏观经济的影响导致市场对金属需求预期变化。货币政策最直接的目的并非调控实体经济中某一个行业，而是为了稳定整个经济环境。自经济危机以来，各国政府纷纷实行积极的财政政策和宽松的货币政策。这些政策的实施往往并不能立竿见影地改变经济窘境，但会慢慢改变市场对经济和单个行业的走势预期。以伦敦金属交易所铝期货为例，2008 年中期铝价开始大幅下挫，但在各国政府积极政策的刺激下，2009 年 2 月即出现大幅反弹，但实际上截至 2009 年上半年结束，全球经济环境依然未见明显转暖。

同时，我们也要注意到金属价格走势相对货币政策具有滞后性。2008年经济恶化阶段，各国政府纷纷实施经济刺激政策，但大宗商品价格依然跌势不减。这主要是因为在经济恶化阶段，仅仅通过一两次的宽松货币政策很难改变现状，经济的复苏需要持续的宽松政策，而这些政策落实到位并产生效应本身就具有滞后性。

总而言之，货币政策对铝价走势的影响要结合实行货币政策的经济环境背景。当经济处于复苏和快速膨胀状态时，宽松的货币政策会加速铝价上涨，紧缩的货币政策则会抑制铝价的上涨；当经济处于回落和恶化阶段时，紧缩的货币政策会加剧经济的恶化，导致铝价快速回落，宽松的货币政策则减缓铝价回落，但往往改变不了下落的趋势。

延伸阅读

紧缩的货币政策怎样推动铝价回调

2010年1月，铝的利多因素很多，当时最大的热点是电煤紧张：电煤库存连续告急。当时，北方大雪，电解铝厂用电负荷减少。下游消费方面，2009年12月的汽车销量创造历史纪录，达到140.15万辆。但是，房地产增长数据较11月有了大幅的回落，尽管仍旧保持正增长。然而促使铝价拐头向下的，是货币政策的紧缩。2010年1月连续出台的各项货币政策都在昭示着中央银行要极力打压国内过剩的流动性。2010年1月7日，央行发行了3个月期票据600亿元，其收益率上升了4.04个基点。当天铝价下跌了320元/吨，跌幅达到1.76%。2010年1月12日国内收盘以后，央行出人意料地宣布提高存款准备金率0.5个百分点。这一消息很快在次日对国内市场形成了巨大的打压，铝价当天下跌845元/吨，跌幅达到4.63%，是金融危机爆发以后发生的最大跌幅。此时，市场已经基本上判定货币紧缩的序幕已经被拉开，奠定了1月铝价全面下挫的基础。2010年1月29日是1月的最后一个交易日，铝价在这个位置达到了近期低点，表明之前的货币政策的影响已经逐渐为市场的下跌所消化。如果货币紧缩的影响进一步加大的话，那么铝价的下跌还将持续。

四、普通投资者分析铝期货价格走势的方法有哪些？

在期货市场上，投资者分析价格走势的方法一般可分为基本面分析法和技术分析法。

基本面分析法，即通过分析期货商品的供求状况及其影响因素，来解释和预测期货价格变化趋势的方法。商品供求状况及影响其供求的众多因素对现货市场商品价格产生重要影响，因而也必然会对期货价格产生重要影响。所以，通过分析商品供求状况及其影响因素的变化，可以帮助期货投资者预测和把握商品期货价格变化的基本趋势。该方法有助于投资者了解市场的发展状况和铝品种的投资价值，从而引导投资者更好地把握铝价波动的趋势。但是，基本因素分析的主要方式包括信息的收集、基本面的研究等，这是投资者能否准确进行分析的前提和基础，一些投资者觉得基本面分析困难的一个重要原因就是他们缺乏足够的信息。

相对于基本面分析而言，技术分析更容易为普通投资者所接受。技术分析的方法种类很多，投资者若能熟悉并精于其中某一种具体的分析方法，就可能成为某一种工具的“专家”，并获得较好的交易成绩。技术分析基于市场行为反映一切、价格呈趋势变动、历史会惊人相似（或称重演，但不会简单重演）三大理论依据。

五、基本面分析与技术分析谁更胜一筹？

在现实市场中，期货价格不仅受商品供求状况的影响，而且还受其他许多非供求因素的影响。这些非供求因素包括：金融货币因素、政治因素、政策因素、投机因素及心理预期等。因此，期货价格走势基本面分析需要综合地考虑这些因素的影响。

基本面分析法较注重中长线分析，掌握现货行情的大现货商和消息灵通的投资者会对这种分析法有所偏好，此类投资者关注国内政策的变化和进出口库存量的改变，并时刻留意最新通货膨胀数字等。

技术分析法是以价格的动态和规律性为主要对象，结合对价、量、时间之间关系的分析，以帮助投资者判断行情并选择投资机会，对于中长线、短线分析尤其是掌握入市时机更为有效。所以小投资者会比较偏好于这种分析方法。两种分析方法可以相互借鉴，相互结合，关键是投资者要选择适合自己特点的方法。

自测题

一、选择题

1. 铝的库存可以分为报告库存和非报告库存，其中非报告库存又称为（　　）。

A. 净库存　　B. 隐形库存

C. 显性库存　　D. 私有库存

2. 电解铝的冶炼厂家生产铝锭的耗费主要有（　　）。

A. 氧化铝　　B. 电费成本

C. 阳极碳（阳极炭块）　　D. 以上都有

3. 我国铝消费增长率与工业生产增长率的相关性为（　　）。

A. 正相关　　B. 负相关

C. 无关　　D. 以上皆不对

4. 国内主要的铝现货交易市场主要集中在华东和华南地区（　　）。

A. 浙江金属现货交易市场　　B. 江苏金属现货交易市场

C. 山东金属现货交易市场　　D. 广东金属现货交易市场

5. 西方国家氧化铝的生产主要采用的生产方法为（　　）。

A. 烧结法　　B. 混联法

C. 拜耳法　　D. 电解法

6. 全球大部分氧化铝（80%～90%）的销售方式为（　　）。

A. 长期合约　　B. 短期合约

C. 现货交易　　D. 期货市场交割

7. 布雷顿森林体系的瓦解是在（　　）。

A. 1944 年　　B. 1949 年

C. 1967 年　　D. 1973 年

8. 铝工业“十五”发展计划是在（　　）文件里提出的。

A.《关于进一步加强电解铝行业环境管理的通知》

B.《国家计委关于印发我国铝工业“十五”发展指导意见的通知》

C.《铝工业发展专项规划》

D.《铝工业产业发展政策》

9. 2009 年上半年国储局分两次收储了（　　）铝。

A. 19 万吨　　B. 29 万吨

C. 39 万吨　　D. 49 万吨

10. 当经济处于复苏和快速膨胀状态时，宽松的货币政策会使铝价（　　）。

A. 震荡　　B. 下跌

C. 上涨　　D. 没有影响

二、判断题

1. 在现实中，由于不同国家的市场经济发达程度不同，期货市场的参与状况不同，法律制度的完善程度不同，市场的参与主体的不同，等等，使得每个期货市场价格发现效率会存在差异，即便是同一个期货市场在相同的阶段，价格发现效率也存在差异性。（　　）

2. 我国铝消费增长率与工业生产增长率的相关系数为 -0.871，呈高度负相关。（　　）

3. 通过估算产业链内库存的规模，进而判断整体产业的供求平衡情况，对分析中长期的价格走势有着重要的意义。（　　）

4. 1816 年，英国制定《金本位制法》，形成了世界上最早的金本位制货币体系。（　　）

5. 货币政策的动向与铝价走势不一致是因为货币政策往往是在宏观经济出现过冷或过热的情况下施行的，而经济环境本身对铝价走势的影响又往往大过货币政策对铝价的影响。（　　）

6. 当经济处于复苏和快速膨胀状态时，宽松的货币政策会加速铝价上涨，紧缩的货币政策则会促使铝价的上涨。（　　）

7. 对冲基金的投机活动不是长期推动商品价格单向走势的根本原因。（　　）

8. 如果期货市场的运行是有效的，具有良好的价格发现功能，则期货市场与现货市场对新的市场信息的反应将较为接近，期货价格与现货价格之间必然存在紧密的联系，这时期货价格与现货价格运动的方向应该不一致，并且价格变动的幅度也应该相差较大，即期货价格与现货价格之间存在长期负均衡关系。（ ）

9. 价格发现的过程是现货价格与期货价格综合发现的过程。（ ）

10. 期货价格发现功能的本质取决于新的信息是否反映期货价格的变化。（ ）

三、填空题

1. 长期实证研究发现，期铝价格与铝现货价格之间存在长期均衡关系和双向引导关系，它们之间________。

2. 所谓期货市场的价格发现功能，就是指通过期货市场上公开、公平、公正的期货交易，形成具有________、________、________和权威性的期货价格信息并通过期货市场的价格报告制度告知公众指导其生产、经营或投资所具有的效能。

3. 影响铝价的因素主要有：________、________、________、铝应用行业发展趋势、生产工艺的改革和革新、________、________、基金。

4. 上海期货交易所铝期货合约于________上市交易。

5. 按照库存持有机构的不同，铝的库存又可以分为________、________与铝消费商库存三种。

6. 国内铝锭销售方式有以下几大类：一类是________，即在国内采购氧化铝，生产出铝锭后在国内市场出售或者出口；另一类是________，即在国际市场上采购氧化铝，在国内加工成铝锭再出口。另外还有________，即在国际市场采购氧化铝生产铝锭，然后在国内市场________。

7. ________主要是指全球范围内的生产商、贸易商和消费者手中持有的铝的数量，由于这些库存无专门机构进行统计和对外发布，所以这些库存又称为“隐性库存”。

8. 长江现货市场遵循“________、________、________、________、规范管理、优质服务”的原则，经过多年的发展，营业额和销售额分别进入全国前列，长江市场所公布的商品成交价已成为有色金属行业现货交易公认的基准价格。

9. 铝价和原油的价格有很强的正相关性，而这个相关性可以从______和______两个方面去理解，而这两个方向背后的结合的就是美元。

10. 库存按照存贮的机构的不同，可以分为______和______两种。

参考答案

一、选择题

1. B　2. D　3. A　4. D　5. C

6. A　7. D　8. B　9. B　10. C

二、判断题

1. √　2. ×　3. √　4. √　5. √

6. ×　7. √　8. ×　9. √　10. √

三、填空题

1. 相互影响相互作用
2. 真实性　预期性　连续性
3. 供求关系　电价　氧化铝价格　进出口关税　国内经济形势
4. 1992 年 5 月 28 日
5. 生产商库存　贸易商库存
6. 国内贸易方式　加工贸易方式　一般贸易方式　销售和出口
7. 非报告库存
8. 公平　公开　公正　货真价实
9. 生产成本　资金流向
10. 交易所库存　产业链企业库存

第五章

铝期货的套期保值

本章要点

本章首先简要阐述了铝期货套期保值的基本概念与功能，并对企业一般性的套期保值流程作了介绍，此后着重阐述了处于铝产业链不同位置的企业如何有效地利用铝期货进行套期保值。本章的核心在于通过多个个性鲜明的典型案例展示，切实深入到铝产业链上下游的经营环节中，以指导身处不同产业链的企业更好地实现套期保值的过程。

一、什么是铝期货的套期保值？

（一）铝期货套期保值的概念

铝期货的套期保值一般是指铝现货的生产经营者在现货市场上买进或卖

出一定数量铝现货的同时，在期货市场上进行与现货市场数量相当但交易方向相反的铝期货合约交易，以一个市场的盈利弥补另一个市场的亏损，从而达到规避价格波动风险的目的。

这里值得一提的是，期货市场上交易的是某一月份的铝期货合约，按照上海期货交易所的规定，合约标的物的交割等级须是符合交易所标准的铝锭或替代品，但在现货市场上，铝产品丰富多样，企业需要进行套期保值的对象不完全是铝锭，还可包括氧化铝、铝型材、铝合金等。因此，严格意义上讲，在铝期货套期保值的操作过程中，期货和现货市场上相应的交易对象并不一定是完全对等的。但基于同类商品的相关性以及走势趋同的考虑，在目前铝行业的下游铝加工产品等多个生产经营环节中，铝期货的套期保值被广泛运用。实质上来说，套期保值也是企业通过市场机制，运用现代金融工具和技术，防范和对冲市场及价格波动风险，实现企业稳健发展的一种风险管理策略和管理方式。

（二）铝期货套期保值的基本原理和原则

1. 铝期货套期保值的基本原理

首先，期货和现货的价格波动存在一致的趋势，即现货价格趋于上涨时，期货价格一般也趋于上涨，反之亦然。一般情况下，这条规律在商品市场中，可以说是“放之四海而皆准”，对于铝品种而言也不例外。尽管期货市场与现货市场是两个独立的市场，但在铝期货套期保值的过程中，交易的对象都是铝相关产品，在整个大的宏观经济和供需环境中，铝的期货价格和现货价格会受到相同因素的影响和制约，引起铝现货市场价格涨跌的因素，在很大程度上也正影响着期货市场价格同向的涨跌。套期保值就是利用这两个市场的价格关系，通过在期货市场上做与现货市场相反的交易来达到保值的功能，使盈亏稳定在一个目标水平上。

其次，除了波动方向相同之外，随着期货合约到期日的临近，铝期货和现货价格也将逐渐趋于一致。该条原理可以说是对前一条的延伸，也是使得铝期货套期保值能够顺利实现的重要保障。

2. 铝期货套期保值的基本原则

套期保值还须遵循四大基本原则，且在具体的铝期货套期保值过程中，这四大原则必须同时兼顾到，忽略其中任何一个都有可能影响套期保值的实际效果。

（1）交易方向相反原则。这是指在进行铝期货套期保值时，必须同时或先后在铝现货市场和期货市场上进行买卖方向相反的交易操作。只有遵循该原则，交易者才能取得在一个市场上亏损的同时在另一个市场上盈利的结果，才能用一个市场上的盈利去弥补另一个市场上的亏损，达到套期保值的目的。否则，不仅难以规避铝价波动的风险，还会扩大价格风险。

（2）商品种类相同或相当原则。在做套期保值时，必须遵循商品种类相同或相当原则。在铝期货的套期保值中，期货市场上交易的是铝期货合约，对应的交割标的物是符合交易所规定标准的铝锭，而现货市场上的交易对象除了铝锭之外，也包括铝行业上下游的其他铝产品。尽管期现货市场上的交易对象不完全相同，但都属于铝产业链上的同类商品，价格走势上具有较强的趋势一致性，应该说符合商品种类相同（或相当）的原则。

举例来讲，在铝期货的套期保值中，很多铝企业一般不直接以商品期货合约的标的物，而是以其半成品或制成品为交易对象。例如，许多再生铝合金锭企业的生产原料为废铝，在国内并没有相应的期货市场，但废铝是生产的原材料，一般来讲，废铝和铝价格变化并不完全一致，但铝冶炼行业完全可以利用铝期货进行锁定成本的保值。对他们来讲，必须采用相同或相当品种进行保值，只要保证原料价格和期货合约标的物的价格同涨同跌就能达到目的。

（3）商品数量相等或相当原则。这是指在进行套期保值时，铝期货的交易数量与在现货市场上买进或卖出的铝现货数量相等或相当。之所以要坚持该原则，是因为只有保持期现两个市场上的铝商品交易数量相等或相当，才能在最大限度上使一个市场上的亏损额被另一个市场上的盈利额所覆盖。当然，我们也要看到，期货合约是标准化的，每一手铝期货合约包含 5 吨铝锭，但在铝现货市场上买卖的数量却不一定是 5 的倍数，因此在实际操作中，有时很难严格遵循这一原则，这也在一定程度上影响了套期保值的效果。

（4）月份相同或相近原则。这是指所选用的铝期货合约的交割月份应与未来在现货市场上实际买进或卖出铝现货的时间相同或相近。之所以要考虑到该原则，是因为随着期货合约交割期的临近，期现货价格存在趋于一致的规律，这会令铝期货的套保效果更佳。

当然，期货市场毕竟不等同于现货市场，首先，两个市场上交易的商品种类往往不相同，例如，铝锭和氧化铝，其价格的波动趋势多少存在差异。其次，交易者在铝期货和现货市场上操作的数量往往也不尽相同，因此在实际操作中，很难做到对前述四大原则的严格遵守。最后，即使完全按照原则来操作，也并不意味着盈亏一定完全相抵，毕竟铝期货价格与现货价格的波动趋势也做不到完全一致。

（三）铝期货套期保值的类型

按照套期保值的定义，我们知道，铝的期货头寸与现货的头寸方向是相反的，据此铝期货的套期保值可以分为买入套期保值和卖出套期保值两大类型。

所谓买入套期保值（又称多头买期保值）：即买进铝期货合约，以防止将来购买铝相关的现货商品时可能出现的价格上涨，在最终采购铝现货的同时，通过卖出与先前所买进的铝期货同等数量和相同交割月份的期货合约，将期货部位平仓，结束保值。这种方式通常被处于铝产业链下游的加工商、制造业者和经营者所采用。

例如，某铝型材加工企业计划两个月后购进 100 吨铝材，3 月铝的现货价为每吨 16600 元，5 月期货价为每吨 16900 元。该企业在签订销售合同的同时，为了锁定加工利润，于是在期货市场买入 20 手 5 月期铝。到了 5 月，假设现货价升至每吨 16800 元，而期货价为每吨 17100 元。该厂于是在买入现货，每吨亏损 200 元的同时，卖出持有的 20 手铝期货合约，每吨盈利 200 元。两个市场的盈亏相抵，有效地锁定了成本。

所谓卖出套期保值（又称为空头卖期保值）：即卖出铝期货合约，以防止将来卖出现货时因价格下跌而招致的损失。当卖出现货商品时，再将先前卖出的铝期货合约通过买进另一数量、类别和交割月份相等的期货合约对冲，以结束保值。这种方式通常被处于铝产业链上游的生产者和经营者所采用。

例如，5 月某铝冶炼厂与铝加工厂签订 8 月销售 100 吨铝锭的销售合同，价格按上海期货交易所 8 月加权平均价计算。铝冶炼厂担心到时价格下跌影响利润，于是在期货市场以每吨 17300 元的价格卖出 20 手 8 月期铝合约。到 8 月时，现货价跌至每吨 16300 元。该公司履行现货合约时每吨亏损 500 元，但在期货市场上按每吨 16800 元价格平仓 5 月买进的 20 手期铝合约，每吨盈利 500 元。两个市场的盈亏相抵，有效地防止了铝价格下跌的风险。表 5 - 1 和表 5 - 2 列举了不同类型的铝企业在面临不同情况时所采取的套期保值类型。

表 5 - 1　　不同类型的铝企业套期保值的目的和方向

铝企业类型	套期保值目的	套期保值方向
生产企业	提前锁定企业生产利润	卖出套期保值
	为库存保值	卖出套期保值
贸易商	为库存保值	卖出套期保值
	提前锁定企业生产利润	卖出套期保值
终端需求商	进行期现套利	跨合约套利
	为库存保值	卖出套期保值

表 5 - 2　　铝企业面临不同情况时所采取的套期保值类型

企业具体情况	企业面临风险	保值方向
原材料采购	途中面临价格上涨的风险	买入套期保值
购入原材料/半成品	采购在途面临价格下跌的风险	卖出套期保值
原材料/半成品	入库为生产面临价格下跌的风险	卖出套期保值
生产过程中	面临价格下跌的风险	卖出套期保值

二、为什么要做铝期货的套期保值？

（一）进行铝期货套期保值的原因

我们知道，商品从生产、加工、贮存到销售的过程中，其价格会不断地发生变化，并且价格变动的趋势难以预测准确。如何有效地回避价格波动的风险，提高经济效益是每一位经营管理者都必须面对和认真思考的重要课题。也正是在这种愿望的推动下，期货市场才得以产生、存在和发展。期货市场特有的价格发现和套期保值的功能使期货市场运作成为市场经济条件下企业生产经营不可缺少的工具和重要组成部分。在全球经济一体化和中国加入世界贸易组织、市场化进程进一步加快的今天，企业的经营管理者必须了解期货交易，充分利用期货市场的套期保值业务，才能使自己领导的企业在激烈的竞争中立足并不断发展壮大。

有色金属作为大宗商品中十分重要的一个组成，价格波动频繁，波幅巨大，使有色金属期货品种的交易吸引了大量的投机者和保值者参与，上海期货交易所的有色期货价格也逐渐成为国际、国内贸易的重要参考价和国家主管部门进行宏观调控的重要依据。目前，国际上伦敦金属交易所（LME）、上海期货交易所是有色金属期货交易量和影响力最大的两个交易所。目前铝期货已成为伦敦金属交易所成交量、持仓量最大的品种，而上海期货交易所的铝期货交易逐渐活跃，吸引越来越多的企业和市场投资人士关注和参与。国内铝的相关企业完全可以利用国际国内的铝锭期货市场参与保值交易，提高企业效益。

（二）铝期货套期保值的功能

从本质上讲，期货市场实际是一种管理风险的金融工具，它可以帮助解决现货企业在生产、加工和贸易过程中产生的风险、融资、库存、定价等诸多问题。在铝期货的套期保值中，其功能发挥主要体现在以下方面：

1. 锁定原材料的成本或产品的销售利润

这对于产品价格相对固定或生产成本相对固定的企业来讲尤为重要。由于可进行套期保值，企业可以根据既定的成本开支来安排生产经营，稳定其生产经营活动，进而达到对社会成本的稳定作用。

2. 提供流通性

企业参与套期保值能为期货提供流动性。流通性充足的情况下市场参与者可以轻松地进入和退出市场，进行必要的调整以适应不断变化的市场条件。这样，期货价格发现的功能也能更有效地发挥。

3. 库存管理

库存管理包括降低企业库存成本和锁定库存风险。由于期货合约代表着相应的实物量，企业增加库存只需要买入对应的期货合约即可。当期货合约价格前面月份高、后面月份低的时候，还能增加换月收益；对现货企业来说，当市场处于高位时或在下跌趋势中，卖出套保是非常必要的，这样可防止库存贬值。

4. 利用期货市场主动掌握定价权

企业的生产经营是连续的，而资金资源常常是有限的，当企业的库存不足而价格又处于高位时，如何才能保证生产经营的持续性？没有期货市场，企业可能只是在高价位买入原材料，有了期货市场之后，企业可以在买入实物原材料的同时为防止原材料价格回落造成库存减值，卖出期货合约套保。在期货价格下跌之后平仓，这样企业既保证了生产经营的持续性，又掌握了定价权的主动性。

三、什么是基差？基差的变化如何影响铝期货套期保值的效果？

期货市场的基差指的是，某一特定商品在某一特定时间和地点的现货价格与该商品近期合约的期货价格之差，即：基差 = 现货价格 - 期货价格。例如，2009 年 12 月 31 日上海有色金属市场现货铝锭均价为 16580 元/吨，当日铝期货主力合约价格是 17310 元/吨，则基差就是 - 730 元/吨（即 16580 - 17310）。当铝现货价格高于期货价格时，基差为正数，称为远期贴水或现货升水，该市场被称为反向市场；当铝现货价格低于期货价格时，基差为负数，又称为远期升水或现货贴水，相应的市场被称为正向市场。

铝期货的套期保值可以大体抵消掉现货市场上铝价波动的风险，但不能使风险完全消失，主要原因就是存在“基差”这个因素。从表 5 - 3 我们可以看到，铝期货套保效果的好坏与基差的变化密切相关，因此铝期货的套期保值者必须重点关注基差的变化。另外，对于买入和卖出套期保值而言，基差变化的影响又各有差异。

表 5-3　基差变化时，不同类型的铝套保所取得的保值效果

基差变化		保值效果	
基差不变	卖出套期保值	正向市场	盈亏相抵
		反向市场	盈亏相抵
	买入套期保值	正向市场	盈亏相抵
		反向市场	盈亏相抵
基差变大	卖出套期保值	正向市场	获利只能部分弥补损失，保值者只能获得部分保护
		反向市场	获利大于损失，保值者可以得到完全保护
	买入套期保值	正向市场	获利大于损失，保值者可以得到完全保护
		反向市场	获利只能部分弥补损失，保值者只能获得部分保护
基差缩小	卖出套期保值	正向市场	获利大于损失，保值者可以得到完全保护
		反向市场	获利只能部分弥补损失，保值者只能获得部分保护
	买入套期保值	正向市场	获利只能部分弥补损失，保值者只能获得部分保护
		反向市场	获利大于损失，保值者可以得到完全保护

如果分别以 S_0、S_t 表示铝现货在套保开始时和 t 时刻的价格；F_0 表示套期开始时铝期货合约价格；F_t 表示 t 时刻铝期货合约价格，即为期货合约平仓时的价格。

（一）买入铝套期保值与基差的变化

如果采用买入铝套期保值策略，则总盈亏计算如下：

铝现货交易盈亏 $= S_t - S_0$

铝期货交易盈亏 $= F_t - F_0$

总盈亏 = 铝期货交易盈亏 - 铝现货交易盈亏

$$= (F_t - F_0) - (S_t - S_0)$$

$$= (S_0 - F_0) - (S_t - F_t)$$

$$= B_0 - B_t$$

其中，B_0、B_t 分别是在套保开始时和 t 时的基差。

由此可见，铝期货保值的盈亏取决于基差的变动：

（1）如果基差保持不变，则现货盈亏正好与期货市场盈亏相互抵消，总盈亏为零，套期保值目标实现。

（2）如果基差扩大，即基差走强，$B_t > B_0$，总盈亏 <0，套保效果总体表现为亏损。

（3）如果基差缩小，即基差走弱，$B_0 > B_t$，总盈亏 >0，套保效果总体表现为盈利。

案例 5－1

铝加工企业的套期保值（一）

某铝加工企业 A，在 2021 年 12 月中旬时判定铝价将呈现上涨趋势，因此，为了规避原料铝价上涨的风险，该企业于 2021 年 12 月 17 日进行买入套期保值。套期保值效果见表 5－4。

表 5－4　　铝加工企业 A 套期保值操作过程

日期	铝现货价格（元/吨）	铝期货价格（元/吨）	基差（元/吨）	盈亏（元/吨）
2021 年 12 月 17 日	19270	19430	－160	
2021 年 12 月 22 日	19420	19990	－570	盈利 410
2022 年 1 月 4 日	21220	20450	770	亏损 930

从铝加工企业 A 进行买入套期保值来看，铝价上涨的趋势判断正确，但是由于在 2022 年 1 月 4 日进行平仓时，基差扩大至 770 元/吨，导致其原本趋势判断正确且进行了买入套期保值的操作，但最终仍以亏损告终。其原因在于，在铝价上涨的过程中，该企业通过买入套期保值规避了价格上涨带来的风险，但由于基差的扩大导致套保效果较差，亏损 930 元/吨。

案例 5－2

铝加工企业的套期保值（二）

某铝加工企业 B，在 2020 年 11 月初时判定铝价将呈现上涨趋势，因此，为了规避原料铝价上涨的风险，该企业于 2020 年 11 月 9 日进行买入套期保值。套期保值效果如表 5－5 所示。

表 5-5　　铝加工企业 B 套期保值效果

日期	铝现货价格（元/吨）	铝期货价格（元/吨）	基差（元/吨）	盈亏（元/吨）
2020 年 11 月 9 日	14930	14920	10	
2020 年 11 月 27 日	15140	15935	-795	盈利 805

从铝加工企业 B 进行买入套期保值来看，铝价上涨的趋势判断正确，并在 2020 年 11 月 27 日进行平仓时，基差缩小至 -795 元/吨。在铝价上涨的过程中，该企业通过买入套期保值规避了价格上涨带来的风险，同时由于基差的扩大导致套保效果较好，实现盈利 805 元/吨。

（二）卖出铝套期保值与基差的变化

如果采用卖出铝套期保值策略，则总盈亏计算如下：

铝现货交易盈亏 $= S_0 - S_t$

铝期货交易盈亏 $= F_0 - F_t$

总盈亏 = 铝期货交易盈亏 - 铝现货交易盈亏

$$= (F_0 - F_t) - (S_0 - S_t)$$

$$= (S_t - F_t) - (S_0 - F_0)$$

$$= B_t - B_0$$

其中，B_t、B_0 分别是在套保开始时和 t 时的基差。

由此可见，铝期货保值的盈亏取决于基差的变动：

（1）如果基差保持不变，则现货盈亏正好与期货市场盈亏相互抵消，总盈亏为零，套期保值目标实现。

（2）如果基差扩大，即基差走强，$B_t > B_0$，总盈亏 >0，套保效果总体表现为盈利。

（3）如果基差缩小，即基差走弱，$B_0 > B_t$，总盈亏 <0，套保效果总体表现为亏损。

案例 5-3

铝生产企业的套期保值（一）

某铝生产企业 C，在 2022 年 6 月初时判定铝价将出现一波下跌，因此，为了规避铝价下跌使利润缩水的风险，该企业于 2022 年 6 月 9 日进行卖出套期保值。套期保值效果见表 5－6。

表 5－6　　铝生产企业 C 套期保值效果

日期	铝现货价格（元/吨）	铝期货价格（元/吨）	基差（元/吨）	盈亏（元/吨）
2022 年 6 月 9 日	20780	20820	－40	
2022 年 6 月 20 日	19720	19680	40	盈利 80

从铝生产企业 C 进行卖出套期保值来看，铝价下跌的趋势判断正确，并在 2022 年 6 月 20 日进行平仓时，基差由－40 元/吨放大至 40 元/吨。在铝价下跌的过程中，该企业通过卖出套期保值规避了价格下跌带来的风险，同时由于基差的扩大导致套保效果较好，实现盈利 80 元/吨。

案例 5－4

铝生产企业的套期保值（二）

某铝生产企业 D，在 2022 年 12 月底时判定铝价将出现一波下跌，因此，为了规避铝价下跌带来利润损失的风险，该企业于 2022 年 12 月 23 日进行卖出套期保值。套期保值效果见表 5－7。

表 5－7　　铝生产企业 D 套期保值效果

日期	铝现货价格（元/吨）	铝期货价格（元/吨）	基差（元/吨）	盈亏（元/吨）
2022 年 12 月 23 日	18800	18650	150	
2023 年 1 月 3 日	18310	18320	－10	亏损 160

从铝生产企业 D 进行卖出套期保值来看，铝价下跌的趋势判断正确，但是由于在 2023 年 1 月 3 日进行平仓时，基差由 150 元/吨缩小至－10 元/吨，导致其原本趋势判断正确且进行了卖出套期保值的操作，但最终仍以亏损告终。其原因在于，在铝价下跌的过程中，该企业通过卖出套期保值规避了价格下跌带来的风险，但由于基差的缩小导致套保效果较差，亏损 160 元/吨。

从以上4个案例可以看出，基差的变化决定了套期保值的效果。如果基差保持不变，则铝现货盈亏正好与铝期货市场盈亏相互抵消，总盈亏为零。我们看到，基差变小，又称为基差走弱，有利于买进套期保值者；基差变大，即基差走强，有利于卖出套期保值者。因此，我们在进行铝期货的套期保值建仓时，需重点考虑基差问题，从而选择相对较合适的基差位置建仓。买入保值时，应选择在历史基差水平下相对基差较大时建仓为宜；卖出保值时，应选择在历史基差水平下相对基差较小时建仓为宜。

四、如何确定铝期货套期保值的比率？

在铝期货的套期保值中，除了密切关注基差的变化外，确定适当的套期保值比率也非常重要。一般来讲，在实际套期保值的过程中，期货公司与套期保值商会根据现货经营情况、市场预期、风险承受等多方面因素来考虑套期保值的比率。

从理论上来看，传统的套期保值理论并不存在套保比率的问题。该理论认为，期货交易中的套期保值是在期货市场上建立与现货市场方向相反而数目相等的交易头寸，以此来转移现货市场交易的价格波动风险。其强调四大原则，即方向相反、种类相同、数量相等和月份相同或接近。但是随着现代套期保值理论的发展以及套期保值的绩效，出现了组合投资理论。该理论认为套期保值是交易者根据组合投资预期收益和预期收益的方差，确定现货市场和期货市场的交易头寸，使效用达到最大化或者收益风险最小化的一种组合投资，套期保值比率就是用来确定抵消风险资产价值变化所需的套期保值工具的数量。

如果所构造的头寸的性质与原组合的风险特征呈完全相反的状态，则原组合的风险可以被完全消除，称为完全套期保值。在实际应用中，有时候无法构造与原组合风险特性完全相反的头寸，或者企业愿意承担一定风险，或者由于完全对冲的成本较高，大多数对冲是不完全的。这就涉及对最优套期保值比率的测算问题。目前，计算套保比率的方法很多，如 BETA 值、ECM、最小方差（MV）模型和 GARCH 模型等，各模型均有其优缺点，在此仅简单介绍最小方差（MV）模型。

MV 模型的原理是通过量化投资者持有组合（现货和期货组合）的方差，并根据方差最小化原则求出最优套保比率，具体计算方法主要是最小二乘法（OLS）。GARCH 模型亦称为价格波动率模型，其优点是套期保值比率可随时间变化而动态调整，但由于头寸变动过快会增加企业的成本和操作风险，因此国内企业一般采取 MV 模型来确定最优套保比率值。

具体计算公式为：

考虑包含 C_s 单位现货头寸和 C_f 单位期货头寸的组合，记 S_t 和 F_t 分别为 t 时刻现货和期货的价格，该套期保值组合的收益率 R_h 为：

$R_h = (C_s\Delta S_t - Cf\Delta F_t CsS_t)/C_sS_t = R_s - hR_f$

式中，$h = Cf/Cs$ 为套期保值比率。

$R_s = \Delta S/S_t$，$R_f = \Delta F_t/F_t$，$\Delta S_t = S_t - S_t - 1$，$\Delta F_t = F_t - F_t - 1$，收益率的反差为：

$Var(R_h) = Var(R_s) + h^2Var(R_f) - 2hCov(R_s, R_f)$

对其求一阶导数并令其等于零，可得最小方差套期保值比率为：

$h^* = Cov(R_s, R_f)\ Var(R_f) = \rho\sigma s\sigma f$

其中，ρ 为 R_s 与 R_f 的相关系数，σs 和 σf 分别为 R_s 和 R_f 的标准差。

实际分析中，使用最小二乘法（OLS）建立回归模型来估计最优套期保值比率 h，一般使用下列模型：

$\Delta S_t = c + h \cdot \Delta F_t + \varepsilon_i$

在此，通过对铝现货价格与铝期货价格的历史数据（2003 年 7 月 24 日—2010 年 4 月 9 日）根据上述方法进行测算，最后得出的结论是采用最小方差和 OLS 模型计算出的铝期货的理论套期保值比率为 1∶0.6951。

在企业进行铝期货的套期保值操作中，在确定套期保值比率时，可参考利用模型计算出的理论最优套保比率值，但理论计算以历史数据为基础，并不一定符合当前的现实情况，因此，还需结合企业自身的生产经营与市场状况来确定合理的铝套保比率。

延伸阅读

与套期保值比率确定相关的理论研究成果

自引入组合投资理论研究期货市场套期保值问题后，最佳套期保值比例以及套期保值有效性问题成为期货市场研究的热门话题，由于风险度量方法和效用函数的选择不一样，研究者提出了许多模型并进行了大量的实证研究。对期货市场最佳套期保值比例的研究可分为两大类，一类是从组合收益风险最小化的角度，研究最小风险套期保值比例（Risk - minimizing Hedge Ratios），另一类是统筹考虑组合收益和组合收益的方差，从效用最大化的角度研究均值—风险套期保值比例（Meanrisk Hedge Ratios）。

从组合收益风险最小化的角度研究期货市场最佳套期比：

从组合收益风险最小化的角度，研究期货市场套期保值问题，是将在现货市场和期货市场所做交易当作一个投资组合，在组合收益风险最小化的条件下，确定最佳套期保值比例。我们考虑一个套期保值组合，这个组合中包括一个单位的现货部位和 h 个单位的期货部位，用 S［t］、F［t］分别表示 t 时刻的现货价格和期货价格，则该组合的收益为 $R[t] = \Delta S[t] + h\Delta F[t]$，其中 $\Delta S[t] = S[t] - S[t-1]$，$\Delta F[t] = F[t] - F[t-1]$，R［t］为组合投资的收益。

Johnson（1960）在收益 R［t］方差最小化的条件下，最早提出了商品期货最佳套期保值比例的概念，并给出了最佳套期保值比例 h 的计算公式，简称为 MV 套期比（Minimizing Variance Hedge Ratios），该数值可以看成是回归方程 $\Delta S[t] = \alpha + h\Delta F[t] + \varepsilon[t]$ 中系数 h 的最小二乘估计量。Ederington（1979）将上述方法应用到了金融期货，并设计出了测量期货市场套期保值有效程度的量化指标 e，该指标反映了进行套期保值交易相对于不进行套期保值交易的风险回避程度。

Ghosh（1993）等指出通过最小二乘法计算最佳套期保值比例的方法没有利用过去历史信息以及期货价格与现货价格之间可能存在的协整关系，因此提出利用向量自回归模型（VAR）、误差修正模型（EC）以及分数协整模型（FIEC）计算最佳套期比，这样做可以充分利用已有的信息，提高套期保值的效果。

由于上述讨论中假定了残差服从正态分布或联合正态分布，具有固定的方差和协方差，计算得出的最佳套期比为一常数，不随时间改变，而实际情况并非如此，大量的事实说明由于未来经济条件的不确定性，导致商品期货价格波动呈现出异方差的特征，这意味着期货价格与现货价格的条件协方差将随着时间的变化而变化，这时再用固定的最佳套期比将不再合适，故提出了动态套期保值（Dynamic Hedging）的概念。1988 年 Cecchetti 等利用自回归条件异方差模型（ARCH）计算了美国国债期货的最佳动态套期比，结果发现最佳套期比随时间变化而呈现出相当大的变化。Baillie 和 Myers（1991）提出利用两参数 GARCH 模型计算最佳动态套期比，并对美国期货市场大豆、玉米、棉花、咖啡、黄金等品种进行了实证研究。Lien 和 Tse（1999）更进一步提出借助 VAR－GARCH、EC－GARCH 和 FIEC－GARCH 模型计算最佳动态套期比，Lien 和 Tse 的研究结论表明：对于 NSA 期货指数而言，当考虑条件异方差时，套期保值的效果将得到改进；用 EC 模型计算得出的最佳套期比大于用 FIEC 模型计算得出的最佳套期比，EC 模型是所讨论的几个模型中最优的；当套期的时间跨度等于或大于 5 天时，用传统的最小二乘法确定最佳套期比的套期保值的效果最差。

另外，在 MV 套期比的研究中，隐含地假定了期货价格变动服从正态分布或投资者的效用函数是二次曲线，而大量的实证研究表明期货价格变动并不服从正态分布，二次效用曲线的假定又过于苛刻，这时如果继续使用最小二乘法进行参数估计，参数估计值将会出现偏差，不再有效。为克服上述缺陷，Cheung、Kwan 和 Yip（1990）等提出用增广的均值基尼系数（Extended Mean－Gini Coefficient）Γ [λ]（R [t]）＝－λCOV（R [t]，（1－F（R [t]））[λ－1]）作为风险的度量方法，其中 λ 是风险厌恶系数，F（R [t]）表示收益 R [t] 的分布函数。用增广的均值基尼系数作为风险度量方法的优点在于均值基尼系数具有二阶随机优势（Second－order Stochastic Dominant），不需要期货价格变动服从正态分布或投资者的效用函数是二次曲线的假设。在 F [λ]（R [t]）最小化的条件下确定最佳套期比 h 简称为 MEG 套期比（Mean－Extended－Gini Hedge Ratios）。

De Jong（1997）等提出用半方差（Generalized Semi－variance）V [δ]、

λ（R［t］）作为风险的度量工具，其中，参数 δ、λ 分别表示目标收益和风险厌恶系数，F（R［t］）表示收益 R［t］的分布函数。采用这种方式定义的风险实际上是将收益低于目标收益 δ 的看作风险，而高于目标收益 δ 的并不认为是风险，在 V［δ］、λ（R［h］）最小化条件下计算得出的最佳套期比例为 GSV 套期比。

Shalit（1995）证明了如果期货价格变动服从正态分布，则 MEG 套期比收敛于 MV 套期比，Lien 和 Tse（1998）证明了如果现货价格和期货价格服从联合正态分布，且期货价格服从鞅过程（Martingale Process），即期货价格是最后交割日现货价的无偏估计量，则 GSV 套期比与 MV 套期比一致。

另外，研究者还从其他多种不同的角度对最佳套期比进行了广泛的研究。Malliaris 和 Urrutia（1991）等讨论了套期保值持续时间长短对最佳套期比的影响（持有期效应），以及套期保值结束时距交割日时间长短对最佳套期比的影响（到期效应）。研究结果显示，在套期结束距交割日时间相同的条件下，套期比随着套期持续时间的增加而增大，在套期持续时间相同的条件下，套期比随着套期结束距交割日的接近而增大。

另外，还可以从效用最大化的角度研究期货市场最佳套期保值比。

从组合收益风险最小化的角度研究期货市场最佳套期比，仅仅考虑了收益风险最小化问题，没有考虑收益，而在效用函数最大化的条件下研究期货市场最佳套期保值比，则统筹考虑了组合收益和组合收益的风险，更加符合实际情况。

Howard 和 D' Antonio（1984）借鉴 Sharpe 证券市场线的做法，在效用函数最大化的条件下，给出了最佳套期比（简称为 Sharpe 套期比）的计算公式以及度量套期保值有效性的量化指标 HE = θ［H］/θ［S］，其中 E（R［t］），σ（R［t］）分别表示收益 R［t］的期望收益和标准差，i 表示无风险利率。θ［H］＝（R［t］－i）/σ（R［t］）表示组合投资单位风险下的超额收益，θ［S］＝（ΔS［t］－i）/σ（ΔS［t］）为现货价格波动单位风险下的超额收益。

Kolb 和 Okunev（1993）利用增广的基尼系数 Γλ（R［t］）作为风险度量方法，给出了在效用函数 U（R［t］）＝E（R［t］）－Γ［λ］（R［t］）最大化的条件下，最佳套期比的计算方法，由此计算得出的套期比称为 M－

MEG 套期比。他们的研究发现，当风险厌恶系数 λ 较低时（介于 2 和 5 之间时），M-MEG 套期比与最小方差套期比（MV）比较接近，而当风险厌恶系数 λ 较高时，M-MEG 套期比与最小方差套期比有较大的差异，但收敛于最小方差套期比。

Hsin、Kou 和 Lee（1994）在效用函数 $U=E(R[t])-0.5\lambda\sigma(R[t])$ 最大化的条件下，研究了最佳套期比（简称为 HKL 套期比）。在期货价格服从鞅过程的条件下，Sharpe 套期比和 HKL 套期比与 MV 最小风险套期比一致。Chen、Lee 和 Shrestha（2001）在 De Jong（1997）等的研究基础上提出利用效用函数 $U(R[t])=E(R[1])-V[\delta],\lambda(R[t])$ 确定最佳套期比（简称为 M-GSV 套期比）的方法，并利用 SP500 指数的期货价格和现货价格数据进行了实证研究，研究结论显示，对较低的风险厌恶系数，M-GSV 套期比低于 GSV 套期比；而对较高的风险厌恶系数，M-GSV 套期比收敛到一个比 MV 套期比高的数值。

五、企业进行铝期货套期保值的基本流程是什么?

尽管不同的铝企业在生产经营、市场营销、资金管理等方面都存在明显差异，但铝期货套期保值的基本流程（见图 5-1）可以说是大体通用的。

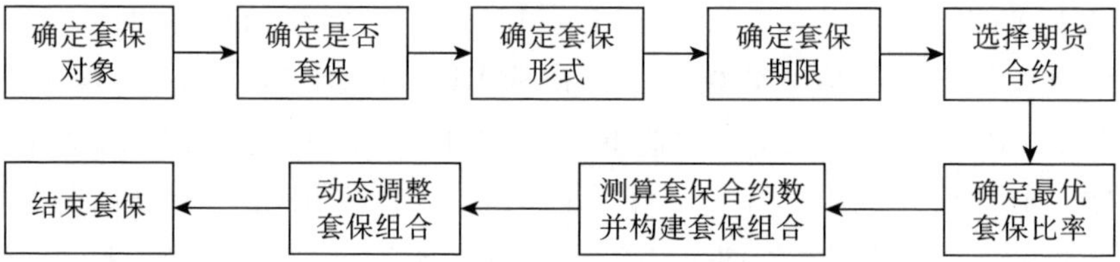

图 5-1 套期保值策略设计主要流程

具体而言，在铝期货的套期保值过程中，套保开始和套保结束是两个关键环节。在套保开始阶段，铝企业一般都需要进行 5W 决策，如图 5-2 所示。

WHATEVER	WHAT	WHEN	WHICH	HOW
是否保值	保值多少	何时保值	何价保值	如何保值
市场研判	保值比例	期现价差	内外比价	保值执行
分析	控制	时机	关键	策略

图 5－2　铝企业套保开始阶段的 5W 决策

在套保结束阶段，铝企业可根据自身需求选择不同的操作策略。如图 5－3 所示。

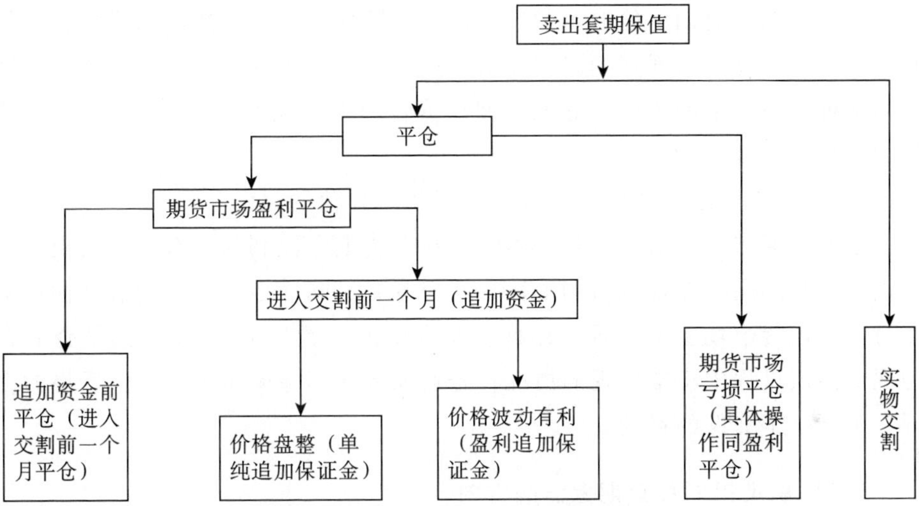

图 5－3　铝企业套保结束阶段的操作策略

六、铝相关企业操作套期保值的基本策略有哪些？

铝相关企业在具体操作套期保值的过程中，需要考虑保值方向、入场时机、套保比例、基差变化、离场方式等多方面因素，这样才能保证套期保值取得良好效果，并且避免相关错误性操作的发生。关于套保比例和基差变化，我们在前文中已有阐述，这里重点考察其他几个因素。

（一）在参与铝期货的套期保值之前的准备

1. 铝期现货价格的同向变动是套期保值的机理所在

铝期货套期保值的机理，主要来自期货市场价格和现货市场价格总体上一致的变化趋势，在同一时间过程中，铝期货合约与铝现货价格基本处于同涨同跌的状态。这种价格变动方向的吻合建立了两个市场之间的联系，也使铝期货套期保值的目的与功能得以实现。

2. 铝期货套期保值的目的是追求“平稳”和“保值”

参与铝期货套期保值的企业须切记，套期保值是规避风险的平台，不是赚取利润的工具。铝期货的套期保值，追求的是对铝现货商品稳定购买或销售的一种保障，帮助企业更好地平抑经营管理中的风险，追求的是“平稳”和“保值”。

3. 套期保值的“盈”或“亏”都是出于保值的目的

套期保值作为保值的工具并不一定在期货上是盈利的，有时会出现一定亏损，但与此同时在现货市场上往往获得盈利；同样地，套保的盈利往往又能对冲掉现货市场上的亏损。因此，套保中的“盈”或“亏”都是企业在为现货保值过程中正常出现的情况，企业如果在套保操作中，害怕亏损的出现，则违背了套保的目的。

（二）确定铝期货套期保值的方向

参与铝期货套期保值的企业需根据企业自身面临的价格风险，确定相应的保值方向。套期保值理论上的买入保值和卖出保值，主要就是说“担心什么价格风险，就进行期货市场对应的操作”。

以电解铝冶炼企业为例，对于生产成本低于行业水平的企业，其主要的风险就是铝锭价格下跌的风险，如产品暂时未销售、销售但未确定价格、确定价格但对方违约等情况，这都需要做卖出保值。当然铝生产企业也可以进行买入保值的操作，这主要发生在以下情况中：期货市场价格明显低于企业成本，企业可买入期货降低开工负荷；买入期货市场中相应合约，为已签订销售合同提供货源，增加虚拟产量；在满负荷生产下，买入期货合约扩大企业真实产能。

（三）如何根据市场趋势判断及确定入场时机

铝相关企业套保入场时机的选择，应建立在对市场趋势性判断的基础上，而不是依赖瞬时铝期现货价格的相对高低就盲目进场。若只根据一时铝期货合约价格高于现货价格就进行卖出，如果后市期货价格趋势继续向上，企业的卖出保值将处于不利地位。因此，企业在做卖出或买入套保时都需要建立在对未来价格走势的预期判断上。

与此同时，入场时还需根据当时的市场行情，选择套期保值比率。理论上而言，套保的保值数量同风险敞口相当，但一般实际操作中，遵循具体情况具体分析的原则。以卖出保值为例，当市场价格处于上升态势中，保值比重可相对较小；当市场价格处于下降态势中，保值比重则相对较大；当市场价格处于整理状态之中，可根据企业自身意愿和情况进行选择。

（四）如何调节平仓了结和实物交割的比重

在铝期货套期保值的结束阶段，主要有两种了结方式——平仓了结和实物交割。以铝期货卖出保值为例，一般以平仓了结为主要方式，即在铝现货销售逐步完成后，对铝期货合约的卖出保值进行买入平仓。期货市场实物交割所占比重相对较小，主要是因为平仓了结的方式更灵活，而实物交割则需涉及运输、检验、入库等相关烦琐环节。

对于大型铝锭生产企业的卖期保值，了结的方式建议采用平仓了结和实物交割相结合，偏重平仓了结，同时将实物交割作为保障的方法。偏重平仓了结，会减少被套风险，相关铝企业可以根据当时市场及企业的状况随时作出调整，有利于企业主动性的发挥。同时结合实物交割，一是可以拓展铝现货商品的销售路径，扩大潜在的需求群体；二是可以利用铝生产企业天然空头的优势保护自身头寸。由于交易所对上市品种均有持仓限制和交割数量限制，大型企业可以申请套保额度来完善自身的了结方式。此外，相关铝企业也可以采用期转现的交割方式进行持仓了结。

七、铝冶炼生产企业如何利用铝期货的套期保值?

(一) 铝冶炼企业面临的风险

铝冶炼生产企业处于行业的上游，但却是铝价格波动风险的双向承受者。除少数氧化铝自给的企业外，铝的冶炼生产企业需要购买氧化铝进行电解提纯，得到原铝产品。由此可知，氧化铝与沪铝的价格是有显著相关性的，也就是说，铝的冶炼企业采购和销售都将面临铝价波动的风险。

这一类型的企业的业务流程往往可以概括为进项、中间环节以及销项。以冶炼企业为例，其业务流程相对简单，一般是先按照市场价格购买氧化铝，经历一段时间（加工周期）后生产出原铝，并且在市场进行销售。简言之，采购氧化铝—冶炼—出售原铝。

分析整个流程的收支状况：

采购氧化铝支出：氧化铝的市场价 × 数量

冶炼支出：冶炼成本

出售原铝收入：铝的市场价格或者交割价格 × 数量

因此，铝冶炼企业的利润等于出售原铝的收入减去冶炼成本再减去氧化铝的采购成本。

可以发现，铝冶炼生产企业的利润为其出售原铝的收入减去经营成本和采购成本。如果采购的氧化铝与期铝的价格有显著的相关性，而产品铝可以直接进行交割，运用期货价格定价，那么该企业的实际风险在于买入氧化铝和卖出铝之间的时间差中铝价格的变化，和氧化铝与期铝价格差额的变化。

分析其中的风险，可以通过期货市场规避掉的一部分是氧化铝和卖出铝之间的时间差铝价格的变化。如果铝价格比较稳定，那么这一部分风险可能不会很明显。但是实际上，期铝价格是每时每刻都在变化的，有时候，一个星期的价格波动就可以完全吃掉铝冶炼生产企业的冶炼利润。因此，对于铝冶炼生产企业来说，利用期货市场进行套期保值就是十分必要的。

（二）铝冶炼生产企业套期保值的模式

由于氧化铝的定价方式并不完全依照期铝价格，而是有多种定价模式，有的是按照月均价，有的是长期协议价。但是企业可以利用期货合约进行调整，需要遵循套期保值的四项原则，即商品种类相同、方向相反、数量相当、时间相同原则。也就是说，铝冶炼企业现货中按照什么模式购进氧化铝，在期货市场中就预先按照什么模式买入沪铝对冲原材料上涨的风险，等到实际购入原材料之后平仓。这样，氧化铝的价格波动就被锁定在一定的范围内了，对企业的平稳采购起到一定的促进作用。

铝冶炼生产企业在销售铝时，则需要在期货市场采取卖出保值。虽然操作的方向与对冲原材料风险的买入保值方向相反。但是由于生产与销售之间有一定的时间差，卖出保值应在较远期的合约内进行。

关于套期保值的比例则与上一段有类似的地方，除了要考量企业的实际经营状态、风险承受能力之外，也可以运用一些经济与金融的模型，使得企业效用最大化。

案例 5－5

电解铝企业的套期保值方案设计

1. 企业基本概况。甲公司是河南的一家电解铝厂，年产量在 6 万吨。企业买入氧化铝进行冶炼，直接产出电解铝。

2. 生产主要流程和风险敞口分析。如图 5－4 所示，铝的冶炼企业面临的风险是双向的，对于甲公司来说，处理好原料、原料库存、产品、产品库存的采购和销售价格将给企业带来巨大的效益。下面就企业中的风险敞口和与其对应的套保方式做一个分析和评估（见表 5－8）。

3. 套期保值方案的设计。甲公司是上下游敞口的企业，故对其上下游都要进行一定的套保操作。但是其操作并不是完全相同的，其中除了数量上的差别以外，最重要的是考虑如何使得企业在风险最小的情况下获得最大的利润。

对于此类型的企业，我们设计的套保方案是双向的，对于库存的管理和销货的管理进行统筹运作。由于加工电解铝需要周期，而且由于电解铝的设

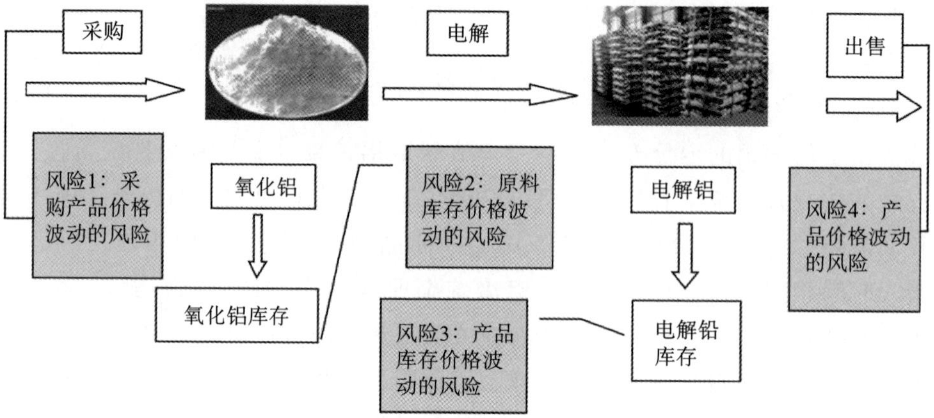

图 5－4 铝冶炼企业的生产流程

表 5－8 甲企业的风险敞口与套保模式分析

业务点	风险敞口	套保方式
氧化铝的价值管理	与期货铝的价格变动有一定相关性，且波动较大	在合适的价格进行买入套期保值
氧化铝库存的价值管理	产品价格受期货铝价格影响较大	在合适的价格进行买入套期保值
电解铝的价值管理	直接受期货铝价格影响	在合适的价格进行卖出套期保值
电解铝库存的价值管理	直接受期货铝价格影响	在合适的价格进行卖出套期保值

备必须连续 24 小时运作不能停转，所以企业一般会预留一部分氧化铝的库存。企业甲平均会预留 2 个月的氧化铝，在买入氧化铝之后，企业可以加上合适的利润，然后在加工周期之后，在准备销售的月份卖出一部分氧化铝产品。由于约 2 吨氧化铝产 1 吨电解铝，故操作流程设置如下：现货购买 X 吨氧化铝，期货市场同时卖出两个月后 X/20 手沪铝合约；两个月后，当销售电解铝时，平掉 X/2 手沪铝合约。理论上，如果基差无变化，企业可以获得平稳生产的正常利润，而没有经营风险；如果基差走强，那么企业可能获得一部分参与期货市场操作的超额利润；如果基差走弱，企业则有可能少量亏损。但是基差的变化，相对于沪铝价格的变化来说，相对平稳得多，故而企业在最小的风险下，保证了企业的平稳生产和运行。

4. 套期保值方案的实行。2023 年 4 月初，根据宏观经济和行业运行情况分析，预计铝价会有较大幅下跌。于是该铝厂按照每月5000吨的计划销售量，对生产的铝锭进行卖出保值。该铝厂在期货市场上分别以18300元/吨、18500元/吨、18700元/吨的价格卖出当年6月、7月、8月期货合约各5000吨。该铝厂的铝锭目标销售价是当前的现货价格18000元/吨。

进入5月，国内产能因复产快速回升，现货铝价开始下跌，该铝厂按预定的交易策略，从5月1日起，对应其每周的实际销售量对6月期货合约进行买入平仓。到5月末的套期保值操作过程如表5－9所示。

表5－9　　　　甲企业套期保值操作过程

	现货市场	期货市场
时间与结果	目标销售价18000元/吨 计划销售量5000吨	10月期货合约卖出价18300元/吨 合约数量5000吨（1000手）
第一周	实际销售量1500吨 平均销售价铝价17100元/吨 销售亏损135万元	10月合约买入平仓1500吨（300手） 平仓价17200元/吨 平仓盈利135万元
第二周	实际销售量1500吨 平均销售价铝价16600元/吨 销售亏损210元	10月合约买入平仓1500吨（300手） 平仓价16800元/吨 平仓盈利225万元
第三周	实际销售量1000吨 平均销售价铝价15700元/吨 销售亏损230万元	10月合约买入平仓1000吨（200手） 平仓价15800元/吨 平仓盈利250万元
第四周	实际销售量1000吨 平均销售价铝价15300元/吨 销售亏损270万元	10月合约买入平仓1000吨（200手） 平仓价15400元/吨 平仓盈利290万元
累计	累计销售量5000吨 累计销售亏损845万元	累计平仓5000吨（1000手） 累计平仓盈利900万元
合计盈利	55万元	

从上述结果来看，扣除2万元交易手续费后，实现盈利53万元，因此该铝厂实际的销售价格为18106元/吨，如果不通过套期保值，实际的销售

价格将是16310元/吨。结果表明，该铝厂通过在期货市场上进行卖出保值，有效规避了铝价下跌带来的经营风险，实现了目标销售价，稳定了企业的经营利润。

案例5－6

铝锭生产企业的套期保值操作

乙公司是一家主要从事铝锭生产的民营企业，年产能在4万吨左右，2020年1月，新冠疫情暴发，铝价大幅下跌，一度跌破了行业50%的成本线，也就是说有一半铝生产企业处于亏损的状态。乙公司原有库存2000吨，平均生产成本为16000元/吨，在这次危机中也遭遇了极大的损失。2020年2月，乙公司判断疫情过后，经济恢复必将使得未来铝价大幅回升，所以，该公司为减少亏损，开始采用"限售存库"的营销策略。两个月后，该公司的库存已有4000吨，但铝价并未出现大幅上升，并且由于囤积库存，公司的流动资金越来越少。而当时的铝价依然在成本线附近徘徊，公司处于进退两难的境地。于是，该公司采取了风险保值的策略。首先他们在现货市场上加大销售库存的力度，并且每日在期货市场上买入与现货市场上所销售库存数量相等的远期期货合约。几个月后，铝价逐步上涨，该公司将持有的多头合约平仓后，弥补了亏损，使其有效地摆脱了困境。具体操作过程见表5－10。

表5－10　乙公司套期保值操作过程

时间及结果	现货市场	期货市场
2020年2月27日	库存2000吨 平均成本16000元/吨	
2020年3月26日	库存2000吨 平均成本16000元/吨 现货价格11500元/吨 亏损900万元	
2009年4月14日	库存4000吨（新增库存2000吨）平均成本14000元/吨 现货价格11800元/吨 亏损880万元	

续表

时间及结果	现货市场	期货市场
2020 年 4 月 14 日—2020 年 5 月 15 日	销售库存 4000 吨 平均成本 14000 元/吨 平均销售价格 12700 元/吨 亏损 520 万元	8 月期货合约买入平均价 12200 元/吨合约数量 4000 吨（800 手）
2020 年 7 月 31 日		8 月合约买入平仓 4000 吨（800 手）平仓价 15000 元/吨，平仓盈利 1120 万元
累计	累计销售亏损 520 万元	累计平仓盈利 1120 万元
合计盈利	600 万元	

案例 5－7

基差扩大时的套期保值操作

2020 年 1 月 20 日，长江有色现货铝价格为 14250 元/吨，当时沪铝主力合约 0809 价格为 14665 元/吨。现货铝与期货铝价格之差即基差为 BASIS = 14250 － 14665 = －415 元/吨。由于新冠疫情暴发，预计到 2020 年 2 月 20 日时现货和期货价格都出现较大幅度的下跌，长江有色现货铝价格下跌到 13500 元/吨，沪铝期货价格也出现下跌，期货价格为 13650 元/吨。现货铝与期货铝价格之差即基差为 BASIS = 13500 － 13650 = － 150 元/吨，基差扩大。具体操作过程见表 5－11。

表 5－11　　企业套期保值操作过程

时间及结果	现货市场	期货市场	基差
1 月 20 日	14250 元	14665 元	－415 元/吨
2 月 20 日	13500 元	13650 元	－150 元/吨
套期保值结果	亏损 750 元	盈利 1015 元	基差扩大 265 元/吨
总体效果	1015 －750 =265 元/吨		

做套期保值所占用的初始资金为 14665 元 ×5 吨 ×10% ×200 手 = 1466500 元，建议投资者存入 300 万元资金。

没做套期保值时情形为：

2 月企业利润与 1 月相比将会由于现货价格下跌而下降 750 元/吨，利润损失为 750 元/吨 ×1000 吨 =75 万元，不包括仓储费在内。

做了套期保值时情形为：

在现货市场上损失利润为 750 元/吨 ×1000 吨 =75 万元。同时在期货市场由于早先卖出铝期货合约，期货价格下跌平仓后是盈利的。利润为 1015 元/吨 ×1000 吨 =101.5 万元。期货交易共需成本费用 37500 +（14665 − 13650）×14.53% =37582.1 元。

总体结合现货和期货两个市场看，现货市场上的损失可以用期货市场上的损失来弥补。而且 2 月相比 1 月还出现净盈利为 265 元/吨，总体净盈利为：265 ×1000 − 37582.1 =227417.9 元。

由此可见，通过做套保可以很好地锁定销售利润，规避市场风险。

八、铝贸易企业如何利用铝期货进行套期保值？

铝贸易企业的经营过程简单表述为：采购—流通—销售。企业的利润用一个等式来表述就是：利润 = 销售价格 − 产品成本。一旦销售价格或者产品成本不确定，那么利润就是不确定的。套期保值的目的就是同时锁定产品的销售价格和原料的采购价格，保证企业取得稳定的流通利润。

（一）铝贸易企业的套期保值需求

1. 为采购中的铝保值

为防止铝价上涨损及利润，通过建立一定量多单，形成虚拟库存，在未来行情上涨过程中，企业不断平仓，以实现实际采购的低成本。

2. 为销售的铝保值

为防止铝价下跌造成企业资产减值损失，企业通过建立一定量空单，在行情下跌过程中不断平仓，通过期货市场的盈利对冲实际销售因价格下跌带来的损失，最终起到降低实际成本的目的。

（二）贸易企业采购定价模式

目前铝贸易商对铝的采购主要有月均价和现货价两种方式，企业需要根据自己采购定价的模式以及两种模式在采购量中的占比来调整企业采取套期保值的头寸比例。

（三）铝贸易企业的套期保值策略

1. 针对采购中的铝的套期保值

国内采购。对于贸易商而言，如何以较低的价格采购到现货是采购的关键。因此，在价格具有吸引力的时候，企业可以提前采购，建立虚拟库存。当市场价格出现上涨的时候，企业可以通过期货市场的盈利来弥补现货采购成本的增加。

海外采购。海外采购方面企业主要采用的是点价方式，实际上类似于海外的现货价格采购。企业可以通过外盘建立虚拟库存以获取较低成本的原料。不过，考虑到金属品种内外盘价格走势具有很强的相关性，在正常情况下，企业亦可以通过内盘的买入来建立虚拟的外购库存，但需要注意内外盘价差的变化。

2. 针对销售的套期保值

销售保值实际上是为了防止铝价格出现下跌而进行的保值。企业可以根据市场的情况，找到合适的相对高位在期货市场上做空。未来企业在销售过程中可以逐步平仓以实现锁定的销售利润。下面按照月均价销售和现货销售两种模式分别讨论。月均价销售模式中，因为企业不管何时销售、销售的价格是多少，最终结算的方式都是月度平均价格，企业实际上被动接受市场所形成的平均价格，而不能选择相对高价销售产品。因此，在操作过程中，企业可以在相对合适的价格上做空头保值，在未来的一个月内将这部分保值头寸逐日平仓，实现企业锁定高价销售的目的。按市场价格销售，企业同样是可以选择相对理想的高价作为保值。未来企业在现货市场上销售多少即在期货市场平仓多少，以锁定高价销售的目的。

3. 采购销售保值的对接

以上所述的采购保值和销售保值是将采购和销售分裂开来看时的处理

方式。但企业在经营过程中需要结合采购和销售两方面情况，因为按照上述方案，企业会在当时既有建仓又有平仓，实际上这两方面操作可以相互抵消。此外，市场价格的波动虽然会影响现货的采购价格，但同时也会同方向影响企业的销售价格。理论上讲，如果当日采购和销售的量一致，现货市场价格波动对采购和销售风险是可以相互对冲的。但实际情况中，企业采购和销售往往并不会一致，采购和销售的定价机制也就导致了风险头寸的暴露。

在实际操作过程中，企业仍要视未来行情的研判来确定需要保值的方向：

当行情处于上涨过程中，企业可以多建立一定数量的多单以建立虚拟库存，在未来行情上涨过程中，企业不断平仓以实现实际采购的低成本；

当行情处于看跌过程中，企业可以先建立空单为库存做保值，在行情下跌过程中，企业在销售中不断平仓以锁定实际销售的高价；

当行情处于不确定状态，企业从稳健的原则出发，只追求流通利润，此时，任何风险敞口均要利用期货市场进行保值以规避市场剧烈波动的风险。

大部分贸易企业主要是协议价格购进，而销售则是随行就市，本部分就此类贸易企业的套期保值进行案例分析。

案例 5 - 8

铝贸易企业的套期保值操作

某铝贸易公司与某铝厂签订采购铝锭 8.75 万吨的合同，合同期为两个月，价格为：当月长江现货均价 + 运费。企业每月买入的铝，在销售过程中按照市场价随机销售。该贸易企业正常库存 5000 吨。

2020 年 12 月，有色金属价格持续上涨，铝价也连续走强。公司认为长江现货铝价在未来一两个月有可能继续上涨，并判断价格可能上涨至 16300 ~ 16600 元/吨，价格下方 14500 ~ 14700 元/吨则有强支撑，预算决定 2021 年 1 月当市价进入阶段性高位时对未来剩余合同采购铝锭灵活进行套期保值以规避大幅波动带来的风险，并在市价高于 16800 元/吨时维持最低库存（接近为零）。

根据以上对铝价走势的判断，该公司制定总体保值策略为：

(1) 当价格继续上涨达到判断的波动上限区间16300~16600元/吨时，主要为做卖出套保，为协议铝保值；

(2) 当价格下跌达到判断的波动下轨14500~14700元/吨时，主要做买入套保，做虚拟库存。

该企业主要在沪铝2102和2103合约上，进行卖出保值，12月7日至12日，铝价持续上涨至预估的波动区间上轨，企业决定入场为本月剩余采购量做卖出套保。而每日建仓比例则由交易员根据价格涨幅相对灵活确定。到12月12日，该企业共建卖出保值头寸2.55万吨，相当于现货3万吨的保值量，而此时本月剩余采购量为3.25万吨，保值比率为92%，基本覆盖暴露风险。在铝价如期下跌后（12月13日至22日）择机逐步了结库存对应的保值头寸。该企业在1月铝价继续回调至预计的波动下轨时，进行了买入保值，建立了与实际库存相等的虚拟库存，并在反弹中平仓，使得企业在当月相当于销售增加了5000吨。具体操作过程如表5-12所示。

表5-12　　铝贸易企业的套期保值操作过程

日期	期货市场			现货市场		
	合约	操作	持仓	库存（吨）	销售（吨）	采购总量（吨）
2020年12月10—17日	—	—	—	5000	7500	7500
2020年12月18日	AL2102	卖出/开仓 1万吨×85%=0.85万吨	空头 0.85万吨	4000	3500	10000
2020年12月21日	AL2102	卖出/开仓 0.5万吨×85%=0.425万吨	空头 1.275万吨	3000	3500	12500
2020年12月22日	AL2102	卖出/开仓 0.5万吨×85%=0.425万吨	空头 1.7万吨	2000	3500	15000
2020年12月23日	AL2102	卖出/开仓 0.5万吨×85%=0.425万吨	空头 2.55万吨	0	4000	17500

续表

日期	期货市场			现货市场		
	合约	操作	持仓	库存（吨）	销售（吨）	采购总量（吨）
2020年12月24日—2021年1月4日	AL2102，择机移仓至AL2103	买入/平仓 0.8吨×85%=0.68万吨	空头 1.87万吨	0	20000	37500
2021年1月6—11日	AL2103	买入/平仓 2.2万吨×85%=1.87万吨 开始筹备买进建虚拟仓库	0	0	10000	47500
2021年1月12日	AL2103	—	—	0	2500	50000
2021年1月13日	AL2103	—	—	500	2000	52500
2021年1月16日	AL2103	买入/开仓 1000吨×85%=850吨	多头 850吨	1000	2000	55000
2021年1月17日	AL2103	—	多头 850吨	1500	2000	57500
2021年1月18日	AL2103	买入/开仓 1000吨×85%=850吨	多头 1700吨	2000	2000	60000
2021年1月19日	AL2103	买入/开仓 1000吨×85%=850吨	多头 2550吨	3000	1500	62500
2021年1月20日	AL2103	买入/开仓 1000吨×85%=850吨	多头 3400吨	4000	1500	65000
2021年1月23日	AL2103	卖出/平仓 2000吨×85%=1700吨	多头 2550吨	5000	10000	75000
2021年1月24日	AL2103	卖出/平仓 2000吨×85%=1700吨	0	5000	12500	87500

备注：（1）以上操作中，期货价格为含税价，而期货盈亏无须缴纳增值税，因此保值量为实际量的85%，以规避增值税部分风险（当然也可根据行情走势变化来调整保值比例）；（2）保证金比例在临近交割时，现货合约保证金比例会有所提高，另外，遇到单边连续停板或长假前后，也会有相应提高。

九、铝加工企业如何利用铝期货进行套期保值？

铝加工企业的经营过程简单表述为：原料采购—生产加工—产品销售。加工企业要获得稳定的加工利润，必须要让生产经营具有连续性，一旦生产和销售出现不相匹配的情况时，风险就出现了。加工企业无法通过现货市场来回避这种风险，而期货市场正好为企业提供了进行风险管理的场所。

企业的利润用一个等式来表述就是：利润 = 销售价格 - 产品成本。一旦销售价格或者产品成本不确定，那么利润就是不确定的。套期保值的目的就是同时锁定产品的销售价格和原料的采购价格，保证企业取得稳定的加工利润。

分析铝加工企业的经营风险，大致来自以下两个方面：

一是原料已经采购或者已经确定采购价格，而产品还未销售或者还未确定销售价格，此时承受着销售价格下跌的风险。企业为了有计划地组织生产，在采购原料时都会多采购一些，由此产生了适量的库存原料，也有些企业认为目前原料价格较低，会多备货，期货价格上涨带来原料升值的收益，实际上是一种投机，但是市场价格是变幻莫测的，一旦销售价格下跌企业就要面临亏损。

二是产品销售价格已经确定，而原料未采购或者还未确定采购价格，此时承受着原料价格上涨的风险。例如，加工企业签订的销售合同是两个月以后交货的，签合同的时候，按当时市场价格计算，合同是盈利的，但是等企业准备采购原料加工的时候，价格已经涨起来了，如果原料价格达到甚至超过了产品销售价格，那么企业就毫无利润可言。

因此，铝加工企业在原料购价已定、产品售价未定时，在期货市场采取卖出保值策略；而在原料购价未定、产品售价已定时，在期货市场采取买入保值策略。在具体操作上，企业要结合自身的原料采购和产品销售定价方式，做到灵活运用。

从以上的分析也可以看出，铝加工企业的风险敞口与铝贸易企业类似，都主要集中于采购和销售部分，故其套保策略总体思路上是一致的，这里不再赘述。

下面通过部分案例来说明套期保值如何使铝加工企业的风险通过期货市场得以控制。

案例 5－9

铝加工企业的套期保值操作

2021 年 12 月 15 日，A 铝加工企业通过“竞价”方式获得某企业订货合同，合同规定：在签订合同后两个月内，A 企业以“当月长江现货均价＋加工费＋运费”的价格向该企业供应 4.7 万吨铝产品。按照企业生产采购计划，需要在 12 月 16 日至次年 2 月 12 日之间 42 个交易日中，每日采购铝 1000 吨，企业原有铝库存约为 5000 吨，总采购量为 4.2 万吨。而 2021 年底，铝价持续上涨，公司认为长江现货铝价在未来一两个月有可能出现高位震荡，并判断波动上限区间为 17200～17500 元/吨，波动下限区间为 15600～15900 元/吨，为了规避铝原材料价格波动带来的风险，A 企业可以在沪铝 2102、2103 等合约上进行买入保值或卖出保值。

根据以上对铝价走势的判断，该公司制定总体保值策略为：

（1）当价格继续上涨达到判断的波动上轨区间 17200～17500 元/吨时，面临销售价格下降或积压库存贬值的风险，需要进行卖出套期保值；

（2）当价格下跌达到判断的波动下轨区间 15600～16000 元/吨时，主要为将买入的原材料做买入保值。

具体操作过程如表 5－13 所示。

表 5－13　　铝加工企业的套期保值操作过程

日期	期货市场			现货市场		
	合约	操作	持仓	库存（吨）	销售（吨）	采购总量（吨）
2020 年 12 月 16—17 日	—	—	—	5000	—	2000

续表

日期	期货市场			现货市场		
	合约	操作	持仓	库存（吨）	销售（吨）	采购总量（吨）
2020 年 12 月 18—25 日	Al2102	买入/开仓 3 万吨 ×85% =2.55 万吨 达到预估下轨，择机建立买入套保，套保比例为 88%	多头 2.55 万吨	5000	—	80000
2020 年 12 月 28 日—2021 年 1 月 28 日	Al2102	卖出/平仓 3.5 万吨 ×85% =2.975 万吨 价格突破下轨，逐步卖出平仓	0 吨，如价格继续下跌考虑库存保值	5000	—	31000
2021 年 1 月 29 日—2 月 9 日	Al2102	卖出/开仓 5000 吨 ×85% =4250 吨 价格进入预估上轨，为库存做保值	空头 4250 吨	5000	—	39000
2021 年 2 月 10—12 日	Al2102	买入/平仓 5000 吨 ×85% =4250 吨 随着库存转化为产品而平仓建立的保值头寸	0 吨	5000	47000	42000

备注：（1）以上操作中，期货价格为含税价，而期货盈亏无须缴纳增值税，因此保值量为实际量的 85%，以规避增值税部分风险（当然也可根据行情走势变化及企业经营情况来调整保值比例）；（2）保证金比例在临近交割时，现货合约保证金比例会有所提高，另外，遇到单边连续停板或长假前后，也会有相应提高。

案例 5 -10

企业采购时采用的套期保值操作（一）

甲公司是浙江的一家铝型材厂，月均用铝 1000 吨，采购定价以当日长江现货市场报价为准，销售定价以发货日长江现货市场报价再加上加工费。2020 年 2 月 3 日，该公司签订了一份一个月后交货的加工合同，加工铝合金复合板 1000 吨，双方以发货日长江现货市场价格加 1000 元加工费确定提货价格。由于当时正处新冠病毒扩散期间，市场普遍悲观，甲公司预计铝价会下跌。为了回避日后铝价下跌的风险，决定为其采购的 1000 吨铝锭进行保值，于2020年2月7日在上海期货交易所卖出1000吨2020年4月到期的铝期货合约，价格为14000元/吨。2020年3月7日，甲公司按合同价格发货，并在期货市场上平掉了铝2004合约的空头头寸。具体操作过程见表5－14。

表5－14 企业套期保值操作过程

时间	现货市场	期货市场
2月7日	铝价：13700元/吨	铝价：14000元/吨
操作	买入：13700元/吨×1000吨＝13700000元	卖出开仓：14000元/吨×1000吨
7月6日	铝价：10500元/吨铝价：10700元/吨	
操作	卖出：（10500元/吨＋1000元/吨）×1000吨＝11500000元	买入平仓：10700元/吨×1000吨
盈亏	亏损：13700000元－11500000元＝2200000元	盈利：3300元/吨×1000吨＝3300000元
合计盈亏：3300000元－2200000元＝1100000元		

此案例中，属于原料已采购产品未销出的情况，企业面临着铝价下跌的风险，需要做卖出套期保值，所以甲公司在现货市场买入铝锭的同时，在期货市场卖出合约。在这一个月内，铝现货价下跌了3200元，甲公司赚取的加工费是100万元，而原料跌价损失是320万元，如果没有做卖出保值，铝价下跌将会吞噬掉所有的加工利润，甲公司这笔合同亏损220万元。但在做了卖出保值后，期货账户盈利330万元，所以甲公司最终盈利仍有110万元。

实际操作中的调整：

表5－14中的保值计划，是严格按照库存和销售情况进行的，在有些情况下，铝价行情会随时出现变化，根据对铝走势的判断，对建仓、平仓时间、价位和合约的有效选择，可以极大程度上提高保值效果。

上面的例子中，如果企业感觉到产品销售转暖，日常采购开始紧俏，那么就要开始调整保值头寸比例，甚至考虑保证采购成本而进行买进保值头寸的建立。此外，铝基差和月价差的变化会在很大程度上影响保值效果。因此，在实际操作中，应予重点关注，适时调整策略。

案例 5－11

企业采购时采用的套期保值操作（二）

乙公司是一家主要从事铝锭加工的民营企业，年加工铝锭量在30000吨左右，其日加工能力为10吨左右。该企业在进货渠道上采取临时采购的方式，通常当天电话提货，隔日就能到货，因此库存较少，基本不需要进行卖出保值。但由于下游采购订单较大，加工周期较长，对原材料的成本要求较高，同时全球金融危机已进入尾声，经济刺激政策纷纷出台，大宗商品市场开始出现系统性修复的迹象，该公司认为铝价还会上涨，所以乙公司认为需要进行买入套期保值。具体如表5－15所示。

表5－15　　企业套期保值操作过程

时间	现货市场	期货市场	基差收益
4月16日	以12000买入10吨铝锭	以11980买入10手905合约	开仓手续费150元
4月17日	到货10吨，开始加工	持有10手905多单	
4月20日	以12000买入10吨铝锭	以12000卖出平仓2手905合约多单	盈利170元
4月21日	到货10吨，继续加工	持有8手905多单	
4月22日	以12050买入10吨铝锭	以11995卖出平仓2手905合约多单	盈利120元
4月23日	到货10吨，继续加工	持有6手905多单	
4月24日	以12100买入10吨铝锭	以12000卖出平仓2手905合约多单	亏损330元
4月27日	到货10吨，继续加工	持有4手905多单	
4月28日	以12180买入10吨铝锭	以12230卖出平仓2手905合约多单	盈利1470元
4月29日	到货10吨，继续加工	持有2手905多单	
4月16日	加工完毕持有2手905多单		
4月17日	出货以12360卖出	平仓2手905合约多单	盈利1970元
总计	成本增加3300元	平仓获利6850元	盈利3250元

乙公司2020年4月16日接到一笔订单，加工铝棒50吨，预计工期10天，双方根据3月2日长江现货价格12000元/吨加500元/吨加工费确定提货价格，并预付50%的定金，该企业向本地的一家贸易公司下达了每两天送货一次，每次10吨的订货单，考虑到铝价处于底部区域，金属价格有反弹的可能，该企业担心铝价上涨带来利润缩水，因此进行了买入保值。

此案例中，属于产品售价已定、原料购价未定的情况，企业面临铝价上涨的风险，所以在期货市场上采取买入保值策略。乙公司在签订销售合同的同时在期货市场买入合约。由于在销售的同时就在期货市场买入保值，后市不管价格如何变化，这份合同的利润都是得到保障的。从最终结果来看，乙公司如不进行套期保值，需承担进货过程中增加的3300元成本，其中每吨增加66.6元的成本。但通过在期货市场的保值交易，不但节约了3300元成本，还额外获利3250元。并且，企业只需要在期货市场用少量的保证金就可以锁定原料成本，大大提高资金的使用效率。

实际操作中的调整：表5－15中的保值计划，是严格按照合同订立期和采购节奏进行的，但是在实际操作中，根据对铝价走势的判断，对建仓时间、价位和建仓合约的有效选择，可以极大地提高保值效果。在建仓和持仓过程中，如果合约价差结构发生变化，不一定严格按照操作计划程序进行，可以结合跨期套利的操作技巧分配各月份合约头寸进行移仓，有机会赚取月价差变化的额外收益。

十、铝相关企业开户的具体流程是怎样的？

在实际参与铝期货的交易之前，企业必须先在期货公司开户，包括开立交易账户，签订期货合同文件，建立印鉴卡档案，并由期货公司代为申请交易编码。此后，进行套保操作的铝相关企业，其资金进出需要以期货合同文件约定的方式为准。资金到位及编码申请完成后，即可以开始交易。

铝相关企业开设的账户，一般称为公司账户，即法人账户，是指以公司、企业名义所开设的账户，可采用以下方式管理：第一，由公司自行负责管理，买卖交易完全由公司自行决定，自行进行；第二，委托交易代理人代为管理，公司账户所有者通过书面授权方式，在法律上赋予委托人一定的权力，在授权范围内委托交易代理人代为管理。开设法人账户时，开户流程如图5－5所示，需要提供的材料如下：

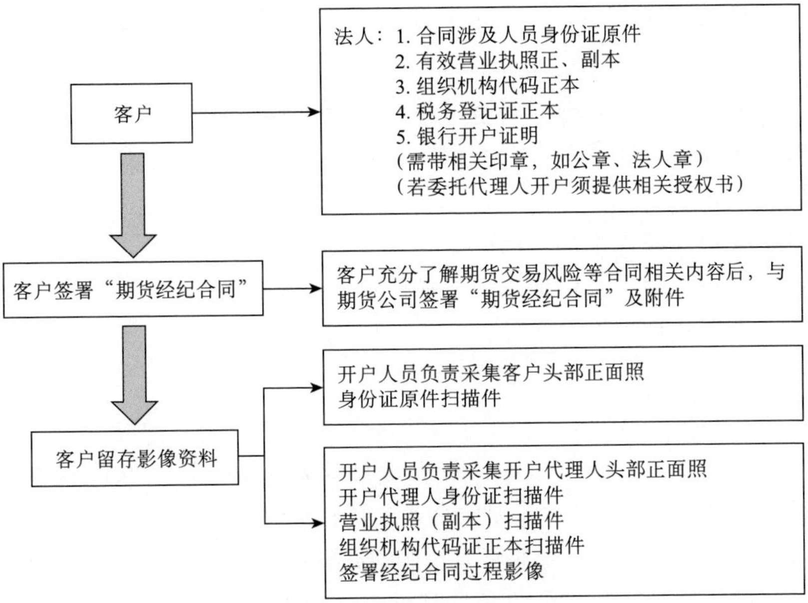

图 5－5　客户开户流程

（1）“企业法人营业执照”副本复印件；

（2）国税税务登记证正本复印件；

（3）银行开户许可证正本复印件；

（4）企业机构代码证副本复印件；

（5）法定代表人身份证复印件；

（6）指令下达人、资金调拨人、结算单确认人身份证复印件；

（7）非法定代表人本人签署合同，需提供由法定代表人签署的授权委托书。

开设法人账户，需要签署以下资料：

（1）“期货经纪公司尽职登记表”；

（2）“开户申请表”（法人必须填写结算账户，同一家银行只能填一个，但可以填工商银行、农业银行、中国银行、建设银行、交通银行五家银行共五个账户）；

（3）“期货经纪合同书”（一式两份）；

（4）法人户非法定代表人签署经济合同，法定代表人必须签署“法人授权书”；

（5）法人户必须签署“代理人授权书”（机构），以明确授权的个人及内容；

（6）如有居间人，另需签署“居间人身份确认书”。

根据证监会的规定，在开户时，期货公司需要向法人客户采集影像资料，具体如下：

（1）开户代理人头部正面照；

（2）开户代理人身份证正面扫描件；

（3）营业执照副本扫描件；

（4）组织机构代码证副本扫描件。

法人开户的注意事项：

（1）法人开户，须由法定代表人亲自签署经纪合同，或持有代表人亲笔签署的“法人授权书”，并加盖企业公章；

（2）法人开户，需在企业营业执照的有效期，如超出有效期，不得开户；

（3）法人客户提供的所有复印证件都必须加盖企业公章；

（4）“期货交易风险说明书”每一联都需要加盖公章，不能用公章复印件。

十一、铝相关企业出入金的操作方式和操作流程是怎样的？

（一）银期转账及银期转账出入金办理流程

银期转账是法人客户最方便的一种出入金方式，开通后按规定操作即可完成资金实时转账。具体办理流程是：客户签署开户文本，确定期货结算账户，开户人员录入开户信息及期货结算账户信息后，发给客户相应的“银期转账协议书”；客户持营业执照、机构代码证、法人授权委托书、法定代表人身份证复印件等（具体参照各银行“银期转账协议书”的规定），到期货结算账户所开立的银行相关柜台，据实填写“银期转账服务开户申请表”，签订“银期转账协议书”及办理相关手续。

客户可以通过网上交易系统、网上银行、电话银行、储蓄柜台等方式办理银期转账出入金。

（二）什么是网银出入金？网银出入金办理流程是怎样的？

运用网银出入金亦具有资金到账速度便捷的特点，如图 5 - 6 所示。

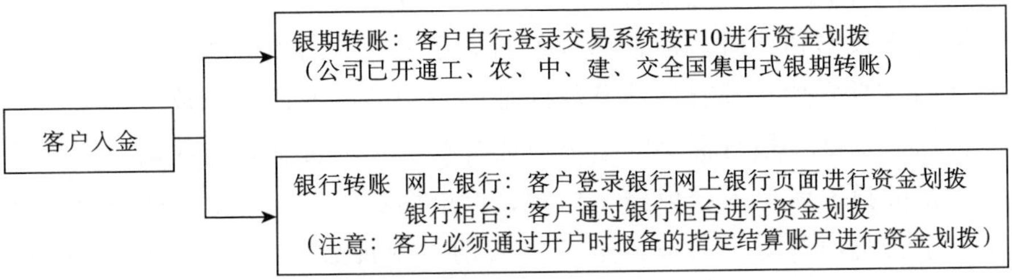

图 5 - 6　客户入金方式比较

具体操作中，客户须在五大结算银行开立账户并登记为期货结算账户；根据各银行要求，填妥相应的表格并盖章后到银行开通网上银行功能。客户应以“同行加急”的方式划款到期货公司“同行”保证金账户，这样能确保资金的实时到账，并请注明用途为“期货保证金”。打印划款底单并注明入金的期货资金账号传真到期货公司财务部。公司财务人员查询资金到账后为客户办理入金手续。客户在公司网站下载“取款凭证”，按照取款凭证上的内容分别填上客户名称、期货资金账号、收款全称、银行账号、汇入省市一级汇入行、取款人签字，并在取款人处盖上公章或财务专用章后传真到公司财务部。经结算部审核，并在结算系统减少客户保证金后，财务部办理网上划款，如图 5 - 7 所示。

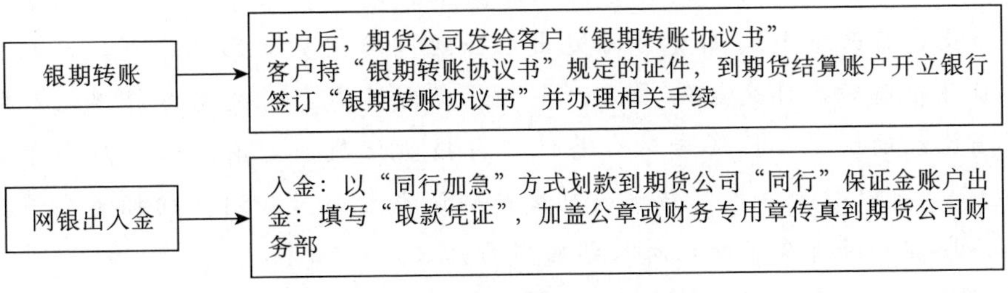

图 5 - 7　银期转账和网银操作详细

中国期货保证金监控中心运作原理主要基于以下几个方面：

根据期货结算银行上报的期货经纪机构的保证金账户的每日余额与期货经纪机构上报的每日投资者权益数额相核对，检查每日各期货经纪机构吸纳的所有的投资者资金是否足额存放在期货保证金封闭圈内，各期货经纪机构存放在保证金封闭圈内的自有资金是否符合监管部门的要求。

根据各期货交易所上报的每日交易结算数据与期货经纪机构上报的投资者交易结算数据相核对，检查每日各期货经纪机构向投资者提供的成交、持仓、交割、交易盈亏等交易结算数据是否与交易所的记录一致。

根据期货结算银行提供的每个保证金账户下的资金划转数据与期货经纪机构上报的投资者出入金数据相核对，检查期货经纪机构上报的投资者出入金记录是否与银行记录一致、是否按《期货保证金安全存管管理办法》及其规则的规定办理出入金、是否存在挪用投资者保证金的行为。

延伸阅读

企业如何进行期货结算单查询

投资者登录中国期货保证金监控中心网站（www. cfmmc. com），查询最近两个月（当月及上月）的交易情况，并对交易结果进行确认。

投资者每次登录期货交易系统时，系统都会自动弹出投资者上一交易日的交易结算单，投资者必须确认才能进入交易系统。

期货公司打印后交给投资者或者直接邮寄给投资者。

投资者携带有效身份证件到期货公司营业网点和曾办理开户手续的期货公司营业部自取交易结算单。

注：若投资者因为某种原因无法或未收到当日交易结算单，应于下一个交易日开市前向期货公司提出，否则视同投资者已经收到。未在交易日开市前对前日交易结算提出异议，视为投资者对交易结算单记载的事项已经确认。若投资者对交易结算月报所记载内容有异议，应当于当月15日前以书面方式（传真或提交并确认期货公司收到）向期货公司提出，期货公司将及时处理所收到的书面异议。

十二、铝相关企业在套期保值中常见的误区有哪些？

在铝企业参与套期保值的过程中，我们看到，很多企业利用铝期货，有效规避了现货市场上的风险，稳定了生产与经营活动，使套期保值的目的与功能得到了充分发挥。尽管如此，我们也看到，目前在铝期货的套期保值中，部分企业在具体实践中依然存在不少误区。

（一）定位不明确

国内许多铝相关企业刚进入期货市场时，潜意识地把期货市场当作博取差价的“赌场”，这样非但没有起到避险的作用，反而加大了企业的运营风险，企业的可持续发展受到了极大的威胁。正确的套期保值目标应该是，企业在管理好价格风险的同时，专心致力于生产和经营，获取正常的经营利润。

（二）认为套期保值没有风险

在企业参与铝期货套期保值的过程中，风险的出现是大概率事件。首先，基差风险的存在，使得铝现货和期货价格未必同步或同幅度变化，套保效果未必完全有效，可能期货盈利不能完全弥补现货亏损。其次，存在保证金追加风险，使得套期保值即便结果不亏，但是在过程中如果出现亏损，就要求追加保证金，一旦企业资金紧张，就可能带来强行平仓的风险。除此之外，套期保值还有操作风险、流动性风险和交割风险等。

（三）认为套期保值不需要分析行情

尽管铝的期现货价格走势存在较强的一致性，但毕竟有所差异，如果仅根据铝现货市场上的操作思路入市，并不能确保取得理想的套保效果。正确的做法应该是在了解宏观环境下的操作策略与铝基本面变化的前提下，明确入市时机，尤其需要注重从基差角度判断入场点和出场点。

（四）管理运作不规范

近些年，许多现货企业从事套期保值出现的重大亏损，多半是由于风险管理制度不健全或者套期保值的组织结构不合理等原因导致的。例如，在1996年著名的“住友事件”中，住友商社有色金属交易部部长、首席交易员滨中泰男，利用公司的名义以私人账户进行期铜交易，给住友商社造成了19亿美元的巨额损失。该事件中，滨中泰男的个人行为固然值得谴责，但企业监管制度上的巨大漏洞更是提供了风险滋生的温床。

（五）教条式套期保值

众所周知，期货市场套期保值业务操作应该遵循四大基本原则，即商品种类相同或相关、商品数量相等或相当、月份相同或相近以及交易方向相反。但铝现货企业参与套期保值时，如果只是教条式运用以上原则，不结合企业和市场当时的情况有所变通的话，往往达不到理想的套保效果。

例如，从商品数量相等或相当原则看，企业在做套期保值时不应留有风险敞口。但是实际情况中，铝现货企业可以选择部分套保，而不必硬性规定完全套保。有时，完全套保会占用企业大批资金量，在企业资金紧张以及期货头寸出现较大亏损的时候，很容易给企业带来现金流风险。

再如，从月份相同或相近原则看，国内铝期货市场上往往存在近期合约成交活跃、远期合约成交较少的情况，对铝现货企业来说，一般根据全年的原材料采购计划或者产品销售计划制定套期保值方案，若是企业坚持月份相同或相近原则，必须在与此相对应的期货合约月份进行操作，这样很容易给企业带来头寸流动性风险。

延伸阅读

住友事件（1995—1996年）

住友公司是日本集金融、贸易、冶金、机械、石油、化工、食品和纺织为一体的一家超大型集团。在全球500强企业中，一度排名第22位。公司通过控股或参股等形式拥有全球包括智利、菲律宾等国众多铜矿山和冶炼厂部分或全部股份。住友公司很早就参与伦敦金属交易所的金属交易。1987年初，当伦敦金属交易所期货铜价在1300美元/吨徘徊时，住友公司的操盘手滨中泰男在期货市场逐步建立了大量的铜远期合约。到1988年中，伦敦铜价暴涨至2500美元/吨，滨中泰男从期货市场套取了巨额利润。从20世纪80年代中期到1996年住友铜事件之前近10年的时间里，滨中泰男在伦敦铜期货市场"叱咤风云，呼风唤雨"，屡屡得手。由于其经常控制着伦敦铜市场5%以上的成交量和未平仓合约，加之住友本身就是伦敦金属交易所非常活跃的大鳄，因此滨中泰男获得"百分之五先生"称号。

20世纪90年代前期，中国和南美的一些企业纷纷败在"西方列强"默契的攻击中。一批弱者被消灭后，这些强者一时难以找到对手。于是，烽烟在列强之间燃起。由于住友商社是当时伦敦和纽约市场的大多头，终于被欧洲和美国大型基金锁定。

据当时业界人士估计，1994—1996年，滨中泰男控制的铜期货头寸在100万~200万吨之间。与此同时，伦敦3月期货铜价从1993年底的1650美元/吨左右一直飙升至1995年初的3075美元/吨高位。1994—1996年初，滨中泰男通过人为地控制现货，长期大量控制伦敦金属交易所的铜仓单。他控制的伦敦金属交易所铜仓单最高时占交易所的90%之多，使得伦敦铜期货市场长期处于现货升水的状态，远期大大低于近期，以此遏制市场的远期抛盘，人为抬高价格。

但是，对手也非常强悍，据说其中有量子基金、罗宾逊老虎基金、加拿大金属贸易商Herbert Black、美国基金Dean Witter以及欧洲一些大型金属贸易商。他们针对住友的多头大量抛空，从3000美元/吨以上一路抛压，伦敦铜价从3075美元/吨高点跌至1995年5月的2720美元/吨左右。但顽强的滨中泰男并没有轻易就范，当年七八月又把铜价拉升至3000美元/吨以上。

1995年末，美国商品期货交易委员会开始对住友商社在美国国债和铜期货市场的异常交易情况进行调查，在美国的通报与压力下，伦敦金属交易所也开始了调查。在调查压力下，伦敦铜价下跌至2420美元/吨左右。但滨中泰男并没有放弃战斗，经过顽强的抵抗，铜价在1996年5月又拉升至2720美元/吨以上。多次较量后，索罗斯等基金也感觉到筋疲力尽，几乎都想放弃了。然而，就在基金欲放弃战斗时，5月美国商品期货交易委员会和伦敦金属交易所宣布准备对住友采取限制措施，有关滨中泰男将被迫辞职的谣言也四处流传。基金终于捞到了最后一根“救命稻草”。在新一轮的强大攻势下，伦敦铜价从5月的2720美元/吨高位一路狂泄至6月的1700美元/吨左右，短短一个多月，跌幅超过1000美元。住友商社以彻底失败而告终，据估计，住友的损失高达40亿美元。

十三、铝相关企业如何建立和完善套期保值的业务管理制度和运作流程？

铝相关企业在参与套期保值之前，必须建立好相应的业务管理制度与运作流程，并在实际操作中不断完善，以有效地应对可能出现的风险。

1. 在期货持仓数量与时间的规定上，期货持仓量原则上不得超过实际现货交易的数量，期货持仓时间原则上也不得超出现货合同规定的时间或该合同实际执行的时间。

2. 在资金准备上，铝现货企业应具有与套期保值保证金相匹配的自有资金，不得使用募集资金直接或间接进行套期保值。应严格控制套期保值的资金规模，不得影响公司正常经营。

3. 在组织架构上，如果企业规模较大，一般是由总经理组织建立期货领导小组，负责公司期货的整体决策。下设期货业务主管、合规管理经理、期货业务交易部门、期货业务结算部门、期货业务监督部门。

公司的期货业务由采购部具体负责，采购部总监就公司期货业务向期货业务主管负责。公司设置期货业务合规管理经理岗位，合规管理经理直接对公司期货业务主管负责。

公司按以上组织机构在采购部及财务部设置期货交易业务的相应岗位，具体如下：（1）交易员：由专职人员担任；（2）结算员：由专职人员担任；（3）风险管理员：由专职人员担任；（4）资金调拨员：由财务部经理兼任；（5）交易确认员：由结算员兼任；（6）会计核算员：由财务部会计核算员兼任；（7）档案管理员：由采购部档案管理员兼任。

在具体的操作过程中，公司还需要建立全面的风险管理制度、档案管理制度、保密制度和合规制度。工欲善其事，必先利其器，只有制度完备，企业才能合理地利用期货市场来回避风险。

对于铝现货企业在套期保值过程中相关机构、人员与管理制度的具体设置，我们利用一个案例来加以演示。

案例 5－12

企业套期保值机构设置

A 企业是一家专门从事铝锭加工的企业，作为生产原材料的电解铝全部来自外部采购，其在实际经营中面临原材料采购以及库存保值的风险。在参与铝期货套期保值的过程中，A 企业进行了相应的机构、人员以及管理制度的如下设置。

（一）套期保值机构及人员配置

A 企业的套期保值机构按图 5－8 结构设置。

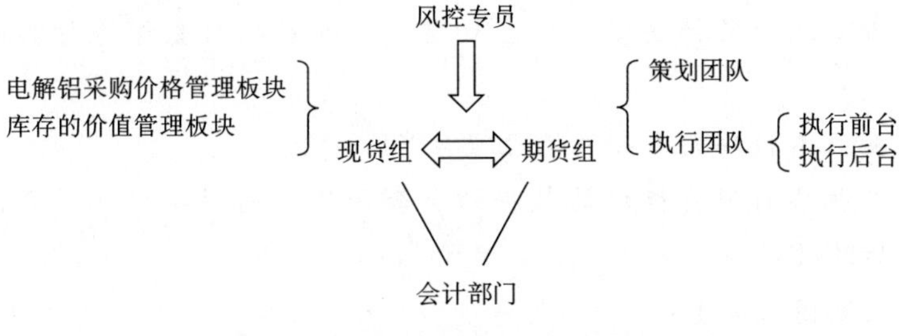

图 5－8　企业套期保值机构设置

1. 配置风控专员和风控辅助人员

风控专员直接对管理层负责，风控专员可以由一人或多人组成，建议至少设置一名专职而且专业的风控专员，同时确定一名会计人员作为风控辅助专员，主要任务是实时监控期货交易情况，在发现风险后及时采取既定的风控解决方案，并随时向管理层汇报相关的情况。

期货人员的交易情况必须获得管理层的授权，并制定严格的制度对其行为进行约束和规范，以防范可能出现的人为风险。同时，应制定相应的风险防范措施，以便在发生风险后及时作出处理。

2. 各现货板块、财务部门以及期货组密切配合

采购部、电解铝生产管理部、库存管理部门和财务部需要紧密配合，将每一笔的采购、生产情况和库存变动情况进行及时沟通，并及时传达给期货组，以便期货组的人员能够及时了解每一批原料的生产、采购成本，并在合理的价位进行期货套期保值，会计人员在此过程中将承担重要职责，一方面，他们需要对公司的生产情况充分掌握，尤其需要掌握公司的现金流情况；另一方面，他们也承担了一部分风险控制的职责，及时了解期货交易人员的期货交易情况，一旦发现风险，及时向有关负责人汇报，以便及时作出应对措施。

3. 各部门主要职责

各现货板块主要职责：

（1）拟定保值计划；

（2）以指令方式通知期货板块进行保值操作；

（3）根据时期内的采购量和消耗量/产量和消耗量/库存和消耗量通知套保执行组进行头寸增减；

（4）对本板块的持仓量进行密切监视，并定期与套保执行共同核对头寸情况；

（5）建立本板块的套期保值管理台账；

（6）根据各自现货板块的数据结合套保执行的损益情况，分析现货和期货对冲后的效益。

期货策划团队职责：

（1）汇总策划现货各板块的保值计划，编制综合保值头寸平衡表；

（2）正确选择保值市场，合理分布头寸，分析基差结构并确定展期策略；

（3）审核各现货板块的下单指令，并通知执行前台执行；

(4) 建立保值头寸台账，并向相关现货板块反馈该板块的头寸分布信息和价格情况，以及期货损益数据等；

(5) 负责现货各板块内或板块间的头寸对冲管理；

(6) 监控市场风险及整体风险，适时向现货板块提供风险警示，提供保值风险敞口意见和建议。

期货执行前台职责（可由各现货板块成员兼任）：负责直接实施套期保值操作。

期货执行后台职责：负责整体交易风险的监督控制及文档的管理工作；负责交易的结算及资金收付、账务处理。

（二）相关管理制度设置

在建立了专业的套保团队后，A 企业还必须制定完善的内控管理流程和制度，主要是针对资金管理、期货交易的风险管理。

1. 明确管理职能

套期保值应由哪个部门管理，由哪个部门负责期货交易。建议由管理层指定的副总主管期货业务，由各现货板块兼职具体的期货交易操作，由期货组负责保值策略的制定和效果分析，指定专门的风控人员监控风险。

2. 制定年度套保方案

每年年初，管理层应根据当年既定的生产经营目标，制定当年总体的套保方案，并在每个月月初进行一定的修正，主要是确定当年或者当月大致的套保数量及利润目标。在这里，特别需要强调的是，在制定总体的套保方案时，必须要充分考虑当年或者当季可能会发生的风险因素，以便套保方案能够切实地在最大范围内防范风险，达到套期保值的目的。

3. 制定套期保值效果评估体系

在完成上述人员配置和基础制度建设后，还应制定套保方案的整体评估体系。评估内容应包括每次的套保方案的执行情况、盈亏情况，以及对企业的生产经营的影响情况。评估的目标包括：是否有利于防范企业生产经营中的风险、是否有利于促进企业的生产经营情况、是否对企业的现金流造成影响等，以评估此次套期保值是否属于有效套期保值。考核的团队应由管理层和财务人员组成。

评估的周期除了当日外，还应该在每月、每季和每年进行评估。同时，每次评估之后，应该将总结的经验教训吸收到下次的套期保值方案中。

4. 制定严格的交易流程和风控制度

主要是指制定日常业务管理工作，对套期保值业务进行及时的记录，跟有关方面沟通，以及在发现风险时进行及时的处理。除了制定制度以外，最好能够设计一些便于日常沟通和交流的平台或者表格，以便相关的部门及时了解情况，防范风险。

5. 制定日报、周报、月报、季报和年报报告制度

相关的报告至少要发送至管理层（包括董事长、总经理、相关的副总等）、风控专员、采购部、销售部、财务部等相关人员，报告的内容包括当日现货、期货价格及成交情况，如能包括当日其他原材料及上下游产品的价格情况更好。

日报为每日发送，周报每周一发送，月报、季报、年报为相关月份的第一个工作日发送。

6. 编织期货交易指令书

编制固定格式的期货交易指令书，对每笔期货交易进行详细记录，发送对象与日报发送对象相同。

自测题

一、选择题

1. 当一个铝加工企业预期铝价上涨将面临原料成本上涨的风险，为了规避此风险，企业可通过期货市场进行（　　）操作。

A. 买入套期保值　　　　B. 卖出套期保值

C. 传统套期保值　　　　D. 混合套期保值

2. 某一铝现货贸易商进行卖出套期保值，且铝价出现下跌趋势，同时在建仓至平仓过程中，基差逐渐扩大，则该卖出套期保值的效果是（　　）。

A. 综合期货和现货市场总体表现为盈利

B. 综合期货和现货市场总体表现为亏损

C. 综合期货和现货市场总体表现为盈亏持平

D. 综合期货和现货市场总体表现无法知道

3. 关于套期保值说法错误的是（　　）。

A. 按照在期货市场上所持的头寸，套期保值分为卖方套期保值和买方套期保值

B. 企业进行套期保值以盈利为主要目标

C. 期货和现货市场的同向变动是套期保值的原理

D. 了解企业面临的价格风险，确定保值方向

4. 对铝生产企业来说，进行套期保值操作的原因以下说明错误的是（　　）。

A. 提前锁定企业生产利润

B. 规避铝价上涨的风险

C. 为库存保值

D. 规避原料采购运输过程中，原料价格上涨的风险

5. 针对铝产业链企业，通常采取买入套期保值的企业类型有（　　）。

A. 铝生产企业对产成品铝锭进行保值操作

B. 铝贸易企业为铝库存保值

C. 终端铝消费企业为规避铝价上涨使得采购成本提高而进行保值操作

D. 铝生产企业为提前锁定生产利润而进行保值

6. 在套期保值方向正确的前提下，决定套期保值效果的因素是（　　）。

A. 现货价格　　B. 期货价格

C. 基差的变化　　D. 期货持仓与成交情况

7. 铝企业在进行套期保值业务所需要做的准备工作，以下说法不正确的是（　　）。

A. 选择期货公司开立企业期货账户

B. 办理入金手续

C. 根据市场行情，选择保值比重

D. 停止现货经营

8. 铝产业链企业在现货经营过程可能面临的风险，下列（　　）描述是错误的。

A. 铝加工企业的原料已经采购或者已经确定采购价格，而产品还未销售或者还未确定销售价格，此时承受着产品价格下跌的风险

B. 铝生产企业的产成品库存由于铝价下跌导致库存减值

C. 铝加工企业产品销售价格已经确定，而原料未采购或者还未确定采购价格，此时承受着原料价格上涨的风险

D. 铝贸易企业由于受铝上涨的影响，导致铝库存减值的风险

9. 某铝贸易商采购了1000吨铝，由于终端采购需求疲弱，铝价出现下跌，同时，该贸易商预计铝价将继续下跌，此时该贸易商应该采取（　　）措施。

A. 减少现货销售，保持1000吨铝库存

B. 在期货市场上对1000吨铝进行买入套期保值

C. 根据对现货市场以及自身经营情况的判断，在期货市场上进行一定比例的卖出套期保值

D. 恐慌性地抛售1000吨铝

10. 关于企业套期保值的操作说法有误的有（　　）。

A. 根据现货经营情况，可以进行实物交割来了结期货头寸

B. 根据现货经营情况，适时地进行平仓了结或实物交割

C. 不管现货经营情况，一直持有期货仓位直到获利

D. 根据市场趋势判断，确定入场时机

二、判断题

1. 基差的变动比期货价格和现货价格相对要大一些。（　　）

2. 伦敦金属交易所的期货价格成为国际有色金属市场的现货定价基础，这种现象说明期货价格决定现货价格。（　　）

3. 在正向市场中进行卖出套期保值交易时，只要基差缩小，无论现货价格和期货价格上升或下降，均可使保值者得到完全的保护，而且出现净盈利。（　　）

4. 在进行基差交易时，不管现货市场上的实际价格是多少，只要套期保值者与现货交易的对方协商得到的基差，正好等于开始做套期保值时的基差，就能实现完全套期保值，取得完善的保值效果。（　　）

5. 套期保值是交易者在现货市场上买进或卖出一定量的现货商品的同时，在期货市场上买进或卖出与现货品种相同，数量相当，方向相同的期货合约。 ( )

6. 现货市场与期货市场是两个各自独立的市场，会受到不同的经济因素的影响和制约，因而一般情况下两个市场的价格变动趋势不相同。

( )

7. 传统的套期保值是指生产经营者同时在期货市场和现货市场进行交易部位相同的交易，使一个市场的盈利弥补另一个市场的亏损，从而在两个市场建立对冲机制，以规避现货市场价格波动的风险。 ( )

8. 套期保值之所以能有助于规避价格风险，达到套期保值的目的，是因为同种商品的期货价格走势与现货价格走势趋同，并且在临近交割时更加趋于一致。 ( )

9. 卖出套期保值是指交易者先在期货市场卖出期货，当现货价格下跌时以期货市场的盈利来弥补现货市场的损失，从而达到保值目的的一种套期保值方式。 ( )

10. 只有在加工制造企业为了防止日后购进原料时价格上涨的情况下，才利用买入套期保值。 ( )

三、填空题

1. 在反向市场中，当客户在做买入套期保值时，如果基差值缩小，在不考虑交易手续费的情况下，则客户将会________。

2. 正常市场上，交割期限越远，该期货合约价格就________。

3. 在正向市场上，收获季节因大量农产品集中在较短时间内上市，基差会________。

4. 某大豆经销商做卖出套期保值，卖出 10 手期货合约建仓，基差为 −30元/吨，买入平仓时的基差为 −50 元/吨，该经销商在套期保值中的盈亏状况是________。

5. 某加工商为避免大豆现货价格风险，做买入套期保值，买入 10 手期货合约建仓，基差为 −20 元/吨，卖出平仓时的基差为 −50 元/吨，该加工商在套期保值中的盈亏状况是________。

6. 某贸易商以 5.82 美元/英斗的价格买入 53000 英斗小麦，并同时以 7.05 美元/英斗卖出 10 手期约，每手 5000 英斗。3 个月后，以 5.90 美元/英斗卖出小麦，并以 7.03 美元/英斗价格在期货平仓，其结果如何是________。

7. 当期货价格低于现货价格，而远期契约价格低于近期契约价格时，称之为________。

8. 某工厂预期半年后须买入燃油 126000 加仑，目前价格为 0.8935 美元/加仑，该工厂买入燃油期约，成交价为 0.8955 美元/加仑，半年后，以 0.8923 美元/加仑购入燃油，并以 0.8950 美元/加仑平仓，则净进货成本每加仑为________。

9. 在正常市场中，以买期货避险者会希望基差的绝对值________。

10. 在正向市场中，当客户在做买入套期保值时，如果基差值变大，在不考虑交易手续费的情况下，则客户将会________。

参考答案

一、选择题

1. A　2. A　3. B　4. B　5. C
6. C　7. D　8. D　9. C　10. C

二、判断题

1. ×　2. ×　3. √　4. √　5. ×
6. ×　7. ×　8. √　9. √　10. ×

三、填空题

1. 盈利　2. 越高　3. 扩大　4. 亏损 2000 元　5. 盈利 3000 元
6. 获利 5240 美元　7. 反向市场（Inverted Market）　8. 0.8928 美元
9. 变大　10. 盈利

第六章

铝期货的套利交易

本章要点

本章首先简要介绍了铝期货套利交易的基本概念、类型及功能，在此基础上，着重阐述了铝期现套利、跨期套利、跨市套利以及跨品种套利这四大套利类型的概念与具体操作。本章的核心在于，帮助投资者正确认识铝期货的套利行为，并学会选择合适的套利策略进行铝期货的套利交易。

一、什么是铝期货的套利交易？

在铝期货市场上，除了我们熟知的套期保值之外，还存在大量的套利交易。参与套利交易的投资者并不非常关心铝价的涨跌，而是对铝期货市场上不同合约之间，或者不同市场、不同品种之间的价差变化特别关注，他们通过寻找价差偏离正常区间的机会，利用套利交易，等待价差回归正常区间，从而获取收益。

套利的一般定义是指，利用相关市场或相关合约之间的价差变化，在相关市场或相关合约上进行交易方向相反的交易，以期价差发生有利变化而获利的交易行为。结合现有定义，铝期货的套利交易即指，同时买进和卖出两支不同的铝相关的投资对象，买卖在数量上是配比的，并期望得到在有利价差变化中实现的利润。

（一）套利实现的前提

当下面三个条件中的任何一个满足，套利就成为可能：

（1）相同的资产没有在所有的市场交易相同的价格（同价定律）；

（2）两个产生相同现金流的资产没有以相同的价格交易；

（3）一个未来价值确定的资产在今天没有以无风险利率折现的现值交易。

套利不是简单地在这个市场低价购入然后在另外一个市场高价售出。这笔交易必须是同时的，为的就是避免市场风险或者说避免其中一个市场的价格在交易完成前变动了。通常来说，这种同时性一般只能在金融产品的电子化交易平台上才有可能。所谓执行风险（又称支脚风险，Leg Risk），就是没有成功地执行全部的支脚，有一个支脚交易失败了。不过这种苛刻的要求一般很难完全达到，就如古老的实物套利者那样。一般在两个不同的城市发现了售价不一样的小麦，套利者就会在其中一个城市用低价买入，然后运到另外一个城市以相对高价卖出。这种套利的过程因为技术条件的限制并没有实现同时性，所以有着潜在的风险。

我们在这里概括套利交易的三大结构性特征。首先，不同合约的运作过程必须是同时的。这个特征从本质上决定了套利机会必须是无风险和瞬时的。其次，涉及的合约应该是相同或者相似的。如果扩大范围，应当包括那些属性并不相似但我们认为会朝相似方向发生价格变化的合约。这种内含的“同价定律”（Law of One Price）奠定了很多衍生品定价的基础，被学术界称为套利定价理论（APT）。最后，套利交易基本是以成对价差交易（Spread

Trading）的形式出现，因此我们在考虑套利交易的时候要着重于两方面的问题：执行（Execution）和收敛（Convergence）。

虽然价差交易是可以做发散式的，但是从套利的本意来讲此类价差交易是属于收敛性的。如果最终这种标的配对（Pair）的价格收敛没有实现，则套利行为就会面临风险。在实施上，商品期货的套利交易存在着多种执行风险。比如我们无法确定是否能同时买入两个支脚，或买入的数量是否在市场上有足够的流动性可以支撑。而持有到未来的抛售或交割能否顺利进行，这些都是未知的，因为有可能由于保证金等其他外在因素导致持有期的意外缩减。

（二）统计套利

无风险套利机会可以说是很多投资者梦寐以求的，但只要这个市场是个自由的市场，那么可行的无风险套利机会难以长期存在。而且即使存在着无风险套利机会，其套利收益也会非常微薄，并不足以使从事无风险套利成为一个值得长期持续的工作。当然，并不能否认市场有时候的确会出现一些长期存在，并且利润丰厚的套利机会，即市场出现错误的时候。既然严格的无风险套利机会少、收益微薄，实际的执行过程中也不能完全消除风险，那么如果有一种选择，能够稍微放松100%无风险的要求，比如允许有5%的风险，但同时却能够让套利机会增加100%以上，那岂不是一个更好的选择？

统计套利是将套利建立在对历史数据进行统计分析的基础之上，估计相关变量的概率分布，并结合基本面数据进行分析用以指导套利交易。相比于无风险套利，统计套利少量增加了一些风险，但是由此可获得的套利机会将数倍于无风险套利。统计套利的基本思路是运用统计分析工具对一组相关联价格间的历史数据进行研究分析，研究该关系在历史上的稳定性，并估计其概率分布，确定该分布中的极端区域，即否定域，当真实市场上的价格关系进入否定域时，则认为该种价格关系不可长久维持，套利者有较高成功概率进场套利。

统计套利是只针对有稳定性的价格关系进行的，那些没有稳定性的价格关系的套利风险是很大的。价格关系是否稳定直接决定着统计套利能否成立。因此，在对价格关系的历史数据进行统计分析的时候，首先要检验价格关系在历史数据中是否稳定。一组价格关系如果是稳定的，那么必定存在着某一种均衡关系维持机制，一旦价格关系偏离均衡水平，维持机制就会起作用，将价格关系或快或慢地拉回到均衡水平。所以，要分析一组价格关系是否稳定，需要先定性分析是否存在着这样的均衡关系维持机制，然后再对历史数据进行统计分析进行验证，以证实该通过定性分析得到的关系维持机制在历史上确实是在发挥作用。

优点1：统计套利是对无风险套利条件的放松，以增加少量的风险来换取更多的套利机会，最大损失远小于预期收益。毕竟对于财富的增长，风险只是起着阻碍作用，但是没有风险，财富绝不会自动增长。如果稍微多承担一点风险能换来更多的盈利机会，那么这种交换将是值得的（主要看风险收益比）。

优点2：对于相关联品种各自的价格走势受共同外因的影响，而往往品种本身的因素决定了相对价格（价差或比价）的走势，对于来自外界的突发性因素对价差影响不大，因此相对价格走势的分析往往可以忽略外围的不确定性因素，则只需要把握品种本身的供求因素即可，其价差走势相对品种走势较容易把握。这也是套利风险相对较小的原因。

局限1：统计套利完全依据对历史数据的统计分析来判断套利机会，存在一个根本性的局限，即历史数据只能反映过去，过去所发生的在未来并不一定会发生。历史不能代表未来，但是如果不去依靠历史，我们对未来将一无所知。只有漫长的历史，才是套利者可以用来分析未来的唯一依靠。所以，对待历史数据的正确态度，不是因为看到历史数据的局限性而弃之不用，而是在运用历史数据的同时能采取措施应对它的局限性。在分析历史的基础上，充分结合品种的基本面数据进行估计未来相对价格的走势，从而评估套利的可行性。

局限2：回归均衡关系所需要的时间跨度难以准确预知。这个跨度只能根据历史统计或季节规律性大致估计。如果预期的目标价差提前到来，则可以提前了结套利离场，或反向进行新的套利。但如果超过估计时间段一周、两周或者更长，将会提高套利者的资金使用成本，如果时间太长才回归，那么有可能套利者等不到预期利润的实现就平仓了。这将可能导致套利失败。

因为在未来相当长的一段时间里，它们之间还会延续这种偏离又回归的关系，可以利用历史数据来进行统计分析，估计出价差的均衡范围，然后再根据品种基本面信息与投资者的财务状况，作出是否执行套利。事实上，只要十次套利中有八九次成功，则所积累的套利收益将足以抵补剩余的一两次套利失败所遭受的亏损，况且每次止损带来的最大损失远小于单次预期收益。所以该种套利相对于单向投机来讲，风险很小，而且收益相对稳定，适应于资金量大，而且追求稳健性投资的机构投资者。

二、铝期货的套利交易与套期保值、投机交易的区别在哪里？

铝期货的套利交易既区别于铝期货的套期保值，也区别于投机交易。套利交易与套期保值的区别主要体现在：

第一，套期保值一般是同时在铝的期、现货市场上作方向相反交易，而套利交易可以只在铝期货市场上发生，也可以在期、现货市场上同时发生（如铝期现套利）。

第二，套期保值的目的主要是改善铝现货产品的风险水平和对风险性收益的优化，并不以纯粹的盈利为出发点，而套利交易的目的则是赚取铝相关产品之间定价不平衡状态下的绝对利润。

第三，套期保值关注的价格变化主要是铝价的绝对变动，而套利交易则更关注相对价格变化，即价差的变化情况，因为套利所谋求的便是在铝相关产品之间出现有利的价差变化时获取可期的利润。

套利交易与投机交易的区别主要体现在：

第一，铝期货投机交易侧重关注单一期货合约价格的涨跌，形式上类似于股票交易；而套利交易则强调铝相关市场或铝相关投资对象之间的价差的变化情况。

第二，铝期货投机交易者在一段时间内自愿承担做多或者做空的风险，他们一般在建仓的时候只涉及单向的买或卖；而套利交易则是在同一时间在铝相关市场或投资对象上进行反向交易，既买又卖，同时扮演多头和空头的双重角色。

第三，铝期货套利交易从价差变动中赚取收益，由于铝相关市场或相关投资对象的价格趋势大体一致（实际上这也是套利的前提条件），价差的变动幅度有限，因而承担的风险也小。而铝投机交易赚取的是单一期货合约价格发生有利变动时的收益，与价差的变化相比，单一价格变化幅度大，因而承担的风险也较大。

第四，铝套利交易的成本要低于投机交易。在国外，交易所为了鼓励套利交易，一般规定套利交易的佣金支出比一个单边交易的佣金费用要高，但要低于一个双边交易的两倍。同时，由于套利的风险较小，在保证金的收取上也小于投机交易，这大大节省了资金的占用。

三、铝期货套利交易的类型有哪些？

一般而言，铝期货套利交易的类型包括期现套利、跨期套利、跨市套利和跨品种套利四类。

期现套利是指利用铝期货与铝现货之间的价差进行的套利行为。理论上，期货价格是未来的铝价，现货价格是当前的铝价，两者的价差，即“基差”（基差 = 现货价格 - 期货价格）应该等于该商品的持有成本。一旦基差与持有成本偏离较大，就出现了期现套利的机会。

跨期套利是指在同一市场（即同一交易所）同时买入、卖出不同月份的铝期货合约，以期在合约间的正常价格差距出现异常变化时进行对冲获利。该套利类型是铝套利交易中最普遍的一种，又可分为牛市套利、熊市套利和蝶式套利三种形式。在正向市场中，铝套利交易往往被用来寻找铝期货合约间价差高于持仓成本的市场机会；在反向市场中，则被用来捕捉价差低于持仓成本的机会，但此时需注意的是反向市场套利收益可能有限，但风险无限。

跨市套利是指在某个交易所买入（或卖出）某一月份铝期货合约的同

时，在另一个交易所卖出（或买入）同一月份的铝期货合约，以期在有利时机分别在两个交易所同时对冲在手的合约获利。目前，铝期货合约在伦敦金属交易所与上海期货交易所都有交易，当两个市场间价差超出正常范围时，就为投资者的跨市套利提供了机会。例如，当伦铝价格低于沪铝价格时，套利者可以在买入伦铝合约的同时，卖出沪铝合约，待两个市场价格关系恢复正常时再将买卖合约对冲平仓并从中获利，反之亦然。在做跨市套利时，应关注导致市场间价差产生的影响因素，如运费、关税、汇率等。

跨品种套利是指利用铝与其他和铝相关的期货品种之间的价差进行套利，其他品种与铝应具有相互替代性或受同一供求因素制约，一般是原材料和产成品的套利，或者是替代性较强的品种间套利。目前，铝与其他基本金属之间、铝与原油之间都可以进行套利交易，此外也出现了较为新型的跨品种交易方式，例如铝制造商的股票价格与铝期货价格进行套利交易。

四、为什么要进行铝期货的套利交易？套利交易何以吸引众多投资者？

铝期货的套利交易是投资者参与铝期货市场的重要方式之一，其在服务铝期货市场健康发展的同时，也满足了众多投资者追求稳定收益的要求。

套利交易对铝期货市场的健康发展起着重要的作用，主要体现在两个方面：

第一，套利有助于铝期现货价格或者不同铝合约价格之间的合理价差关系的形成。套利交易的获利来自对不合理价差的发现和利用，相应的套利行为会促使不合理的价差趋于合理。例如，在铝的期现套利中，如果铝期货合约价格远高于现货价格，那么投资者就会做出买入铝现货、卖出铝期货的套利行为，期现货价差越大，套利的积极性越高，套利者也越多，从而促使铝现货市场的价格被抬高，铝期货价格被压低，最终使得两者的价差回归合理。

第二，套利有助于铝期货市场流动性的提高。套利交易在流动性上的作用有些类似做市，它的存在削弱了市场的垄断力量，增大了期货市场的交易量，提高了期货交易的活跃程度，促进了交易的流畅化和价格的理性化。总体而言，套利交易起到了市场润滑剂和减震器的作用。

铝期货的套利交易之所以能够吸引众多投资者的参与，主要原因在于，对于铝期货市场上不拥有铝现货商背景的众多投资者而言，套期保值的交易方式并不适用，投机的风险又相对较大，而套利的风险承担则相对较小。具体而言，铝期货的套利交易主要有如下几大优点：

第一，价差比价格更容易预测。期货价格走势由于其影响因素众多，往往不易预测，但套利交易并不是直接预测期货价格的变化，而是预测价差的变化，后者比前者的预测难度要小些。我们知道，决定未来铝价走势的因素是十分复杂的，虽然有规律可循，但仍然包含许多不确定性。但在预测价差变化时，由于套利的铝相关投资对象之间存在关联性，许多不确定的因素只会造成相关对象的同涨同跌，对价差的影响并不大，因此对这一类因素就可以忽略。预测价差的变化，只需要关注套利中铝相关对象对相同因素的反应差异程度，其决定了价差变动的方向和幅度。

第二，套利交易的风险水平较低。对于风险承受能力较小的投资者而言，套利是一个较理想的投资工具。套利本身是涉及方向相反的配对交易，对于单个分支品种的价格波动风险可以通过另外一个分支品种进行对冲，而投资者所要承担的只是两个分支相对价格变化的风险。一般而言，价差的波动比单个分支价格波动要小得多。此外，由于套利行为的存在以及套利者之间的竞争选择，铝相关投资对象之间的价格偏差会得到纠正，考虑到套利的交易成本，价差会维持在一个合理范围内，所以价差超过该范围的情况是不多的。这意味着投资者可以根据价差的历史统计，在历史的高位或低位区域建立套利头寸，同时也可以估算出所要承担的有限的风险水平。

第三，收益较稳定。相较单边头寸，套利头寸可以提供一个更有吸引力的收益与风险比率。尽管套利交易的收益相对不是很高，但其拥有低风险、易预测的优点，从而使得投资者获利的概率更大，也更适宜大资金的运作。打个比方，套利者就像一个渔翁，在茫茫“期海”中，“鹬蚌相争，渔翁得利”，在持有单边头寸的多空双方激烈争夺过程中，套利者往往可以择机介入，轻松获利。

五、铝期货与铝现货之间的套利交易是如何实现的?

(一) 铝期现套利交易的定义

铝期现套利是指利用铝期货市场与现货市场之间的不合理价差，通过在两个市场上进行反向交易，待价差趋于合理而获利的一种交易方式。一般来说，期货价格和现货价格之间的价差主要反映了持仓费，但现实中，价差并不绝对等同于持仓费。当两者出现较大的偏差时，期现套利的机会就出现了。

具体来说，期现套利可分正向套利和反向套利两种情形，在正向期现套利的情况下，如果铝期现价差远远高于持仓费，套利者就可以进行买铝现货、卖铝期货合约的操作，待合约到期时，用所买入的铝现货进行交割。价差的收益扣除买入现货之后发生的持仓费之后所得盈利，即为套利的利润。相反，在逆向套利情况下，如果价差远远低于持仓费，而套利者手上又有稳定铝现货库存或者能够借到库存，套利者就可以进行卖现货、买期货合约的操作，待合约到期时，用交割获得的现货来补充之前所卖出的现货。在价差的亏损小于所节约的持仓费情况下，同样有可能产生盈利。不过，要是没有铝现货库存，现货市场又缺少做空机制，现货市场卖出的操作就会有所限制，因而最常见的铝期现套利还是正向期现套利即买现卖期的情形。

(二) 如何寻找铝期现套利的机会

众所周知，目前在国内铝现货市场上，基本呈现寡头垄断的格局，几家大电解铝生产商如中铝等，在现货铝锭供应上基本占据主导，因此铝现货价格相对期货价格而言，波幅较小（见表6-1)。由表6-2可知，现货铝价的波动小于铝期货价格的波动，两者基差的波动最小。

表 6－1　　**2020 年 8 月 5 日现货铝价格**　　（单位：元/吨）

市场	最低	最高	均价	涨跌
长江现货市场	14900	14940	14920	40
上海现货市场	14940	14970	14955	55
广东南储市场	14830	14970	14900	40
南海有色现货市场	15020	15120	15070	30
99.7%华通现货市场	14930	14950	14940	100
上海期货市场	14890	14955	—	—
中铝报价华东华南西南	15000	15000	15000	

资料来源：中铝网。

表 6－2　　**2020 年 7 月至 9 月铝期货价格、铝现货价格及两者基差的基本统计数据**　　（单位：元/吨）

变量	7 月	8 月	9 月
长江现价均值	13891.30	15062.86	14965.91
上海期价均值	13919.78	15034.76	14960.68
基差均值	28.48	－28.10	－5.23
长江现价标准差	427.45	118.37	98.98
上海期价标准差	490.14	174.13	135.78
基差标准差	143.33	124.56	85.71

资料来源：新湖期货研究所。

从图 6－1 和图 6－2 中可以看出，铝价在 2020 年 7 月下旬有一波上涨，8 月中旬以后，市场基本就处于传统的消费淡季，实际需求未有明显改善，反映到价格走势上也表现平缓。总体来看，7 月到 8 月中旬之间的价格波动要大于 8 月中旬到 9 月之间的价格波动，在这 3 个月中铝价的波动表现还是为期现套利提供了可行的机会。

首先，从这 3 个月总体统计数据来看，铝现货价的日均值为 14622.27 元/吨，铝期货价格的日均值为 14621.52 元/吨。我们发现，两者在较长期的均值趋同，彼此价差仅为 0.76 元/吨。统计分析显示，铝期现价格的期望差值从 7 月到 9 月分别为：28.48 元/吨、28.10 元/吨和 5.23 元/吨。可见，

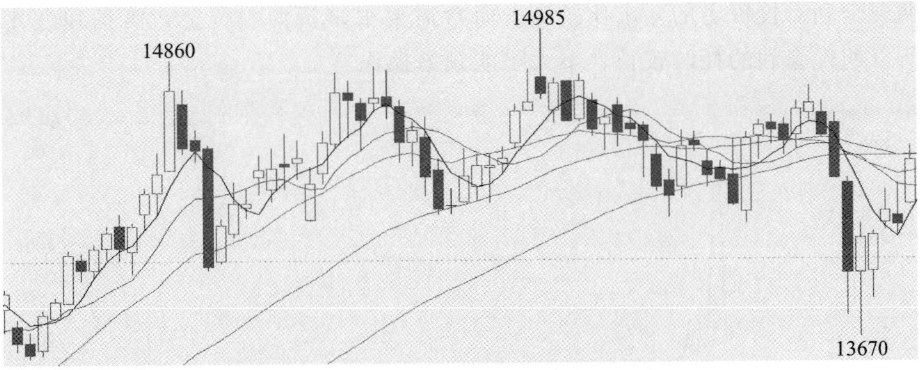

图 6－1　2020 年 7 月至 9 月铝期价走势

资料来源：新湖期货研究所。

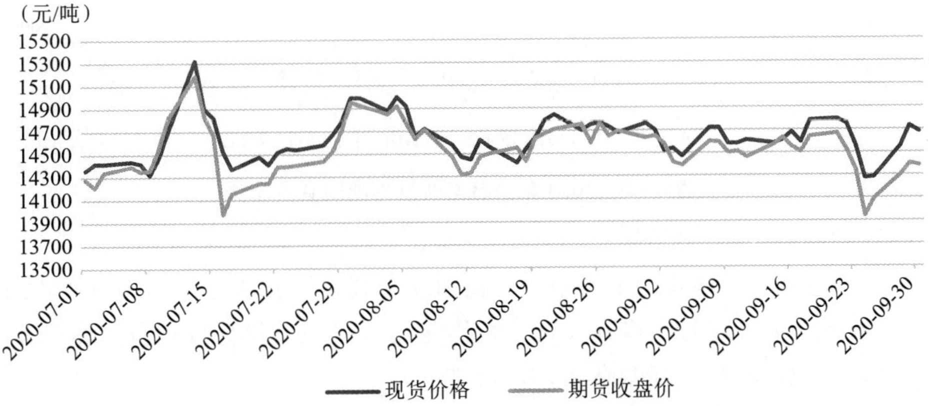

图 6－2　2020 年 7 月至 9 月铝期现价走势

资料来源：新湖期货研究所。

随着统计时间的增加，期望差从数据描述性分析来讲是趋合的，具备期现套利的收敛条件。其次，从基差走势图来看（见图 6－3），铝期现基差分布没有出现均值平移的情况，因此震荡区间比较固定，区间范围为－400～400 元/吨，超过正负 200 的价格波动一共 5 次左右。一般来说考虑到期现套利涉及的套利成本，这 5 次价格波动是我们期现套利的潜在对象。总体来看，基本是 1—2 次逆向套利机会和 3 次正向套利机会。不过考虑到正向基差的分布比较密集，所以 3 次正向套利实际操作的次数也就假定一次。因为铝的期现套利对投资者的要求比较高，通常需要很多资源、资金、信息和人才，所以期现套利的耗时较长，不大可能频繁操作。

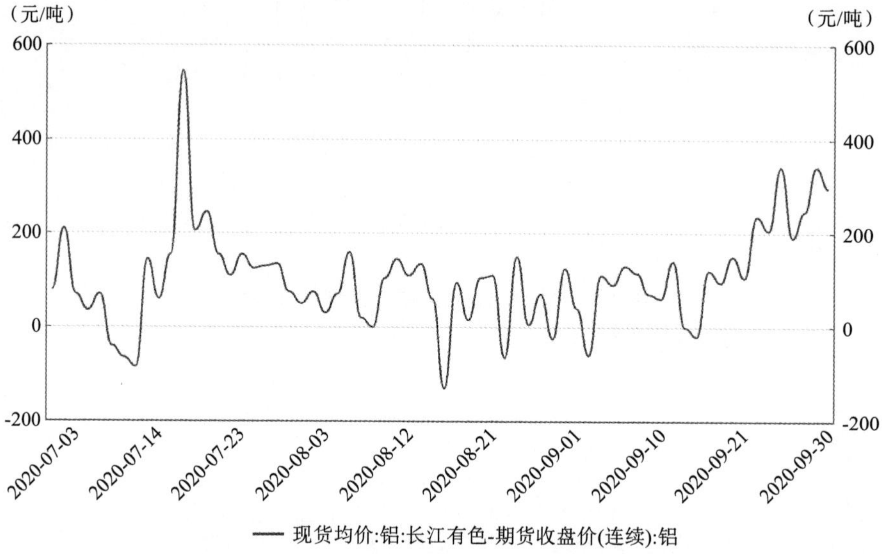

图 6-3　2020 年 7 月至 9 月铝期现基差走势

资料来源：新湖期货研究所。

从 2020 年上半年的情况来看，铝期现套利也存在机会。2020 年第二季度，有色金属市场行情堪称火爆，特别是现货紧缺直接导致现货价格升水。期间铝出现过的最大基差高达 240 元/吨。

一般而言，在参与铝的期现套利之前，投资者应根据自身实际能够买卖现货的能力来决定要不要做期现套利。我们知道，基差的变化是铝期现套利交易中的重中之重，而基差是否扩大很大程度上又取决于电解铝的供需情况。如果电解铝产量增幅小于下游铝材的产量增幅，那么原铝现货市场就会出现紧张，包括库存的大幅下降等，从而抬高现货铝价，反之则会出现现货价格下滑的情况。

（三）铝期现套利的具体实现过程

1. 铝期现的正向套利

铝期现套利的参与者如果本身是有现货背景的企业，是比较有优势的，特别是本身就有上期所指定交割仓库的铝厂。此类企业进行期现套利时，可以节省下很多费用，如运输费、入库费、出库费等。当市场上现货价格和期货价格出现了异常偏离，铝相关企业就可以入场套利。在成本和获利估算上，铝期现套利成本基本组成为：仓租费 + 资金利息 + 交易和交割费用 + 增值税 + 杂费。

以 2020 年 7 月 9 日为例，当时长江铝锭现货价格为 14480 元/吨，上海期货交易所 AL2008 期货合约价格为 14830 元/吨，相应的套利成本包含如下：

（1）资金成本：假定按照工行半年到一年期的年利率 5.31% 计算，相应的利息成本为 14480 元/吨 ×13% ×5.31% ×1/12 = 8.33 元/吨/月；

（2）交割手续费：3 元/吨；

（3）仓储费：0.4 元/吨/天，一个月为 0.4 ×30 = 12 元/吨；

（4）交易手续费：14480 元/吨 ×0.0004 = 5.79 元/吨；

（5）增值税：增值税是按交割月配对日的结算价计算的，是变动的。在此以最多 200 元差价计算参与交割少纳进项增值税，该项成本为 200 × 17% = 34 元/吨；

（6）其他杂费：过户费 3 元/吨，分拣费 5 元/吨，代办提运 2 元/吨，代办车皮申请 5 元/吨，打包费 35 元/吨，出库费 24 元/吨，入库费 24 元/吨。

各项成本费用总计为 161 元/吨，而基差为 350 元/吨，大于套利成本总和，因此持仓一个月在 8 月 15 日交割时，可获利 189（350 − 161）元/吨。

沪铝交割须满足的条件如下：

第一，交割单位：25 吨，每张标准仓单所列铝锭的重量为 25 吨。磅差：国产商品不得超过 ±0.1%，进口商品不得超过 ±0.2%。

第二，交割结算价：最后交易日结算价。

第三，交割商品必备单证。对于国产商品：必须提供注册生产企业出具的“产品质量证明书”。对于进口商品：必须提供“产品质量证明书”“产地证明书”“商检证书”“海关进口专用缴款书”“海关代征增值税缴款书”，经交易所审定合格为有效。

第四，买方须在第一交割日内，向交易所提交所需商品的意向书，内容包括品种、牌号、数量及指定交割仓库名等。卖方必须在第一交割日内，将已付清仓储费用的有效标准仓单交交易所。

第五，交易所规定的其他条件。

2. 铝期现的逆向套利

这里对于铝期现的逆向套利，我们利用一个简单的案例予以说明。

案例 6-1

逆向套利

2020 年 10 月 23 日，长江现货铝均价为 14920 元/吨，沪铝 2012 期价为 14520 元/吨。期货市场价格低于现货市场价格，即倒挂现象。这种倒挂现象有时来源于国内运行产能大规模恢复，供应转为过剩的预期强。这种情况下现货企业或现货贸易企业可以考虑做铝期现逆向套利的操作。

以现货贸易商为例，流程如下：

首先，在 2020 年 10 月 23 日当天以 14920 元/吨借入铝 10000 吨，归还期比如为 1 个月之后，利息为 10% 年利。则 1 个月后要归还 10000 吨铝锭还要支付 124 元/吨的利息。

其次，在 10 月 23 日卖出借来的 10000 吨铝，获得价款为 14920 元/吨。

最后，以 14520 元/吨买入铝 2012 期货合约 10000 吨，支付 14520 元/吨的买价。

那么根据以上的操作，在 3 个月的时间获得每吨 276 元的利润。加之之前提到的约 160 元/吨的套利成本，余下来 110 元/吨的纯利。

在逆向套利的过程中存有诸多的风险：

第一，在倒挂市场中找到可以借得铝的企业是不容易的。由于绝大多数企业担心后市铝价下跌，所以铝厂不敢持有铝锭现货到远期。在融货为核心的逆向套利中，如何凭借信用融得现货也是执行中的问题。在这个案例中，逆向套利可能是无法做成的，理由是一天的瞬时价差可能无法快速捕捉。从融货到售货不大可能一天内迅速完成。

第二，在借货的过程中牵扯的质量检验、运输等问题都是投资公司不熟悉的。

第三，在完成上海期货交易所现货交割后，货物运回借铝企业后，该企业不接受。

第四，在融货中会涉及押金，这又会造成资金流的问题。如果套利方出现信用问题，则可能面临押金收不回借贷资本金损失。

六、在铝的期现套利中需要注意哪些风险?

期现套利是一种所需资金量大而风险较小的盈利模式，从实际操作来看，期现套利要比一般的跨期套利和跨品种套利复杂麻烦得多，持续时间相对也比较长，其中蕴含的风险包含如下：

第一，时间风险。这里的时间风险是指，在铝的期现套利中，铝期货和铝现货不一定能够同时成交，特别是现货，成交时间较难控制，同时铝期货的价格行情又瞬息万变，可能最后无法锁定期现货价差。

第二，增值税风险。铝期货合约到期交割时需要缴纳的增值税是以交割结算价为基础的，如果合约到期交割时铝期货价格大幅上扬，投资者负担的增值税将增加，套利成本也相应增加。

第三，利率风险。在 2009 年金融危机背景下，全球央行为了增加流动性，纷纷降低利率，而中国当时也是一直实行宽松的货币政策，低利率降低了期现套利的资金成本。但随着近两年来全球经济逐渐回稳，通胀压力开始显现，目前包括中国、欧洲等国加息压力持续，套利的资金成本也会随着利息的上提而增加。

第四，限仓风险。铝期货交易存在限仓制度，越临近交割月份，仓位限制越严格，如果超过限仓要求的持仓将会被强行平仓。

第五，基差的周期性风险。铝期货和铝现货出现行情的时候一般是需求比较旺盛的季节，或者是国家粮食和物资储备局对铝现货市场进行收购性干预的时间点，这种带有周期性的行情变化，导致铝期现货基差出现周期性的风险，也是投资者必须要注意的。

此外，交割环节是否顺畅对铝期现套利也至关重要。并不是每次铝期现价格出现不合理价差都可以进行期现套利，这里有一个前提条件，就是企业能否搞到足够的库容和符合交割标准的铝现货，如果没有符合交割标准的铝现货去注册标准仓单，或者有时申请不到库容，套利者就不得不放弃期现套利交易。

期现套利从理论上讲可以涉及交割也可以避开交割环节。实际操作中某些情况下出于对资金的最大盈利要求，套利者往往回避直接涉及铝现货的方式来完成套利的价差回归过程，而是尽量寻找市场的力量，甚至配合市场的力量自发地使不合理价格差异回到平衡。但在选择交割还是不交割上，铝期现套利者应考虑市场可能发生的多逼空或空逼多行为，准备好充足的资金及到期予以交割的仓单。

七、什么是铝的跨期套利？

铝的跨期套利是指在同一市场同时买入、卖出铝不同交割月份的期货合约，以期在有利时机同时将这两个交割月份不同的合约对冲平仓获利。铝的跨期套利是铝套利交易中最普遍的一种，通过两个或者多个铝期货合约之间的价差进行操作获利。

为较形象地展示什么是铝的跨期套利，我们选取了 2023 年 10 月中在交易的沪铝多个交割月份的合约（见图 6－4），进行了相关的统计分析。

铝期货每天各个交割月价格的序列（见图 6－5），犹如固定收益上的利率期限结构图，一般来说没有特别的原因，这根曲线应该是平滑的。但是个别的比如季节性因素也会让个别交割月的价格相对其他交割月偏高或偏低，这是在分析期货期限结构的时候一定要注意的系统性问题。

我们选取了图 6－4 中沪铝前 4 个交割月份的期货合约，对其做了价格序列图（见图 6－6），我们发现，这前 4 个交割月铝期货合约的价格相关性非常高，如果差额达到一定程度的话，利用合约间的价差交易是有利可图

合约名称	最新	现手	买价	卖价	买量	卖量	成交量	涨跌	涨幅(%)
沪铝2311	19230	9	19220	19230	5	61	51916	285	1.50
沪铝2312 M	19195	25	19195	19200	57	491	259720	325	1.72
沪铝2401	19160	3	19155	19160	16	53	100049	330	1.75
沪铝2402	19100	3	19105	19110	1	54	29127	300	1.60
沪铝2403	19100	5	19080	19100	1	4	5586	315	1.68
沪铝2404	19090	1	19090	19095	5	1	628	300	1.60
沪铝2405	19075	1	19005	19085	1	1	1874	250	1.33
沪铝2406	19075	2	19045	19100	1	8	436	260	1.38
沪铝2407	19060	1	19010	19100	1	1	59	260	1.38
沪铝2408	19015	1	19040	19090	1	2	38	195	1.04
沪铝2409	19075	2	19030	19070	1	2	84	260	1.38
沪铝2410	19030	1	19025	19090	1	1	35	200	1.06

图 6－4　沪铝各交割月合约价格

资料来源：文华财经。

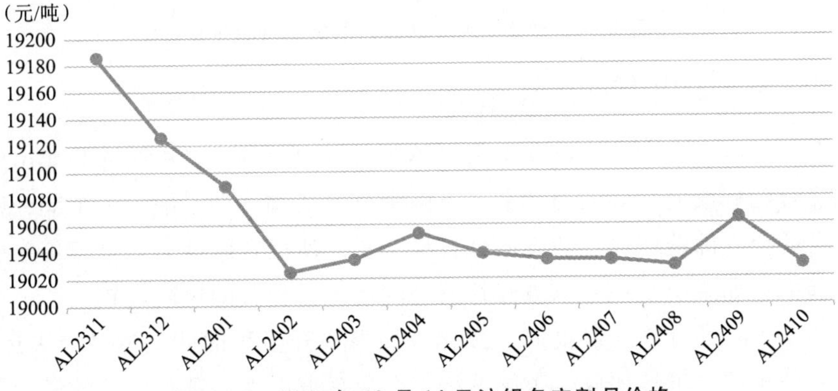

图 6－5　2023 年 10 月 14 日沪铝各交割月价格

资料来源：新湖期货研究所。

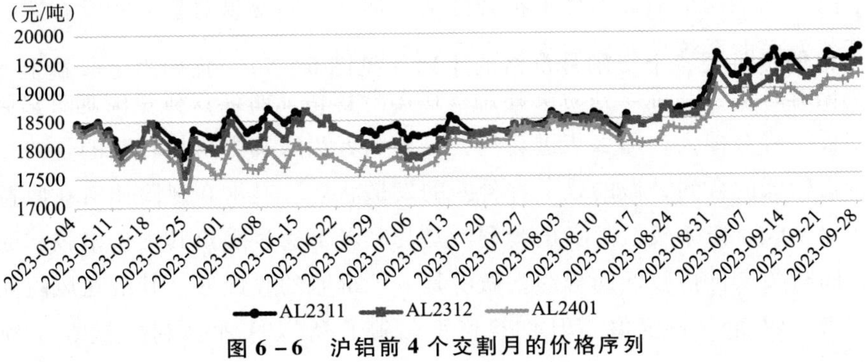

图 6－6　沪铝前 4 个交割月的价格序列

资料来源：新湖期货研究所。

的。图 6-7 是沪铝前两个连续月的合约价差走势，价差基本分布在 -100 至 400 之间，如果不涉及交割，价差交易也存在一定收益。

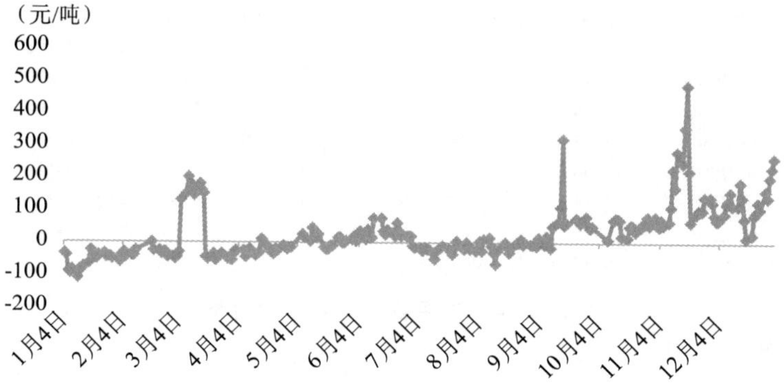

图 6-7　沪铝前两个连续月的近远合约价差

资料来源：新湖期货研究所。

在铝的跨期套利中，价差交易具体执行的内容基本是由买入和卖出两个铝期货合约构成的，因而通常会涉及两个分支或脚。如果缺少一个脚，则价差交易就会立即演变成一般方向性投机交易。所以在跨期套利进行价差交易的过程中，如果出现一个脚被强行逼平的情况，相关的风险就较大。

关于价差的计算一般提倡一致化，如果一开始用的就是近月减去远月，之后的分析就得继续如此，否则分析上会出现方向性混乱。价差的增大和缩小在行业界被称为发散和收敛，通常跨期套利是架构在价差长期收敛性的基础上的。如果这个前提条件不符合的话，那么说明交易对象可能没有选好或有其他方面的系统性差异在交易中没有考虑到。

铝的跨期套利可以分为买进套利和卖出套利。如果套利者预期期货合约间的价差将会扩大，那么买进套利就是套利者买入其中价格较高的合约，卖出价格较低的合约，做的是一种价差的发散状态。其潜在风险比潜在收益要小，但是收益概率较低。卖出套利就是套利者可通过卖出其中价格较高的合约，同时买入价格较低的合约，做的是一种价差的收敛性。其潜在风险无穷大，潜在收益为固定值，但收益概率较高，所以这种套利要做好止损是关键。

八、铝的跨期套利应当注意哪些成本因素？如何计算？

期货的价值包含商品的原有价值和随后的时间价值，因此一般来讲，远期合约较近期合约的价格要高。例如 2020 年 5 月 18 日，上海铝 2020 年 10 月合约价格为每吨 12820 元，11 月合约价格为每吨 12945 元，相当于铝的 3 个月时间价值为 125 元/吨。当然在这个例子中，整个套利涉及时间为 3 个月，运作成本主要包括以下几方面：

第一，仓储费。按上海交易所交易操作手册的规定，每天每吨库房是 0.4 元（货场是每天每吨 0.25 元），一个月就是 12 元/吨，3 个月合计 36 元/吨。

第二，买卖交割过户费。按上海交易所交易操作手册的规定为 3 元/吨。

第三，期货交易手续费。按单边每手 10 元计算，折合 2 元/吨 ×4 = 8 元/吨。

第四，交割费。按买卖两次交割算得 2 ×2 元/吨 =4 元/吨。

第五，增值税。卖方交割需缴纳增值税，按国家规定征收价格增值部分的 17%。以 2020 年 5 月 18 日为例，上海期铝的 2010 合约价格为 12820 元/吨，2011 合约价格为 12945 元/吨。我们如果卖出 2011 合约买入 2010 合约，则我们需缴纳增值税额为 125 元/吨 ×17% =21.25 元/吨。

第六，资金成本。如果这一次投资资金为自由资金的话，则以上合计 70.65 元/吨为此次套利 2010 合约和 2011 合约的成本。如果资金是从银行借贷出来的，那么根据月利率 0.4%，3 个月为 1.2% 左右。假定期货保证金为成交额的 10%。

综上，套利成本 = 70.65 +（12945 + 12820）× 10% × 1.2% = 101.57 元/吨。

案例 6－2

套利的费用

某机构客户买进5月铝120手，同时抛出6月铝120手。由于沪铝期货近期一直处于升水排列，在建仓时6月铝期货价格高于5月160元/吨左右。客户在5月15日交割时接下铝的仓单，之后在6月15日交入交易所的仓库。

套利理论成本：仓储费12元/吨；过户费3元/吨；期货交易费8元/吨；交割费4元/吨；贷款利息52元/吨/月（按铝价13000元/吨计算），每吨总计折合成本79元。

套期理论收益：160－79＝81元/吨，600吨（120手）折合48600元。按照铝价13000元/吨计算，交割600吨铝的资金为7800000元，月贷款利息为31200元，这样每个月的收益为17400元。

投资风险：如果5月接入仓单，而到6月15日铝价上涨了1000元/吨，收取增值税17%，就是170元/吨，于是会出现亏损。但如果铝价下跌1000元/吨，就可以得到170元/吨的抵扣。

九、铝的跨期套利有哪几种类型？

根据所买卖的交割月份及买卖方向的差异，铝的跨期套利可以分为牛市套利、熊市套利、蝶式套利三种。

（一）什么是牛市套利？

当铝市场出现预期供给不足或者需求相对旺盛的时候，较近月份的铝期货合约价格上涨幅度会大于较远期合约的上涨幅度，或者较近月份的合约价格下降幅度低于较远期交割月的合约下跌幅度。无论是正向市场还是反向市场，在这种情况下，买入较近月份的铝期货合约同时卖出远期月份的合约进行套利，盈利的可能性比较大。简而言之，因预期近强远弱，而做牛市套利。

案例 6-3

铝期货牛市套利

假设某年6月20日，当年9月铝期货合约价格为16940元/吨，当年12月合约价格为17035元/吨，两者价差为95元/吨。交易者预计铝价格将上涨，9月与12月的期货合约的价差将有可能缩小。于是，交易者买入10手9月铝合约的同时卖出10手12月铝合约。7月20日，9月和12月合约的价格分别上涨为17300元/吨和17280元/吨，两者价差缩小为20元/吨。交易者同时将两种期货合约平仓，从而完成套利交易，交易结果如表6-3所示。

表 6-3　　铝期货牛市套利实例

6月20日	买入10手9月铝期货合约，价格为16940元/吨	卖出10手12月铝期货合约，价格为17035元/吨	价差95元/吨
7月20日	卖出10手9月铝期货合约，价格为17300元/吨	买入10手12月铝期货合约，价格为17280元/吨	价差20元/吨
双边盈亏状况	盈利360元/吨	亏损245元/吨	价差缩小75元/吨
最终结果	盈利75元/吨，总盈利为75元/吨×10手×5吨/手=3750元		

但是如果一个月后价格并没有出现预计的上涨行情，而是出现了一定程度的下跌，交易者的情况如表6-4所示。

表 6-4　　铝期货牛市套利实例

6月20日	买入10手9月铝期货合约，价格为16940元/吨	卖出10手12月铝期货合约，价格为17035元/吨	价差95元/吨
7月20日	卖出10手9月铝期货合约，价格为16840元/吨	买入10手12月铝期货合约，价格为16900元/吨	价差60元/吨
双边盈亏状况	亏损100元/吨	盈利135元/吨	价差缩小35元/吨
最终结果	盈利35元/吨，总盈利为35元/吨×10手×5吨/手=1750元		

该例中，虽然价格不涨反跌，与预期方向相反，但是最终交易结果仍是获得了1750元的收益。

在以上例子中，我们发现只要两个月份合约的价差趋于缩小，交易者就可以实现盈利，而与铝的价格涨跌无关。

在进行牛市套利的时候，在正向市场的情况下，套利性质为卖出套利，是价差收敛性交易。在反向市场的情况下，套利性质则为买进套利，是价差发散性交易。在正向市场上价差不能随便变大，因为会客观受到持仓成本的制约。如果牛市牛气冲天，则有可能正向市场变化为反向市场，那时候会使得牛市套利者获利巨大。

（二）什么是熊市套利？

当铝期货价格到达顶部了，市场预期铝现货供给充足，需求不旺，则会导致近期月份铝合约价格的下跌幅度大于远期月份合约，或者近期月份合约价格的上升幅度小于远期月份合约。简而言之，因预期近弱远强，而做熊市套利。在进行熊市套利的时候，在正向市场的情况下，套利性质为买进套利，是价差发散性交易；在反向市场的情况下，套利性质为卖出套利，是价差收敛性交易。

案例 6－4

铝期货熊市套利

假设某年6月20日，当年9月铝期货合约价格为17035元/吨，当年12月合约价格为17050元/吨，两者价差为15元/吨。交易者预计铝价格将下跌，9月与12月的期货合约的价差将有可能扩大。于是，交易者卖出10手9月铝合约的同时买入10手12月铝合约。7月20日，9月和12月合约的价格分别下跌为16900元/吨和17000元/吨，两者价差扩大为100元/吨。交易者同时将两种期货合约平仓，从而完成套利交易，交易结果如表6－5所示。

表6－5　　铝期货熊市套利实例（一）

6月20日	卖出10手9月铝期货合约，价格为17035元/吨	买入10手12月铝期货合约，价格为17050元/吨	价差15元/吨
7月20日	买入10手9月铝期货合约，价格为16900元/吨	卖出10手12月铝期货合约，价格为17000元/吨	价差100元/吨
双边盈亏状况	盈利135元/吨	亏损50元/吨	价差扩大85元/吨
最终结果	盈利85元/吨，总盈利为85元/吨×10手×5吨/手＝4250元		

该例中的最终结果是盈利 85 元/吨，总盈利为 85 元/吨 ×10 手 ×5 吨/手 = 4250 元。

但是如果一个月后价格并没有出现预计的下跌行情，而是出现了一定程度的上涨，交易者的交易结果如表 6－6 所示。

表 6－6　　铝期货熊市套利实例（二）

6 月 20 日	卖出 10 手 9 月铝期货合约，价格为 17035 元/吨	买入 10 手 12 月铝期货合约，价格为 17050 元/吨	价差 15 元/吨
7 月 20 日	买入 10 手 9 月铝期货合约，价格为 17235 元/吨	卖出 10 手 12 月铝期货合约，价格为 17350 元/吨	价差 115 元/吨
双边盈亏状况	亏损 100 元/吨	盈利 135 元/吨	价差扩大 100 元/吨
最终结果	盈利 100 元/吨，总盈利为 100 元/吨 ×10 手 ×5 吨/手 =5000 元		

该例中，虽然价格不跌反涨，与预期方向相反，但是最终交易结果仍是获得了 5000 元的收益。

在以上例子中，我们发现只要两个月份合约的价差趋于扩大，交易者就可以实现盈利，而与铝的价格涨跌无关。

（三）什么是蝶式套利

蝶式套利是由两个方向相反、共享居中交割月份合约的跨期套利组成的。套利者认为当中间交割月份的铝期货合约价格与两旁交割月份的合约价格之间出现异变，则可以入场进行相关套利。

蝶式套利的具体操作方式是：买入（或卖出）一份近期交割月铝合约，同时卖出（或买入）双份居中交割月铝合约，并买入（或卖出）一份远期交割月铝合约。

案例 6－5

铝期货蝶式套利

假设某年6月20日，8月、10月、12月的铝期货合约价格分别为17020元/吨、17150元/吨、17160元/吨，交易者认为8月与10月合约价差过大，而10月和12月价差又过小，预计8月与10月合约价差会缩小，而10月和12月价差会扩大，于是该交易者以该价格同时买入40手8月合约、卖出100手10月合约、买入60手12月合约。到了7月8日，3个合约均出现不同程度下跌，8月、10月、12月合约价格分别为16950元/吨、17000元/吨、17080元/吨，于是该交易者同时将3个合约平仓。该蝶式套利的盈亏状况如表6－7所示。

表6－7　　铝期货蝶式套利盈亏分析

	8月合约	10月合约	12月合约
6月20日	买入40手，17020元/吨	卖出100手，17150元/吨	买入60手，17160元/吨
7月8日	卖出40手，16950元/吨	买入100手，17000元/吨	卖出60手，17080元/吨
各合约盈亏状况	亏损70元/吨，总亏损为70×40×5＝14000元	盈利150元/吨，总盈利为150×100×5＝75000元	亏损80元/吨，总亏损为80×60×5＝24000元
净盈亏	净盈利＝75000－14000－24000＝37000元		

可以看出，蝶式套利基本是牛市熊市两个跨期套利的互补平衡的组合，可以说是“套利的套利”。蝶式套利与普通的跨期套利相比，从理论上看风险和利润都较小。

十、什么是铝的跨市套利？有哪些前提条件？如何进行？

铝的跨市套利是指在某个交易所买入（或卖出）某一交割月份的铝期货合约的同时，在另一个交易所卖出（或买入）同一交割月份的铝期货合约。一般而言，铝锭在各交易所间的价格会有一个稳定的差额，一旦这个差额发生短期的变化，交易者就可以在这两个市场间进行套利。图6-8是铝上海期货交易所相对3月期合约与伦敦金属交易所3月期合约人民币价差。

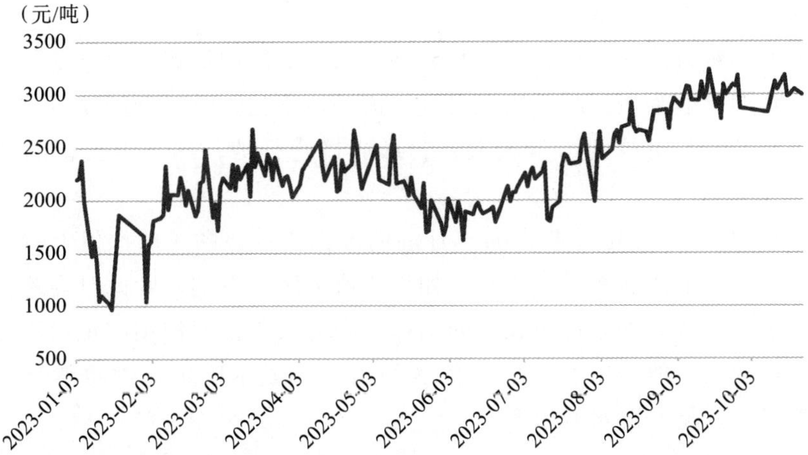

图6-8　铝上海期货交易所相对3月期合约与伦敦金属交易所3月期合约价差

资料来源：新湖期货研究所。

从前提上来讲，要进行铝的跨市套利有如下一些前提条件：

第一，畅通的交易渠道。如果在上海期货交易所和伦敦金属交易所市场做铝的跨市场套利，交易者首先必须在上海和伦敦两个市场同时具有交易账户，这是最基本的一个前提条件。

第二，强大的资金实力。首先，如果两地间价差没有趋于正常化，到了交割月仍然价差较大时，实物交割能带给投资者最大的利润，那么交易者就会选择实物交割。但是现货运过来就要囤上一段时间，一下子千万甚至上亿的资金被冻结，很难马上套现。这种情况如果套利交易者没有强大的资金实力做后盾，很难想象跨市套利如何取得成功。其次，两市期货价格有时会出现多逼空或者空逼多的情况，如果在外盘期货未到期无法马上实现利润，而上海这边资金不充裕保证金跟不上，就有可能被内盘短期狂躁的价格波动逼平仓，造成跨市套利的最终失败。

第三，相关的专业知识。了解伦敦金属交易所的交易制度和交割月份的相关规定，以及对铝现货产品的供销周期和需求季节性波动都有经验性的理解。

第四，对宏观经济政策汇率变化的基本判断，包括进出口税率调整、国家收储、人民币汇率变化等宏观因素。

第五，对风险的认识，尤其是流动性风险。国内沪铝期货市场的参与者以企业套期保值为主，缺乏投机资金，流动性不足，致使套利风险增加。而伦铝由于基金与机构的力量较大，若形成挤仓行情，那么也会影响套利的效果。

图 6 – 9 为上海伦敦两市的 3 月铝期价比的走势图。从比值上看，沪伦铝价比的数值范围在 6 至 9 之间。如果比值为区间下端，则此时为跨市反向套利提供了机会。如果比值在区间上端，则为买伦铝卖沪铝的正向跨市交易提供了机会。一般跨市交易的比值区间由进口成本决定，中间涉及进口关税、汇率、贸易升贴水等因素。

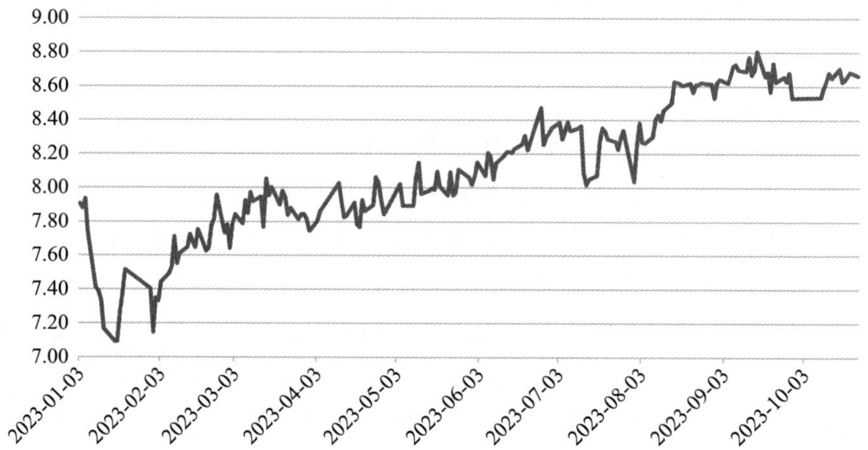

图 6 – 9　沪伦铝比价

资料来源：新湖期货研究所。

案例 6－6

铝期货跨市套利

以 2020 年 11 月 3 日的数据为例，当日伦敦金属交易所 3 月期铝收盘价为 1890 美元/吨，现货贴水 34 美元，国内对伦敦金属交易所现货到岸升水约为 67 美元。沪铝当日主力合约 1001 收于 14940 元/吨，现货贴水 34 元。汇率 1 美元兑 6.83 元人民币，当时铝的进口关税为 0，进口增值税 17%，进口的相关杂费为 150 元/吨。

原铝进口成本＝(伦敦金属交易所 3 月期铝价＋/－现货升贴水＋/－到岸升贴水)×汇率×(1＋关税税率)×(1＋增值税税率)＋相关杂费＝(1890－34＋67)×6.83×(1＋17%)＋150＝15516.89 元/吨

进口成本对应的比值＝15516.89/1890＝8.21

从进口成本的计算可以看出，8.21 是当前沪铝和伦铝之间正常比值的上限，若实际情况大于此上限，理论上就存在"买伦铝卖沪铝"的跨市套利机会。反之，从出口成本也可以算出比值的下限，若实际比值小于下限，也可进行"买沪铝卖伦铝"的套利。

2020 年 7 月 3 日的沪铝伦铝比值＝14075/1616.5＝8.71，计算结果显示进行"买伦铝卖沪铝"跨市套利而获得盈利的机会较大。

自年初到 7 月初，沪铝伦铝比值的变化呈上升趋势，一直在高于 8.4 的比值上限盘动，而在到达高位 8.71（7 月 3 日）之后，开始缓慢回落，逐渐有向着正常的比值上限靠近的趋势，这也使得我们买伦铝卖沪铝的跨市场套利行为风险减小。而当两市比值恢复到正常水平或接近正常水平时，套利者可以平仓获利了结。

例如，某一投资机构在 2020 年 7 月 3 日投资几千万元，在伦敦买入伦敦金属交易所 3 月期铝 5000 吨，价格为 1620 美元/吨，同时在上海卖出 5000 吨铝 2009 合约，价格为 14000 元/吨。之后在 7 月 16 日，两边同时平仓，即卖出伦敦金属交易所 3 月期铝 1670 美元/吨，买入上海铝 2009 合约 14230 元/吨。

计算套利结果：

[(1670－1620)×6.99＋(14230－14000)]×5000＝2897500 元

除去少许手续费的影响，可以看出在短时间内的客观获利额度。对于资金量大而对风险较为敏感的投资商，或者有出口背景的贸易商来说，都是一种非常好的套利投资方式，目前需要的是仔细研判，耐心等待进入时机。

延伸阅读

跨市套利如何带动进口铝锭增多

2009 年 3 月，金属高库存压力一直成为抑制走势的主旋律。2008 年 12 月以来，随着隐形库存的显性化，外围金属库存呈现加速增长态势，2009 年 2 月底，伦铝库存增幅 140 万吨，伦铜库存增加 25 万吨，伦锌库存增加 17 万吨，增幅分别为 77.4%、87%和 87.6%。因当时国内收储的实施，国内外金属价格逐渐出现分化，内强外弱的格局令金属市场套利空间被打开，在 2009 年 2 月呈现逐步扩大的局面。从国家统计局公布的数据显示来看，2009 年 1 月国内金属进口大增，其中原铝进口 1.7 万吨，同比增加 18.66%；精铜进口 18 万吨，虽较 2008 年 12 月有所减少，但进口数量依然很高；精锌进口 1.3 万吨，而 2008 年 12 月仅为 3306 吨。中国金属进口的增多，带动伦敦金属发生微妙变化，2009 年 1 月注销仓单小幅增加，2 月下旬注销仓单增加开始加速，伦锌和伦铜注销仓单占比在 2 月急速增加，而伦铝注销仓单占比虽有所提高，但受制于库存过高，反应比较迟滞。

注销仓单的增加，无疑与国内进口增加有关，市场疑虑是需求回暖还是跨市套利？通过分析，我们认为需求回暖带动大批进口的可能性不大。相比之下，更为重要的是套利空间打开为贸易商提供了千载难逢的机会，关税调整的延后，吸引更多商家加入，据了解节后贸易商进口铝锭到港陆续增多。因此，在一定程度上，国内进口的增多则近乎于国际铝锭库存的转移。

在 2009 年 7 月，也就是收储造成套利后的 4 个月，国家发改委产业协调司相关负责人表示，鉴于通过收储国内有色金属价格已经有所提升，在目前的市场条件下，国家将不再进行收储。官方表示，目前金属产品国内外市场价格是融合联动的，产品资源随着价格而流动，在国内价格高于国外、导致国外资源大量进口的情况下，国家收储已经没有意义。以产能过剩最为严重的电解铝为例，目前的价格使企业已经盈利，不少企业都在启动停减的产能，各种金属价格的反弹也达到了当初的政策效果。

从国家和地方 2009 年一季度启动对有色金属的国家储备和商业储备后，各主要金属价格多数涨幅超过 30%，拉开了与国际价格的差距，使得境外资源大量涌入国内套利。海关数据显示，2009 年 4 月中国铜及铜材进口量接近 40 万吨，较 3 月环比增长 6.60%；当月铝及铝材进口量近 44 万吨，环比大增 198.90%。5 月进口增势依然如此。发改委随即密切关注大量有色金属产品进口的问题，也发现生产企业在收储中并未获得直接收益，反而是中间商和套利者最终受益，如国内进口有色金属产品的外资企业占 40%，民营企业占 20%，国有企业只占不到 20%。

十一、铝的跨市套利应该注意哪些因素？

铝的跨市套利在操作中应特别注意以下几方面因素：

第一，运输费用。一般来说，离产地越近的运输成本较低，离产地远则较高，两者之间的正常差价应为两地间的运费。投资者在进行铝的跨市套利时，应着重考虑两地间的运输费用差价的关系。

第二，交割品级的差异。铝的跨市套利虽然是在同一品种间进行，但不同交易所对交割品的品质级别和替代品升贴水有不同的规定，这在一定程度上造成了各交易所间价格的差别。

第三，交易单位和报价体系。投资者在进行铝的跨市套利时，可能会遇到不同交易所铝期货的交易单位和报价体系差异的问题，具体操作中应将不同交易所的价格按相同衡量单位进行折算，才能进行价格比较。

第四，汇率因素。一般来说，如果在不同国家的市场进行套利，还要承担汇率波动的风险。如果是国内与国外市场间套利，人民币的升值将有利于进口，人民币贬值将有利于出口。人民币升值将使两市正常比值下降，将有利于进行“买伦铝、卖沪铝”的套利，但却会使“买沪铝、卖伦铝”的风险增加。投资者在进行套利前，应对可能出现的损失进行全面估量。

第五，进出口关税。目前中国对进口原铝并不征收关税，但考虑到国内原铝供给过剩的现状，不排除将来在进口关税方面的调整，届时可能调高原铝的进口成本，使得买伦铝卖沪铝的跨市套利风险增加。

第六，流动性风险。目前沪铝的参与者仍以套期保值为主，流动性相对不足，而伦铝则由于基金与机构的力量较大，易形成挤仓行情，两者都存在一定的流动性风险。

第七，保证金和佣金成本。跨市套利需要投资者在两个市场缴纳保证金和佣金，保证金的占用成本和佣金费用要计入投资者的成本之中。只有交易者预计的套利收益高于上述成本之时，投资者才可以进行跨市套利。

第八，其他影响。各国的宏观政策、现货成本的增减、库存的多少都会成为影响跨市套利的因素。比如国内连续出台的振兴计划和收储行动，都会在短期内支撑国内铝价的反弹，从而在一定时期内影响跨市套利的效果。

延伸阅读

遭国际基金暗算，铝跨市套利如何反陷泥沼

2006年，横跨伦敦上海期铝市场的投机套利盘再度陷入亏损“泥潭”。在新税政策影响下，上海期货交易所铝期货连续两日大幅下滑，在当周下挫700余元/吨，而国际基金却借机拉升伦铝期价。在此过程中，很多在期铝市场跨市反套利的国内资金付出了沉重的代价。

据一位海外期货公司交易员透露，大约在那年9月底的时候，当时伦敦上海两个市场期铝比价为7.3~7.4，高于正常出口比价。按这个比价计算，9月时沪铝价格为18800元/吨，出口至海外的成本为2500美元/吨，而当时伦铝的价格在2600美元附近，在国内买入铝然后在伦敦卖出，理论上每吨将可获无风险套利近100美元。因此，国内的很多反套利投机资金在两市之间建立了“做多沪铝、做空伦铝”的头寸。而与此同时，

国际基金自9月以来加大其在伦敦金属交易所（LME）铝期货上的头寸，这些来自中国的跨市反套利资金再次成为国际基金们的“猎物”。

从2006年9月底开始，在这股反套利资金的带动下，沪铝12月合约的持仓量从2万多手一直增加至5万多手，这段时间的成交量也创出了历史新高，价格从11500元/吨上涨至20000元/吨，几乎翻了一番。同时，伦铝当时的持仓也开始放量，从52万手增加至近56万手，在国际基金的不断拉升下，伦铝也从2500美元/吨涨至2800美元/吨。这已经背离国内套利资金当初入市的初衷。但当时这些反套利盘并没有亏损，只是他们从沪铝市场所赚取的钱转移到了那些“捕猎”的国际基金口袋中。

在国内的操作中，这些投机盘在9—10月占了上风，他们利用资金大举介入沪铝，依靠“国内铝锭铝材出口需求过高”和“沪铝库存较低”这两个题材的支撑，拉升沪铝价格。铝价的上涨为冶炼企业带来了丰厚的利润，在利润的诱惑下，生产企业便又开始开足马力生产。但在10月底，市场风云突变，财政部发布通知调整电解铝关税政策，自11月1日起，电解铝的出口关税将由5%调高为15%，这使国内期铝价格开始承压。当周的头两个交易日，期铝价格便一直处于“外强内弱”的格局。铝锭出口税率调高10%，也就是增加了10%铝锭出口成本，按当时伦铝2800美元/吨计算，成本将增加2500元/吨。也就是说沪铝价格必须降低2500元/吨，或伦铝上涨280美元/吨才能完成出口，这与反套利投机盘预设的“做多国内、做空伦敦”的头寸完全相反，使得之前的无风险套利模型也功亏一篑。

十二、铝与相关品种之间如何进行跨品种套利？

铝属于有色金属中的一种，而在有色金属类品种的期货价格之间理论上存在着一定的相关关系，如果有足够的关联度则可以利用它们之间的价差变化进行套利。由于电解铝的上游及下游都不存在有足够流动性的相关期货产品，所以我们主要分三大部分来讲铝与相关品种之间的价格关联性和跨品种套利的操作方法，分别是：铝与其他主要有色金属品种、铝与美元燃料油黄金、铝与相关股票。

（一）铝与其他主要有色金属品种的价格相关性及套利

1. 铝与其他主要有色金属品种的相关性分析

上海期货交易所上市的铜、铝、锌三大有色金属品种，由于其共有的金属属性，价格变化具有高度的相关性。而不同的行业特征和市场供需，使其各自又具有不同的变化特征，相互之间存在非对称的影响关系。总体而言，沪铝由于与国民经济的高度关联性、相对封闭的进出口状态、市场的不完全竞争状态，使其受另外两个品种的影响较小。

总体而言，沪铝与沪铜、沪锌的价格变化具有较为显著的正相关关系，存在比较一致的变化趋势，类似于股票市场中的“板块联动效应”。对于股票市场中的“板块联动效应”，目前存在几种解释：行为金融学从投资者情绪感染的角度分析，认为投资者的交易行为具有明显的外部性，如“羊群效应”的产生等，进而导致相关资产之间具有比较明显的趋势特征；从信息学的角度出发，与行业特征、地缘关系等相关的信息会对某一类公司的股价产生影响，进而导致“板块现象”的产生，形成相关股票价格之间较强的联动性。类似于股票市场的“板块效应”，沪铝与沪铜、沪锌共有的金属特征和投资者的情绪驱动，使其价格之间存在一定程度的比价效应，进而形成价格变化的高度关联性。

尽管同属有色金属品种，铝与铜、锌仍存在不同的自然属性和行业特征。例如，铝目前是世界上应用最为广泛的金属之一，主要应用于建筑、交通运输以及包装等关系国计民生的行业，是国民经济发展的重要基础性原材料，与国民经济发展具有高度的关联性。然而作为高能耗产品，国家在进出口方面又给予铝一定的限制，导致铝在国内处于产能相对过剩的状态，与国际市场的价格相关性相对较弱，而受我国国民经济发展的影响较强。铜由于良好的导热和导电性能，目前在我国电力领域的应用较为广泛。随着国民经济的快速发展和大规模基础设施建设的推动，自 1990 年以来，我国的铜消费进入到一个快速增长时期。目前我国已经是世界上最大的铜消费国和生产国，但是面对铜资源相对缺乏的现状，以及近几年国际制造业向国内的转移，导致铜资源的供求矛盾日益突出，造成铜进口所占比例较高，我国已成为世界上最大的铜进口国，净进口的局面导致国际市场对我国铜价的影响较为显著。锌主要应用于建筑、交通运输等领域，同铝一样是关系国计民生的有色金属品种，但与中国铝业占铝生产量接近50%的市场情况不同，锌的生产商规模相当，属于竞争较为充分的市场。沪锌属于期货市场比较新兴的品种，因而市场成熟度有待进一步提高。

沪铝与沪锌、沪铜的自然属性的差异导致其应用领域不同，进而造成三类金属在国民经济发展中的作用不同。除此之外，三类金属不同的市场特征和市场发育程度也构成其差异性，这些差异性导致沪铝与沪铜、沪锌价格之间存在非对称的影响关系。

（1）铝与铜的相关性。选取相同的上海期货交易所的 2022 年 1 月合约，铝与铜的期货价格相关性分析见表 6－8。

表 6－8　铝与铜的统计关系

静态相关	0.980144
动态相关	0.707865
斜率	6.392089
截距	－46887.5

资料来源：新湖期货研究所。

在表 6－8 中，静态相关是每日铜铝收盘价的相关系数，时点相关性高达 98.01%。用当日减去上日的收盘价获得的每日差价序列算得的两产品的相关系数为 70.79%。从一元一次直线回归分析（见图 6－10）来看，铜的数值变化对于铝的单位变化系数为 6.39，即铝价平均每增加 100 元/吨，铜价平均增加 639 元/吨。由线性相关图可以看出，假定铜价大于 0，则默认铝价不会低于 7337（＝46887.5/6.39）元/吨。

图 6－11 为铜价和铝价的价格差序列图，可以看出原始的 1∶1 铜铝价差是绝不会收敛的。但经过线性回归后，残差图（见图 6－12）中的数据表明修正的价差是有明显均值回归的特性（修正价差＝铜价－斜率×铝价－截距）。

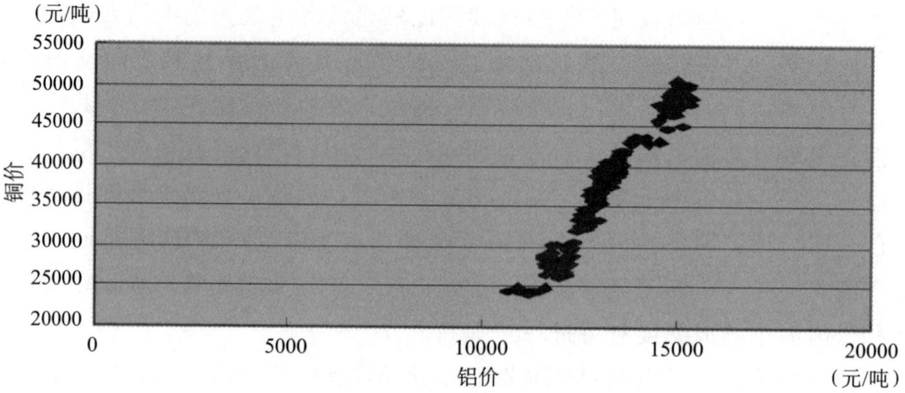

图 6－10　铝与铜的价格相关性

资料来源：新湖期货研究所。

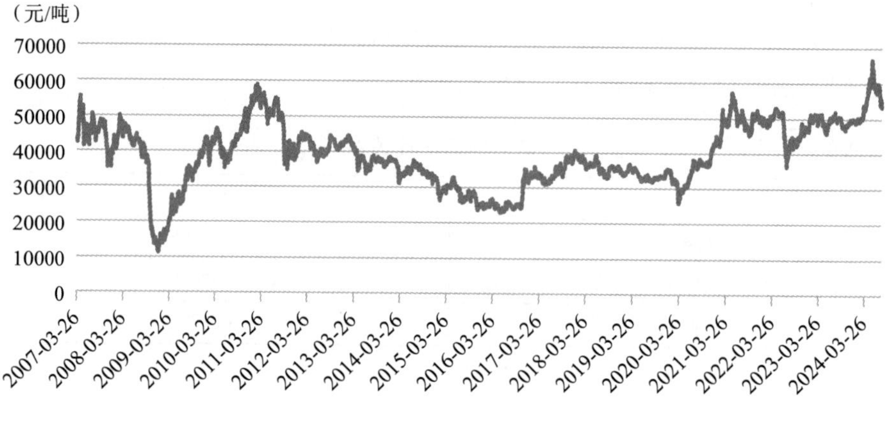

图 6－11　铜铝的价差

资料来源：新湖期货研究所。

(2) 铝与锌的相关性。选取相同的上海期货交易所的 2022 年 1 月合约，铝与锌的期货价格相关性分析见表 6－9。

如表 6－9 所示，静态相关是每日锌铝收盘价的相关系数，时点数据相关性高达 96.92%。用当日减去上日的收盘价获得的每日差价序列算得的两产品的相关系数为 73.61%。从一元一次直线回归分析（见图 6－13）来看，锌的数值变化对于铝的单位变化系数为 1.46，即铝价平均每增加 100 元/

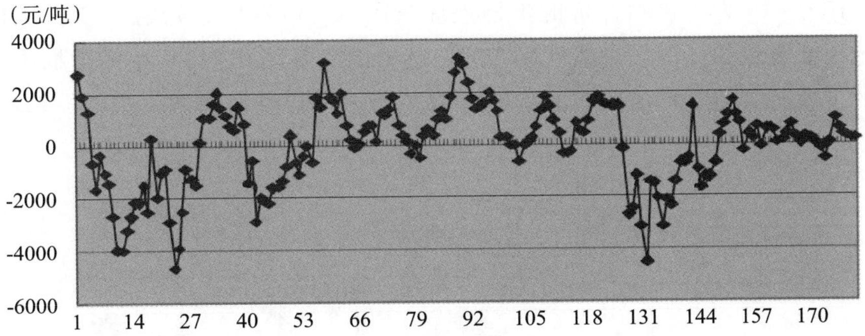

图 6－12 铜铝回归分析的残差

资料来源：新湖期货研究所。

表 6－9 铝与锌的统计关系

静态相关	0.969225
动态相关	0.736115
斜率	1.462277
截距	－6355.52

资料来源：新湖期货研究所。

吨，锌价平均增加 146 元/吨。从线性相关图可以看出，假定锌价恒大于 0，则默认铝价不会低于 4353（即 6355.52/1.46）元/吨。

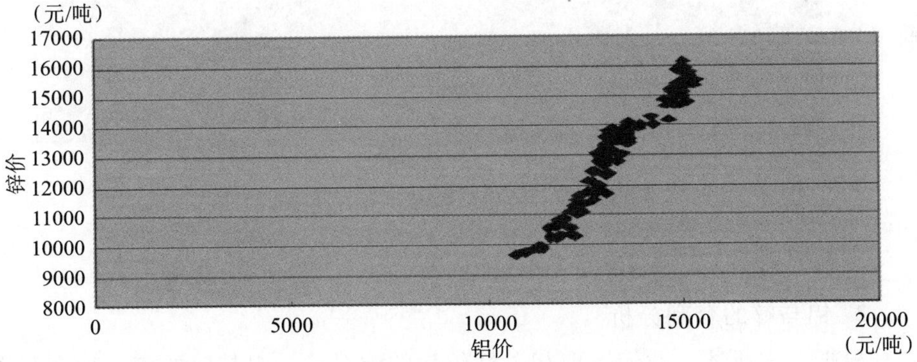

图 6－13 铝与锌的价格相关性

资料来源：新湖期货研究所。

图6－14为铝价和锌价的价格差序列图，可以看出原始的1∶1锌铝价差是绝不会收敛的。但经过线性回归后，残差图（见图6－15）中的数据表明修正的价差是有明显均值回归的特性（修正价差＝锌价－斜率×铝价－截距）。

图6－14 锌铝的价差

资料来源：新湖期货研究所。

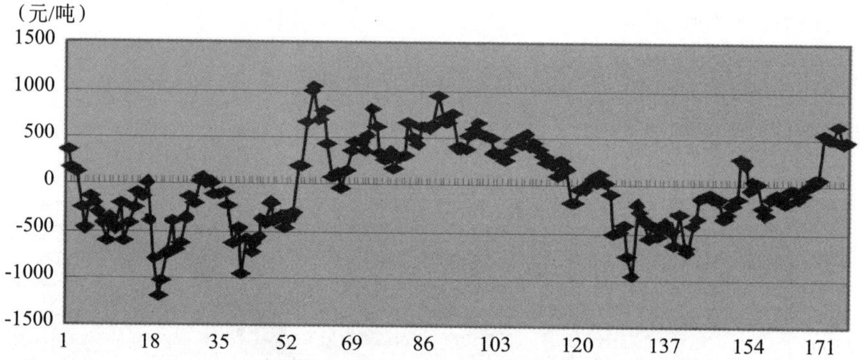

图6－15 锌铝的残差（修正价差）

资料来源：新湖期货研究所。

2. 铝与锌的套利分析

根据上文所述，我们选取相关性较强的配对——铝与锌的跨品种套利作为铝期货与其他主要有色金属类期货跨品种套利的例子。

（1）铝与锌的品种分析。铝与锌同为金属类中习性相近、用途较为广泛的品种。从宏观层面分析，两者价格均受全球经济景气程度、美元指数以及各国政治、经济政策等方面的影响。从微观层面分析，两者价格均受汽车行业、房地产行业兴衰影响，两者的价格变动趋势性也基本相同，表现为趋势上同升同降，这使得跨商品套利成为可能。

（2）铝与锌的价格走势分析。从价格走势图上看，上海期货交易所的铝与锌在价格走势上存在大趋势上的一致性。锌和铝的价格差，从年初的－2000元/吨，上升到目前的1000元/吨。从一年期的数据来看，价差的均值回归特性很难察觉。在此基础上我们对数据进行了正态化修正，从修正的价差图上来看，均值回归特性明显，而且上下边界几乎对称。如果均值和方差呈现稳定性特征，则锌与铝配对具备套利的数据特性前提。

（3）铝与锌的套利过程参见【案例6－7】。

案例6－7

铝期货跨品种套利（一）

以上海期货交易所2005合约为例，铝和锌在2020年2月18日分别为14500元/吨和17200元/吨。现对铝锌数的配比暂定为1.4:1，即在2月18日以10手锌合约对应14手铝合约的数量关系，买入锌卖出铝。在随后的2020年3月2日，铝价和锌价的关系水平又恢复到了正常情况，此时铝价为13200元/吨，锌价为16200元/吨。在两个月后的4月17日，铝价为12100元/吨，锌价为16100元/吨。在这个时候应该卖出锌合约，买进铝合约。在随后的4月27日，锌铝价又恢复正常。此时，铝价为12300元/吨，锌价为16100元/吨。交易情况如表6－10所示。

表6－10　铝与锌的套利实例

2月18日	买入10手2005锌合约，价格为17200元/吨	卖出14手2005铝合约，价格为14500元/吨	价差为－2700元/吨
3月2日	卖出10手2005锌合约，价格为16200元/吨	买入14手2005铝合约，价格为13200元/吨	吨价差为－3000元/吨
套利结果	亏损10000元	获利18200元	总共获利8200元
4月17日	卖出10手2005锌合约，价格为16100元/吨	买入14手2005铝合约，价格为12100元/吨	价差为725元/吨

续表

4月27日	买入10手2005锌合约，价格为16100元/吨	卖出14手2005铝合约，价格为12300元/吨	价差为-345元/吨
套利结果	获利0元	获利2800元	总共获利2800元

资料来源：新湖期货研究所。

（二）铝与美元、黄金及燃料油的价格相关性及套利

1. 铝与美元、燃料油及黄金的相关性

（1）铝与美元的相关性。一直以来，作为大宗商品计价单位的美元，与有色金属价格走势关系密切，一般而言，铝价和美元往往呈负相关关系，即美元走强通常预示着有色金属价格下行压力增加，而美元走弱则给铝价注入了新的上升动力。选取伦敦金属交易所铝3月期合约以及现货美元指数，作出相关性分析如图6-16所示。

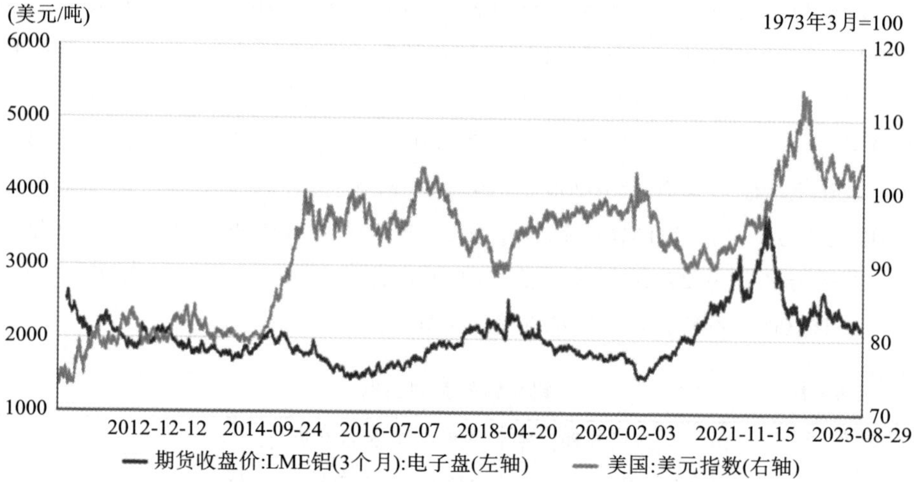

图6-16 美元指数与伦敦金属交易所3月期铝走势

资料来源：iFind新湖期货研究所。

表6-11中，静态相关是每日铝与美元指数收盘价的相关系数，时点数据相关性仅达79.06%。用当日减去上日的收盘价获得的每日差价序列算得的两产品的相关系数为-14.18%。从一元一次直线回归分析来看，铝的价

格变化对于美元的单位变化系数为 -269.62，即美元指数水位平均每增加1，铝价平均每吨减少 269.62 美元。但是由于线性回归后的残差方差不稳定，所以铝和美元的关系不是单纯的一元线性关系，截距对于铝价范围的暗示没有参考作用。

表 6-11　　铝与美元的相关性分析

静态相关	-0.79055
动态相关	-0.1418
斜率	-269.615
截距	3532.96

资料来源：新湖期货研究所。

由此可见，铝和美元的相关性存在但很弱，不是直接高度相关的品种。这与两个产品不在一个市场也有部分关系。

（2）铝与燃料油及黄金的相关性。总体而言，原油价格的上涨对铝等基础金属价格走势有着较大的影响，二者呈正相关关系。首先，从生产成本分析来看，原油价格的上涨直接影响到铝成本的增加，因为一吨电解铝要耗电 13500~14000 千瓦时，占到铝生产总成本的 30% 以上，而且国家出台了取消对电解铝、铁合金和氯碱企业的电价优惠政策，这些都将直接抬高铝的生产成本。其次，在国际市场中原油通常是以美元计价，美元指数的下跌往往会造成原油价格的上扬，二者为负相关关系。如前所述，铝价与美元亦呈反向变动的关系，因此，铝价与原油的波动应该是正向关联变动关系，如表 6-12 所示。

表 6-12　　铝与燃料油及黄金的相关性分析

	燃料油	黄金
静态相关	0.88697	0.750937
动态相关	0.60475	0.182355
斜率	3.480391	83.11842
截距	271.5131	-3466.7

资料来源：新湖期货研究所。

表6－12中，静态相关是每日铝与燃料油及黄金收盘价的相关系数，铝和燃料油的时点数据相关性高达88.7%，而铝和黄金只有75.09%。用当日减去上日的收盘价获得的每日差价序列算得的两产品间的相关系数，铝和燃料油为60.48%，而铝和黄金仅为18.24%。从一元一次直线回归分析来看，铝的价格变化对于燃料油的单位变化系数为3.48，即燃料油价格平均每吨增加100元，铝价平均每吨增加348元。铝的价格变化对于黄金的单位变化系数为83.12，即黄金价格平均每克增加100元，铝价平均每吨增加8312元。

由此可见，铝和黄金的价格相关性虽存在但很弱，而铝和燃料油的价格相关性还算可以。

2. 铝与燃料油的套利分析

在有金融属性的商品期货方面，燃料油相对其他期货产品而言，与铝的相关度更高。所以以上海期货交易所交易的1001燃料油和铝期货为例，一旦两者价差达到一定程度的扩大，就可以做套利去获取异常价差波动中的风险性收益。

（1）铝与燃料油的品种分析。我国燃料油消费的主要方式是以燃烧加热为主，少量用作制气原料，具有较强的节约和替代潜力。根据国家统计局统计，我国燃料油消费主要集中在发电、交通运输、冶金、化工、轻工等行业。其中，电力行业的用量最大，占消费总量的32%。而电解铝是铝锭生产的主要方式，电费占电解铝成本的25%~40%。每生产1吨电解铝，耗电量就高达14000度。可以说燃料油对于铝生产来说，是“成本的成本”。

（2）铝与燃料油的价格走势分析。从图6－17价格走势来看，上海期货交易所的铝与燃料油在价格走势上存在大趋势上的一致性。燃料油和铝的价格差，从2009年初的8814元/吨，到当年10月已上升至10854元/吨。从一年期的数据来看，价差的均值回归特性很难察觉。在此基础上再对数据进行正态化修正，从修正的价差图上来看，均值回归特性较明显。如果均值和方差呈现稳定性特征，则铝与燃料油的配对具备套利的数据特性前提。

（3）铝与燃料油的套利过程见【案例6－8】。

案例 6－8

铝期货跨品种套利（二）

以上海期货交易所 2007 合约为例，铝价和燃料油价在 2020 年 5 月 22 日分别为 13020 元/吨和 3980 元/吨。现对铝与燃料油数量的配比暂定为 1:1.7，即在 5 月 22 日以 17 手燃料油合约对应 10 手铝合约的数量关系（见图 6－17），买入铝卖出燃料油。在随后的 2020 年 7 月 23 日，铝价和燃料油价的关系水平又恢复到了正常情况，此时铝价为 13900 元/吨，燃料油价为 3908 元/吨。在之后的 8 月 6 日，铝价为 15325 元/吨，燃料油价为 4036 元/吨。在这个时候应该卖出铝合约，买进燃料油合约。在随后的 8 月 12 日，燃料油和铝价关系又恢复正常。此时，铝价为 14880 元/吨，燃料油价为 4242 元/吨。交易情况见表 6－13。

图 6－17　铝和燃料油的价格走势

资料来源：新湖期货研究所。

表 6－13　**铝与燃料油的套利实例**

2020 年 5 月 22 日	卖出 17 手 2007 燃料油合约，价格为 3980 元/吨	买入 10 手 2007 铝合约，价格为 13020 元/吨	价差为 9040 元/吨

续表

2020年7月23日	买入17手2007燃料油合约，价格为3908元/吨	卖出10手2007铝合约，价格为13900元/吨	价差为9992元/吨
套利结果	获利12240元	获利44000元	总共获利56240元/吨
2020年8月6日	买入17手2007燃料油合约，价格为4036元/吨	卖出10手2007铝合约，价格为15325元/吨	价差为11289元/吨
2020年8月12日	卖出17手2007燃料油合约，价格为4242元/吨	买入10手2007铝合约，价格为14880元/吨	价差为10638元/吨
套利结果	获利35020元	获利22250元	总共获利57270元

资料来源：新湖期货研究所。

在进行铝期货的跨品种套利时，需要注意以下事项：

首先，所跨的品种需满足如下前提条件：

一是两种商品具有高度的相关性。跨品种套利的两种商品必须具有高度的相关性，比如铜和铝，在工业用途上往往具有部分替代性。毫不相关的两种商品即使在某一段时间价格差变化上具有一定的规律性，也不能就此认定未来一定会遵循这种规律，盲目做套利具有很大的风险，比如铝和天然橡胶，两种商品关联度较低，还有上文提到的铝和黄金，应尽量避免这样的套利。

二是两种商品的价格具有高度的同向性。在前文的统计描述中，我们用动态关联度来考量这种同向性，操作跨品种套利，两种商品的变化趋势必须相似或相近。一个单边上涨，一个单边下跌，理论上也可以进行套利操作，但是实际操作起来一般是避免反向相关性品种的，因为两者用的不是价差的形式。

三是两种商品的价格变化速率不同。跨品种套利强调的是利用两种商品变化的价差的波动实现套利机会，若两种商品变化速率无差异，那么价差就不会有均值回归现象。

四是如果做的是两个期货品种间的套利，买进或卖出的期货合约通常应在相同的交割月份。

其次，跨品种套利的收敛性是属于半绝对半假设性范畴。其收敛的绝对性比不过期现套利，但跨品种套利收敛的可能性要比一般成对股票的统计套利模式来得稳定。不过如上文分析，有时候价差的发散会让收敛式套利“得不偿失”，所以很多机构也会利用价差发散的机会做价差交易。不过从原始的套利定义来看，这种价差发散式交易已经属于投机性质了，这在套利界定上往往也容易引起误解。

再次，由于不同品种的涉资金额要求不同，所以造成彼此的配对数量关系不是1∶1。这个投资数量比例关系经常会随着不同的事件和情况的发生而不同，给统计套利的成功实施带来了新的挑战。所以套利不能单纯依靠数量关系，去了解价差的原因是预见模型风险的有效方法。

最后，套利的执行风险也是不容忽视的。套利指令的打入可能会有进单数量达不到预计的问题，而且即使数量准确成交了，但价格可能也不是计划的价格。这种来自执行方面的潜在问题增加了套利的额外成本。

自测题

一、选择题

1. 铝期货套利是就是（　　）铝相关投资对象，买卖数量配比，以期望得到在有利价差变化中实现的利润。

A. 同时买进两只　　　　B. 同时卖出两只

C. 先后分别买进卖出　　D. 同时买进和卖出

2. （　　）奠定了很多衍生品定价的基础。

A. 同步定律　　　　B. 同价定律

C. 同时定律　　　　D. 价比定律

3. 套利时候要着重于（　　）方面的问题。

A. 执行和收敛　　　　B. 执行和时间

C. 质量和时间　　　　D. 时间和收敛

4. 下面（　　）不是套利交易形式。

A. 同时买卖不同月份的铝期货

B. 同时买伦敦铜和伦敦铝

C. 同时买现货铝和卖期货铝

D. 同时买入部分中铝股份并卖出一定数量的铝期货

5. 远期期货价格低于近期期货价格或者现货价格高于期货价格的情况称为（　　）。

A. 正向市场　　B. 反向市场

C. 变相市场　　D. 常态市场

6. 下列不是套利吸引投资者原因的是（　　）。

A. 套利利润最大　　B. 套利交易风险较小

C. 价差比价格更容易预测　　D. 收益比较稳定

7. 下列不是期限套利风险的是（　　）。

A. 时间风险　　B. 利率风险

C. 天气风险　　D. 增值税风险

8. 跨合约成本包括很多因素，以下因素不属于跨合约套利主要成本的是（　　）。

A. 仓储费　　B. 过户费

C. 消费税　　D. 增值税

9. 卖出套利的潜在风险（　　），潜在收益（　　）。

A. 无穷小　无穷大　　B. 固定　无穷大

C. 固定　固定　　D. 无穷大　固定

10. 下列不属于跨市交易前提的是（　　）。

A. 事先有现货　　B. 专业的产品知识

C. 完备的风险意识　　D. 强大的资金实力

二、判断题

1. 套利与套期保值在交易形式上相同，只是前者只在期货市场上买卖合约。（　　）

2. 套利在本质上是期货市场的一种投机，有时它会进一步扭曲期货市场的价格。（　　）

3. 套利者利用同一商品在两个合约月份之间的差价，而不是任何一个合约的价格进行交易。（　　）

4. 套利者往往先买进或卖出一份合约，再做相反操作，先后扮演多头和空头的双重角色。（　　）

5. 由于套利操作上的复杂性，在收取保证金时，往往高于一张合约。

（　　）

6. 如果不同交割月份合约价格间关系不正常，无论价差过大还是过小，交易者都可以相机采取行动进行跨期套利。（　　）

7. 在反向市场中，由于需求远大于供给，现货价格高于期货价格，近期合约价格相对于远期合约价格升幅更大时，可以入市做牛市套利。

（　　）

8. 无论在正向市场还是反向市场，熊市套利的做法都是卖出近期合约同时买入远期合约。（　　）

9. 蝶式套利必须同时下达三个卖空/买空/卖空的指令，并同时对冲。

（　　）

10. 投资者在进行跨市套利时，应着重考虑两地间的运输费用和正常的差价关系。（　　）

三、填空题

1. 在进行套利时，交易者主要关注的是合约之间的________。

2. 与普通投机交易相比，套利者在一段时间内________。

3. 理论上，在正向市场牛市套利中，如果价差扩大，交易者________。

4. 正向市场牛市套利的操作规则为________。

5. 反向市场中，发生以下哪类情况时应采取牛市套利决策________。

6. 理论上，在反向市场牛市套利中，如果价差缩小，交易者________。

7. 理论上，在正向市场熊市套利中，如果价差扩大，交易者________。

8. 理论上，在反向市场熊市套利中，如果价差缩小，交易者________。

9. 蝶式套利必须同时下达个________指令，并同时对冲。

10. 跨市套利中，通常决定同一品种在不同交易所间价差的主要因素是________。

参考答案

一、选择题

1. D 2. B 3. A 4. B 5. B
6. A 7. C 8. C 9. D 10. A

二、判断题

1. √ 2. × 3. √ 4. × 5. ×
6. √ 7. √ 8. √ 9. × 10. √

三、填空题

1. 相对价格关系
2. 同时进行多头和空头操作
3. 亏损
4. 买入近期合约，同时卖出远期合约
5. 近期月份合约价格上升幅度大于远期月份合约
6. 亏损
7. 获利
8. 获利
9. 三
10. 运输费用

第七章

铝期货的投机交易

本章要点

本章主要对铝期货的投机交易进行了阐述，着重讲解铝投机交易的概念及作用、主要参与者类型、投机策略（包括建仓和平仓策略）等方面的内容，本章能够使投资者正确认识铝期货投机交易的作用和性质，了解参与投机交易需要掌握的技巧、方法与操作规范。

一、什么是铝期货的投机交易？铝期货投机交易的作用有哪些？

期货投机交易是指，在期货市场上以获取价差收益为目的的期货交易行为。在铝的期货市场上，除了套期保值者之外，还存在投机者。铝的投机者根据自己对期货价格走势的判断，作出买进或卖出的决定，如果这种判断与市场价格走势相同，则投机者平仓出局后可获取投机利润；如果判断与价格走势相反，则投机者平仓出局后承担投机损失。因为投机的目的是赚取差价收益，所以铝的投机者一般只是平仓了结持有的期货合约，而不进行实物交割。

铝的期货投机交易不同于一般意义上的投资行为，也不同于套期保值行为，更与赌博相异甚远，其与套期保值以及赌博行为的差异比较如表 7－1 所示。

表 7－1 期货投机与套期保值、赌博的区别

项目	铝期货套期保值交易	铝期货投机交易	项目	赌博	铝期货投机交易
交易场所	在铝现货和铝期货两个市场同时操作	只在铝期货市场操作，一般不做现货交易，几乎不进行实物交割	风险机制	风险来自赌局的设立，人为制造的风险	规避或转移的风险在商品生产和经营活动中客观存在
交易目的	利用铝期货市场为现货市场规避风险	以较少资金获取较大利润	运作机制	结果随机产生，无法预测	可以分析、判断，正确预测
交易方式	期现两个市场对冲	利用市场中价格波动进行买空卖空，获得价差收益	经济职能	个人之间金钱的转移，所耗费的时间和资源未创造出新价值，对社会无贡献	承担市场价格风险，提高市场流动性，有助于社会经济生活正常运行。投机交易可以提高市场流动性，可以作为套保交易的对手方，提升套保的质效
交易风险	转移或规避市场价格风险	自愿承担价格波动风险，风险与收益一致			

资料来源：新湖期货研究所。

投机是一个很敏感的词，尤其是处于中国特殊的历史环境中，它一直被列为贬义词。在西方，“投机”的英语词汇是“Speculation”，原意是指

"预测"，是一个中性词。在中国，投机一直与投机倒把相联系，在"人勤百业兴"的传统观念中，投机有不务正业之嫌，但是从期货市场发展以及市场经济体系完善的角度来说，投机恰恰是市场经济发展的一种自然选择。

在铝的期货市场上，投机交易是交易中不可缺少的组成部分。它起到了增加市场流动性和承担套期保值者转嫁风险的作用；它还有利于期货交易的顺利进行和期货市场的正常运转；它是期货市场套期保值功能和发现价格功能得以发挥的重要条件之一。主要表现在：

第一，铝期货投机者是期货市场风险的承担者，是铝现货商的交易对手。期货市场的套期保值交易能够为现货商的生产经营者规避风险，但它只是转移了风险，并不能把风险消灭。转移出去的风险需要有相应的承担者，铝期货投机者在期货市场上正起到承担风险的作用。期货交易运作的实践证明，一个期货市场中只有套期保值交易根本无法达到转移风险的目的。

如果铝的现货商进行套期保值，那么必须在买入套期保值者和卖出套期保值者交易数量完全相等时，交易才能成立。实际上，多头保值与空头保值的不平衡是经常的。因此，仅有现货商的市场，套期保值是很难实现的。铝期货投机者的加入正好能弥补这种不平衡，在利益动机的驱使下促使期货交易的实现。铝期货的投机者根据自己对价格的判断，不断在期货市场上买卖铝期货合约，以期在价格波动中获利。在这一过程中投机者必须承担很大的风险，一旦市场价格与投机者预测的方向相反就会造成亏损。如果期货市场上没有投机者或没有足够的投机者参与期货市场，套期保值者就没有交易对手，铝现货企业的风险也就无从转嫁，铝期货市场为现货商服务、套期保值回避风险的功能就难以发挥。

第二，铝的适度投机交易促进市场流动性，促进期货市场价格发现功能的实现。因为价格发现功能一般是在市场流动性较强的条件下实现的。当然，如果投机过度，投机行为不仅不能减缓价格的波动，而且会人为地加剧价格波动，加大市场风险，使市场丧失正常功能。因此，遏制过度投机，打击操纵市场行为是各国证券监管机构的主要工作之一。

第三，铝的跨期套利和跨品种套利一定程度上能够对冲价格波动。铝期货市场的投机者不仅利用价格短期波动进行投机，而且利用同一种商品或同类商品在不同时间、不同交易所之间的差价变动来进行套利交易。这种投机，使不同品种之间和不同市场之间的价格，形成一个较为合理的价格结构。

二、铝期货投机交易的主要参与者有哪些？

投机者类型的划分，根据不同的标准而定。

按照交易量的大小，可划分为大投机者与中小投机者。对大、中、小投机者的界定，一般是根据其交易量的大小和拥有资金的多少，这又和其所参与交易的市场规模有关。目前，对于铝的期货，尚未有绝对的量化标准。

按照交易头寸区分，可划分为多头投机者和空头投机者。在交易中，投机者一般都依据其对未来价格变动的预测来确定其交易头寸。买入铝期货合约者，即拥有多头头寸，被称为多头投机者；相反，卖出铝期货合约者，即拥有空头头寸，被称为空头投机者。

按照投机者持仓时间长短，可划分为长线交易者、短线交易者、当日交易者和抢帽子者。长线交易者通常将铝的合约持有几天、几周甚至几个月，待价格变至对其有利时再将合约对冲。短线交易者一般是当天下单，在一日或几日内了结。当日交易者，一般只进行当日或某一交易节的买卖，很少将持有的头寸拖到第二天，一般为交易所的自营会员。抢帽子者又称逐小利者，是利用微小的价格波动来赚取微小利润，他们频繁进出，但交易量很大，希望以大量微利头寸来赚取利润。

无论是哪一种类型的投机者，在期货市场，都必须与一大群专业人员展开竞争。这些专业人员包括以期货交易为生、期望得到回报的职业投机者以及从事商品期货基金管理的职业操盘手，还包括一大批有现货背景的现货商。

三、如何进行铝期货投机交易？投机交易策略有哪些？

（一）投机前要做的准备工作

1. 充分了解期货合约

在买入或卖出期货合约之前，应对铝期货合约的种类、数量和价格作全面、准确和谨慎的研究。从生产到加工再到下游消费，铝的产业链有其独特的地方。在对铝期货合约有足够认识的基础上，才能决定下一步准备交易的合约数量和方向。

2. 制订交易计划

一个毫无计划的期货投机者，最明显的特征就是缺少交易的策略计划。在充分了解铝期货的基础上，交易计划就是获取成功的蓝图。制订交易计划可以使交易者被迫考虑一些可能被遗漏或考虑不周或没有给予足够重视的问题；可以使交易者明确自己正处于何种市场环境，将要采取什么样的交易方向，明确自己应该在什么时候改变交易计划，以应对多变的市场环境；可以使交易者选取适合自身特点的交易方法。

3. 确定获利和亏损限度

一般情况下，风险承受能力是决定可接受的最低获利水平和最大亏损限度的重要因素。通过预测铝期货价格可能的走势，把现实的和潜在的各种可获得的交易策略结合起来，获利的潜在可能性应大于所冒的风险。在交易前，应为自己确定一个最低获利目标和所能承受的最大亏损限度，做好交易前的心理准备。

4. 确定投入的风险资本

为了增加获利机会，要做到以下三点：

（1）分散资金投入方向，而不是集中用于某一笔交易；

（2）持仓应限定在自己可以完全控制的数量之内；

（3）为有可能出现的新的交易机会留出一定数额的资金。

（二）铝期货的投机建仓和平仓策略

当开始进行铝的期货投机交易时，需要在投机交易的不同阶段，如减仓与平仓阶段，制定切实可行的交易策略，并掌握一些交易技巧。

1. 投机者的建仓策略

（1）谨慎选择入市时机。首先，判断铝期货的市场目前是处于牛市还是熊市，一般采用基本面分析法，分析目前铝行业的供求情况。其次，在入市前，还需充分考虑投机者自身承担风险的能力，风险和获利机会一般而言是对等的，因此需要仔细权衡风险和获利前景，只有在获利概率较大时，才能入市。最后，采用技术分析法决定入市的具体时间。基本分析法侧重行情的长期走势，而技术分析法侧重研判相对短期的走势，因此更适合发现入市的恰当时点。

（2）平均买低和平均卖高策略。如果建仓后铝期货的市场行情与预料相反，可以采取平均买低或平均卖高的策略，待行情按照自己预料的方向上涨或下跌时，及时卖出或买进铝期货合约平仓。具体而言，在买入铝期货合约后，如果价格下降则进一步买入合约，以求降低平均买入价，一旦价格反弹可在较低价格上卖出止亏盈利，这称为平均买低。在卖出合约后，如果价格上升则进一步卖出合约，以提高平均卖出价格，一旦价格回落可以在较高价格上买入止亏盈利，这就是平均卖高。

值得注意的一点是，在采取平均买低或平均卖高策略时，必须以对市场大势的看法不变为前提。在预计价格将上升时，价格可以下跌，但最终仍会上升。在预测价格即将下跌时，价格可以上升，但必须是短期的，最终仍要下跌。否则这种做法只会增加亏损。

（3）“金字塔”式买入卖出策略。如果建仓后铝期货市场行情与预料相同并已经使投机者获利，可以增加持仓。增仓应遵循以下两个原则：一是只有在现有持仓已经盈利的情况下，才能增仓；二是持仓的增加应渐次递减。

例如，某投资者预计未来 3 个月铝价将会持续上涨，买入 5 手沪铝期货合约，成交价为 16600 元/吨。价格如预期上涨，在一周后上涨至 16700 元/吨，该投资者再买入 4 手沪铝期货合约，成交价为 16700 元/吨。价格如果进一步上升，这位投资者又分别在 16750 元/吨的价位买入 3 手合约，在 16780 元/吨的价位买入 2 手合约，在 17000 元/吨买入 1 手合约。这时，他一共持有 15 手合约，平均买入价格为 16707.33 元/吨。具体操作过程如图 7－1 所示。

价格（元/吨）	持仓数（手）	平均价（元/吨）
17000	×	16707.33
16780	× ×	16686.43
16750	× × ×	16670.83
16700	× × × ×	16644.44
16600	× × × × ×	16600

图 7－1 “金字塔”式买入策略操作过程

采取“金字塔”式买入合约时持仓的平均价虽然有所上升，但升幅小于合约市场价格的升幅，市场价格回落时，投机者可以有充足的时间卖出合约并取得预期利润。金字塔卖出策略的做法与此类似。

值得注意的一点是，建仓后虽然价格变动有利，但如果投机者在增加仓位时，每次买入或卖出的合约份数总是大于前次买入或卖出的合约份数，买入或卖出合约的平均价就会和最近的成交价相差无几，只要价格稍有下跌或上升，便会吞噬所有利润，甚至蚀本，因此“倒金字塔”式买入不应提倡。

为了尽可能利用市场的有利变动，可以采取一种“金字塔”式的变形。最初建仓时买卖少量合约，如果市场行情有利，分次买入或卖出铝期货合约，每次买入或卖出的合约份数均大于前次买卖的数量。在所持有的持仓达到一定数量后，分次逐步递减买卖合约。持仓的增加情况如图 7－2 所示。

2. 投机者的平仓策略

建仓之后，投机者应随时关注市场行情变动，适时平仓，以获取投机利润或者及时止损。

（1）掌握限制损失、滚动利润的原则。在铝期货的投机中，投机者在交易出现损失，并且损失已经达到事先确定数额时，应立即对冲了结，认输离场，过分的赌博心理只会造成更大损失。如果市场按照预测的趋势，朝有

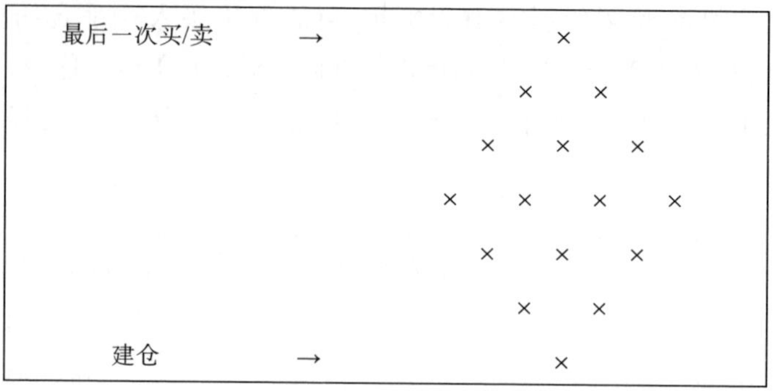

图 7-2 “金字塔”式建仓—卖出示意

利的方向发展，投机者就可以继续持有自己买入或卖出的仓位，直到市场趋势出现逆转为止。投资经验再丰富的投机者，也不可能每次投资都会获利，出现损失并不可怕，怕的是不能及时止损，酿成大祸。

（2）灵活运用止损指令。止损指令是实现限制损失、滚动利润原则的有力工具，不过需要注意的一点是，止损单价格不能太接近于当时的期铝价格，以免价格稍有波动就不得不平仓。但也不能离市场价格太远，否则，容易遭受不必要的损失。止损单价格的选择可以利用技术分析法确定。

四、资金管理的要领是什么?

资金管理是指资金的配置问题。其中包括：投资组合的设计、多样化的安排、在各个市场上应分配多少资金去投资、止损点的设计、报偿与风险比的权衡、在经历了成功或挫折之后采取何种措施，以及选择保守稳健的交易方式还是积极大胆的方式等方面。

一是投资额必须限制在全部资本的50%以内。在任何时候，交易者投入市场的资金都不应该超过其总资本的一半。剩下的50%资金是储备，用来保证在交易不顺手的时候或临时支用时有备无患。

二是在任何单个的市场上所投入的总资金必须限制在总资本的10%～15%以内。例如，你有100000元资金，在任何一个单独的品种上，最多只能投入10000—15000元到某一个品种上。这一措施可以防止在一个品种上注入过多的本金，从而避免在“一棵树上吊死”的危险。

三是在任何单个市场上的最大亏损额必须控制在总资本的5%以内。这个5%是指在交易失败的情况下，将承受的最大亏损。例如，对于100000元的账户来说，可以在单个品种上冒险的资金不超过5000元。

四是在任何一个市场群类上所投入的保证金总额必须限制在总资本的20%～25%以内。同一群类的市场，往往步调一致。例如，大豆和豆粕是豆类里的两个成员，通常处于一致的趋势下，如果把全部资金注入同一群类的各个市场，就违背了多样化的风险分散原则。

自测题

一、选择题

1. 在期货市场上以获取价差收益为目的的期货交易行为称为（　　）。

A. 套利交易　　B. 期货投机

C. 期权交易　　D. 过度投机

2. 在期货投机交易中，投机者应该注意，止损单中的价格不能（　　）当时的市场价格。

A. 等于　　B. 大于

C. 低于　　D. 太接近于

3. 按照一般性资金管理要求，在任何单个的市场上的最大总亏损金额必须限制在总资本的（　　）以内。

A. 2%　　B. 5%

C. 10%　　D. 25%

4. 一般情况下，（　　）是决定可接受的最低获利水平和最大亏损限度的重要因素。

A. 个人倾向　　B. 技术分析

C. 供求分析　　　　D. 基本分析

5. 在期货投机交易中，（　　）利用微小的价格波动来赚取微小利润，他们频繁进出，但交易量很大，希望以大量微利头寸来赚取利润。

A. 长线交易者　　　　B. 短线交易者

C. 抢帽子者　　　　D. 当日交易者

6. 当远期月份合约的价格（　　）近期月份合约的价格时，市场处于正向市场。

A. 等于　　　　B. 大于

C. 低于　　　　D. 接近于

7. 期货市场的建立和期货交易的进行，其根本目的是要在市场经济条件下为商品的生产者、经营者和加工者创造一个规避价格波动风险的机制，这就是期货市场上的（　　）。

A. 期货投机　　　　B. 套期保值

C. 套利交易　　　　D. 期权期货

8. 某投机者决定做小麦期货合约的投机交易，以1200元/吨买入1手合约。成交后立即下达一份止损单，价格定于1180元/吨，此后价格上升到1220元/吨，投机者决定下达一份新的到价止损指令，价格定于1210元/吨，若市价回落可以保证该投机者（　　）。

A. 获得10元/吨的利润　　　　B. 损失10元/吨

C. 获得15元/吨的利润　　　　D. 损失15元/吨

9. 按照一般性资金管理要求，在任何单个的市场上所投入的总资金必须限制在总资本的（　　）以内。

A. 5%~10%　　　　B. 10%~15%

C. 10%~20%　　　　D. 30%~40%

10. 在买入合约后，如果价格下降则进一步买入合约，以求降低平均买入价，一旦价格反弹可在较低价格上卖出止亏盈利，这称为（　　）。

A. 平均卖高　　　　B. 买低卖高

C. 平均买低　　　　D. 卖高买低

二、判断题

1. 期货市场的价格发现机制正是投机者对未来市场价格走向预测的反映。（　　）

2. 买进期货合约投机者，拥有多头头寸，被称为多头投机者。（　　）

3. 期货交易是否成功，在很大程度上取决于市场流动性的大小，这一点主要取决于投机者。（　　）

4. 投机者所冒的风险是人为制造的风险。（　　）

5. 如果建仓后市场行情与预料的相反，可以采取买低卖高或卖高买低的政策。（　　）

6. 当远期月份合约的价格大于近期月份合约的价格时，市场处于反向市场。（　　）

7. 投机者一般不做现货交易，几乎不进行实物交割。（　　）

8. 期货市场具有一种把价格风险从保值者转移给投机者的机制。

（　　）

9. 在卖出合约后，如果价格上升则进一步卖出合约，以提高平均卖出价格，一旦价格回落可以在较高价格上买入止亏盈利，这就是平均买低。

（　　）

10. 在任何单个市场上的最大总亏损金额必须限制在总资本的10%以内。（　　）

三、填空题

1. 按照投机者持仓时间长短，可划分为__________、__________、__________和__________。

2. 抢帽子者又称为__________。

3. 从交易头寸区分，期货市场中投机可分为__________和__________。

4. 建仓时除了决定买卖何种合约、合约数量及入市时间外，还必须确定__________。

5. 灵活运用止损指令可以起到__________和__________的作用。

6. 从分析预测方法区分，投机者可分为__________和__________。

7. ＿＿＿＿＿＿、＿＿＿＿＿＿是期货市场的两个基本因素，共同维护期货市场的生存和发展。

8. 某投机者预测8月大豆期货合约价格将上升，故买入1手（10吨/手）大豆期货合约，成交价格为2010元/吨。此后价格下降到2000元/吨，该投机者再次买入1手合约，则该投机者的持仓平均价格为＿＿＿＿＿＿。

9. 某投机者预测10月大豆期货合约价格将上升，故买入10手（10吨/手）大豆期货合约，成交价格为2030元/吨。可此后价格不升反降，为了补救，该投机者在2015元/吨再次买入5手合约，当市价反弹到＿＿＿＿＿＿时才可以避免损失。

10. 某投机者预测5月大豆期货合约价格将上升，故买入5手（10吨/手），成交价格为2000元/吨，此后合约价格迅速上升到2020元/吨，该投机者再次买入4手，当市场价格再次上升到2030元/吨时，又买入3手合约，当市价上升到2040元/吨时再买入2手，当市价上升到2050元/吨时再买入1手，则该投机者持仓的平均价格为＿＿＿＿＿＿。

参考答案

一、选择题

1. B　2. D　3. B　4. A　5. C

6. B　7. B　8. A　9. B　10. C

二、判断题

1. ×　2. √　3. √　4. ×　5. ×

6. ×　7. √　8. √　9. ×　10. ×

三、填空题

1. 长线交易者　短线交易者　当日交易者　抢帽子者

2. 逐小利者

3. 多头投机者　空头投机者
4. 合约的交割月份
5. 限制损失　滚动利润
6. 基本分析派　技术分析派
7. 期货投机　套期保值
8. 2005 元/吨
9. 2025 元/吨
10. 2020 元/吨

第八章

铝期货交易中的风险及防范

本章要点

本章主要介绍了参与铝期货交易存在的风险，并对如何管理这些风险分别从个人投资者和机构投资者两方面进行了阐述。

一、参与铝期货交易有哪些风险？

（一）期货市场共有的风险特征

期货市场，无论是金属类、能源化工类还是其他品种，存在的风险具有一些共同的特征。

1. 风险存在的客观性

在任何市场中都存在着可能造成投资者损失的不确定性因素，这是所有市场风险的共性。在期货市场中，由于杠杆效应、双向交易、对冲机制等内在机制的特殊性会吸引很多投机者参与，但同时也可能带来期货价格的剧烈波动。

2. 风险因素的放大性

期货市场的风险与现货市场的风险相比具有放大性，这种放大性的形成主要有以下几个方面的原因：(1) 期货价格相对现货价格而言波动更大更频繁；(2) 期货交易本身的杠杆效应使得期货可投机性较强，交易者过度的投机心理容易诱发风险行为，增加产生风险的可能性；(3) 期货交易是连续性的合约买卖活动，风险易于延伸，引发连锁反应；(4) 期货交易量大，风险涉及面较广；(5) 期货交易具有远期性，未来不确定的因素较多。

3. 风险与机会共存

期货交易中风险的存在，一方面意味着发生损失的可能性，另一方面孕育着获取高额回报的可能，也就是我们通常所说的高风险对应高收益，正是这一特点促使投机者进入期货市场。当然，期货收益的高风险要求投资者必须提高自身素质，规范交易行为，将风险控制在可承受的范围内。

4. 风险损失的均等性

对参与期货交易的双方来说，期货风险可能带来的损失都是客观的、均等的。在期货市场中，各种交易者所面临风险程度的大小主要由其持有的头寸和经济实力决定，但他们无疑都同样面临损失的风险。

5. 风险的可防范性

期货市场的风险是客观存在的，虽然它有不确定性，但是由于期货市场风险的产生和发展有其规律，同时其影响因素也往往是可以识别的，可以通过研究影响因素，掌握其征兆以及后果，并采取相应的措施进行有效的风险防范，从而规避、分散风险。

(二) 铝期货交易的主要风险

就铝期货交易而言，从风险来源看，可将铝期货市场的风险分为市场风险、操作风险、流动性风险、法律风险和信用风险。

1. 市场风险

市场风险是铝价波动导致的所持铝期货合约价值发生变化的风险。这是铝期货交易中最常见，也是最需注意的一种风险。导致这一风险的因素一般可分为自然环境因素、社会环境因素、政治法律因素、技术因素、心理因素等。铝期货市场的市场风险又可分为利率风险、汇率风险、权益风险、商品风险等。

2. 操作风险

操作风险是指在铝期货交易过程中，期货公司或投资者因为内部控制缺陷或信息系统故障等而导致意外损失的可能性。操作风险包括以下几方面：期货公司或投资者在交易过程中没能按规定的流程操作造成的风险；交易操作人员指令处理错误所造成的风险；不完善的内部制度与处理步骤等原因负责风险管理的计算机系统出现差错，导致不能正确地把握铝期货的市场风险；因计算机的操作错误而破坏数据的风险；因工作责任不明确或工作程序不恰当，不能进行准确结算或发生作弊行为的风险；存储交易数据的计算机因灾害或操作错误而引起损失的风险等。

3. 流动性风险

铝期货交易中的流动性风险可分为流通量风险和资金量风险两种。流通量风险是指铝期货合约无法及时以合理价格建立或了结头寸的风险，即在交易时缺乏交易对手方而使交易无法达成。资金量风险是因投资者的资金不能达到保证金要求而面临的强制平仓的风险。

4. 法律风险

法律风险是指在铝期货交易中，由于交易对象、签订合同、税收处理等相关行为与相应的法律法规发生冲突致使无法获得预期收益甚至蒙受损失的风险。如投资者与不具有期货代理资格的机构签订紧急代理合同不受法律保护，如果投资者通过这些机构进行铝期货交易就会有法律风险。

5. 信用风险

信用风险是指在铝期货交易过程中，交易对手不履行履约责任而给自己带来损失的风险。现代期货交易的风险分担机制使得信用风险发生的概率很小，但在发生重大风险事件或相关风险控制制度不完善时也会产生信用风险。

延伸阅读

巴林银行破产事件

1995年2月26日，新加坡巴林公司期货经理尼克·里森投资日经225股指期货失利，导致巴林银行遭受巨额损失，合计损失达14亿美元，最终巴林银行无力继续经营而宣布破产。从此，这个有着233年经营史和良好业绩的老牌商业银行在伦敦城乃至全球金融界消失。

巴林银行集团曾经是英国伦敦城内历史最久、声名显赫的商业银行集团，素以发展稳健、信誉良好而驰名，其客户也多为显贵阶层，英国女王伊丽莎白二世也曾经是它的顾客之一。巴林银行集团的业务专长是企业融资和投资管理，业务网点主要在亚洲及拉美新兴国家和地区。1994年，巴林银行的税前利润仍然高达1.5亿美元，巴林银行曾经一度希望在中国拓展业务。然而，次年的一次金融投机彻底粉碎了该行的所有发展计划。

巴林银行破产的直接原因是新加坡巴林公司期货经理尼克·里森错误地判断了日本股市的走向。1995年1月，日本经济呈现复苏势头，里森看好日本股市，分别在东京和大阪等地买进大量期货合同，希望在日经指数上升时赚取大额利润。天有不测风云，1995年1月17日突发的日本阪神地震打击了日本股市的回升势头，股价持续下跌。巴林银行因此损失金额高达14亿美元，这几乎是巴林银行当时的所有资产，这座曾经辉煌的金融大厦就此倒塌。巴林银行集团破产的消息震动了国际金融市场，各地股市受到不同程度的冲击，英镑汇率急剧下跌，对马克的汇率跌至历史最低水平。巴林银行事件对于欧美金融业的隐性影响不可估量。

事情表面看起来很简单，里森的判断失误是整个事件的导火线。然而，正是这次事件引起了全世界密切关注，金融衍生工具的高风险被广泛认识。从里森个人的判断失误到整个巴林银行的倒闭，伴随着金融衍生工具成倍放大的投资回报率的是同样成倍放大的投资风险。这是金融衍生工具本身的“杠杆”特性决定的。

资料来源：http：//baike. baidu. com/view/1210907. htm。

二、如何进行铝期货交易的风险管理?

(一) 个人投资者如何进行风险管理

个人投资者在参与铝期货交易的过程中，为维护自身权益，保障自身财务安全，可采取如下一些防范措施。

1. 学习铝期货市场知识，充分了解铝期货交易特点

个人投资者在参与铝期货交易之前，必须事先对铝期货市场有足够的了解和认识，包括学习期货市场的基本理论和结构、了解铝期货合约、掌握交易流程和交易方法以及学习基本的分析技巧。同时，必须掌握如何识别交易中的欺诈行为，以维护自身的权益。这些知识是个人投资者进行铝期货投资的基础条件，投资者可以通过书籍、网络、参加研讨会等不断积累。同时，对于初入期市的投资者建议先进行铝期货的模拟交易，待对期货市场及铝品种有一定了解和把握后再入场实战操作。

2. 学习期货行业的常用专业术语

交易单位：也称为合约规模，是指在期货交易所交易的每手期货合约代表的标的物的数量。在目前的铝期货交易中，最小交易单位为 5 吨/手。

最小变动价位：是指在期货交易所的公开竞价过程中，对合约每计量单位报价的最小变动值，在期货交易中，每次报价的变动数值必须是最小变动数值的整数倍。目前，铝期货交易的最小变动价位为 5 元/吨。

合约交割月份：是指某种期货合约到期交割的月份。由于合约的交割月份对期货的价格有较大影响，同时对并无交割意愿的投资者来说应特别注意，以免被动交割。

最后交易日：是指期货合约在一个月或者季度结束前的最后一个交易日，也就是最后一天可以进行买入和卖出的日子，过了这个期限的未平仓期货合约，必须按规定进行实物交割或现金交割。

开仓：也称为建仓，是指期货交易者新建期货头寸的行为，包括买入开仓和卖出开仓。

持仓：是指交易者开仓之后手中持有头寸的情形。若交易者买入开仓，则构成买入（多头）持仓；反之，则形成了卖出（空头）持仓。

平仓：是指交易者了结持仓的交易行为，了结的方式是针对持仓方向做相反的对冲买卖。

牛市套利：是指当市场出现供给不足、需求旺盛的情形，导致较近月的合约价格上涨幅度大于较远期的上涨幅度，或者较近月份的合约价格下降幅度小于较远期的下跌幅度时，买入较近月份的合约同时卖出较远月份的合约的操作。

熊市套利：是指当市场出现供给过剩，需求相对不足时，一般来说，较近月份的合约价格下降幅度往往要大于较远期合约价格的下降幅度，或者较近月份价格上升幅度小于远期合约价格的上升幅度时，卖出较近月份合约同时买入远期月份的合约的操作。

蝶式套利：是一种利用不同交割月份期货合约价差进行套利的策略，它由两个方向相反、共享居中交割月份合约的跨期套利组成。

跨品种套利：是指利用两种不同但相互关联的商品之间的期货合约价格差异进行套利，即买入某种商品的期货合约，同时卖出另一相互关联的商品期货合约，以期在有利时机同时将这两种合约对冲平仓获利的操作。

跨市套利：是指在某个交易所买入（或卖出）某一交割月份的某种商品合约同时，在另一个交易所卖出（或买入）同一交割月份的同种商品合约，以期在有利时机分别在两个交易所对冲在手合约以获利的操作。

程序化交易：是指所有利用计算机软件程序制定交易策略并实行自动下单的交易行为。

开盘价：又称开市价，是指某一期货合约每个交易日开市后的第一笔买卖成交价格。

收盘价：是指某一期货合约在当日交易中的最后一笔成交价格。

成交量：指一段时间里某一期货合约买入或卖出的总数。

持仓量：是指某个时间点期货交易者所持有的未平仓合约的数量。

双开：表明买卖双方都是入市开仓，一方买入开仓，另一方卖出开仓。

双平：表明买卖双方都持有未平仓合约，一方卖出平仓，一方买入平仓。

多换：多头换手的简称，表明在买卖双方中，一方为买入开仓，另一方为卖出平仓，意味着“新的多头换出旧的多头”。

空换：空头换手的简称，表明在买卖双方中，一方为卖出开仓，另一方为买入平仓，意味着“新的空头换出旧的空头”。

资料来源：《期货及衍生品基础》。

3. 慎重选择期货公司，避免代理风险

投资者在开户前要认真了解期货公司的相关情况，包括资信情况、交易业绩、代理业务的范围和资格以及有关的规则和制度等。通过选择安全可靠的经纪公司可以降低其代理风险，减少不必要的法律纠纷和经济损失。

4. 制定正确的投资战略，将风险降至可以承受的程度

投资者入市前要对铝期货交易风险有充分的认识，正确估量财力，分析铝期货价格变动规律，制定正确而又符合自己风险承受能力的交易策略，以降低交易风险。一般来说，投资者应避免将自己的非闲置资金投入期市，因为投资者现实生活中资金支取需求很可能会要求投资者在亏损的状态下平仓，造成资金的损失。

5. 规范交易行为，提高风险意识和心理承受能力

投资者进入铝期货市场进行交易必须严格遵守有关法规，严禁违法交易。违法交易所得获利不受法律保护，同时也将受到监管部门严厉处罚。另外，良好的心理承受能力也是进行铝期货交易的必要保障。面对风云变幻的市场行情，投资者必须保持清醒头脑，否则很容易因价格的波动而改变原本正确而理性的判断。

（二）机构投资者如何进行风险管理

对机构投资者而言，其主要是通过加强内部风险控制来管理铝期货交易中的风险。

1. 建立完善的风险管理体系

机构投资者应建立由董事会、高层管理部门以及风险管理部门组成的风险管理体系。高层管理部门制定风险管理的控制程序，并报董事会同意；董事会要定期考核机构风险暴露状况，并对风险控制程序进行评估与改进；风

险管理部门是联系董事会、高层管理部门和业务部门的纽带，它必须独立于业务部门。

2. 制定合理的风险管理程序

该管理程序包括：风险衡量系统、风险限制系统、管理资讯系统。风险衡量是风险管理的基础，风险衡量系统要对机构在交易中面临的风险进行全面、准确和及时的衡量；风险限制系统要为各类风险设置界限，保证风险暴露超过设定界限时及时报告给管理层；管理资讯系统是风险管理部门将所衡量的风险及时向管理部门和董事会报告的流程。

3. 建立前、中、后台相互制约的内部监控机制

前台负责具体的交易操作。在这一过程中，前台必须严格遵守各项操作规定。同时，还要按规定和权限调拨、管理交易资金，且详细记载每天的交易活动，并向中台和后台报告交易情况。

后台主要负责以下流程的控制：对每笔铝期货交易进行复核、对账，并确认买卖委托；进行各类财务处理；跟踪近期铝期货的交易情况；按规定独立监管前台交易和完成后续结算；协助前台交易人员准备盈亏报告，评估交易风险和分析市场信用。

中台负责监控前台与后台的一切操作。为保证会计记录的准确性，中台要核对持有头寸限额是否正确，要比较前后台计算出的损益是否一致等；同时，中台还要监督交易质量、财务信息管理和回报率的质量，分析交易情况并对交易误差作出正确解释和内部稽核，最终负责公布监控结果。

4. 加强高层管理人员对内部风险的重视程度

高层管理人员对内部风险控制的高度重视是风险控制的重要保障，高层管理人员在协同有关部门进行内部风险监控时，应采用总量控制和交易程序化的方式，以实现在铝期货交易中降低风险获取盈利的目的。

自测题

一、选择题

1. 价格波动剧烈或连续出现涨跌停板而客户未能及时追加保证金造成

保证金账户穿仓的风险属于（　　）。

A. 代理风险　　B. 交割风险

C. 不可控风险　　D. 操作风险

2.（　　）是因价格变化使期货合约的价值发生变化的风险，是期货交易中最常见、最需要重视的一种风险。

A. 市场风险　　B. 信用风险

C. 流动性风险　　D. 法律风险

3.（　　）是指当投资者的资金无法满足保证金要求时，其持有的头寸面临强制平仓的风险。

A. 流通量风险　　B. 成交量风险

C. 资金量风险　　D. 持仓量风险

4.（　　）是指期货公司或投资者在交易过程中因操作不当或内部控制制度的缺陷或信息系统故障而导致意外损失的可能性。

A. 法律风险　　B. 信用风险

C. 流动性风险　　D. 操作风险

5. 在期货交易中，由于相关行为与相应法律法规发生冲突致使无法获得当初所期待的经济效果甚至蒙受损失的风险属于（　　）风险。

A. 法律　　B. 信用

C. 市场　　D. 操作

6. 为了控制风险水平，铝期货交易实行相关的交易制度，其中（　　）是对交易制度杠杆作用的体现。

A. 交易保证金制度　　B. 对冲机制

C. 双向交易机制　　D. 每日结算制度

7.（　　）表明买卖双方都是入市开仓，一方买入开仓，另一方卖出开仓。

A. 多开　　B. 多换

C. 双开　　D. 空换

8.（　　）意味着“新的多头换出旧的多头”。

A. 多开　　B. 多换

C. 双开　　D. 空换

9. 在目前的铝期货交易中，最小交易单位为（　　）吨/手。

A. 1　　B. 3

C. 5　　D. 8

10. 大户报告制度是指当会员或客户某品种持仓合约的投机头寸达到交易所对其规定的头寸持仓限量（　）以上（含本数）时，会员或客户应向交易所报告其资金情况、头寸情况等，客户须通过经纪会员报告。

A. 60%　　B. 70%

C. 80%　　D. 85%

二、判断题

1. 风险存在具有客观性。（　　）

2. 对参与期货交易的双方来说，期货风险可能带来的损失都是客观的、均等的。（　　）

3. 期货市场的风险是客观存在的，它有不确定性，所以是无法防范的。（　　）

4. 法律风险是由于交易对手不履行履约责任而给自己带来损失的风险。（　　）

5. 客户投资期货市场必须事先对铝期货交易有足够的了解和认识。（　　）

6. 在目前的铝期货交易中，最小交易单位为 8 吨/手。（　　）

7. 利用计算机软件程序制定交易策略并实行自动下单的交易行为属于程序化交易。（　　）

8. 机构投资者主要通过加强内部风险控制的方法来管理风险。（　　）

9. 风险衡量系统要为各类风险设置界限，保证风险暴露超过界限时及时报告给管理层。（　　）

10. 期货交易所实行每日无负债结算制度。（　　）

三、填空题

1. 期货交易中的流动性风险可分为________风险和资金量风险两种。

2. 导致巴林公司破产的是其期货经理________。

3. ________是指某种期货合约在合约交割月份中进行交易的最后一个交易日。

4. ________是指交易者了结持仓的交易行为，了结的方式是针对持仓方向做相反的对冲买卖。

5. 当市场出现供给不足、需求旺盛的情形，导致较近月的合约价格上涨幅度大于较远期的上涨幅度，买入较近月份的合约同时卖出较远月份的合约的操作属于________套利。

6. ________套利是有共享居中交割月份一个牛市套利和一个熊市套利的跨期套利组合的操作。

7. ________制度是指期货交易所为了防范操纵市场价格的行为和防止期货市场风险过度集中于少数投资者，对会员及客户的持仓数量进行限制的制度。

8. ________部门是联系董事会、高层管理部门和业务部门的纽带，它必须独立于业务部门。

9. ________负责具体的交易操作。在这一过程中，前台必须严格遵守各项操作规定。

10. ________制度是指交易所制定的、当期货合约到期时，交易双方将期货合约所载商品的所有权按规定进行转移，了结未平仓合约的制度。

参考答案

一、选择题

1. D　2. A　3. C　4. D　5. A

6. A　7. A　8. B　9. C　10. C

二、判断题

1. √　2. √　3. ×　4. ×　5. √

6. ×　7. √　8. √　9. ×　10. √

三、填空题

1. 流通量 2. 尼克·里森
3. 最后交易日 4. 平仓
5. 牛市 6. 蝶式
7. 持仓限额 8. 风险管理
9. 前台 10. 实物交割

第九章

铝期权

本章要点

本章简要阐述了期权的基本概念、常有期权策略以及铝期权的要素及市场运行情况，梳理了铝期权与期货的优劣以及期权在实际操作中的风险事项。

一、需要了解的铝期权基础知识有哪些？

（一）期权概念

1. 期权（Options）

期权，也称选择权，是指在未来一定时期可以买卖的权利，是期权买方向期权卖方支付一定数量的金额（指权利金）后拥有的在未来一段时间内

（指美式期权）或未来某一特定日期（指欧式期权）以事先规定好的价格（指行权价格）向期权卖方购买或出售一定数量的特定标的物的权利，但不负有必须买进或卖出的义务；卖方收取权利金后则有依约履行的义务。

2. 标的物（Underlying Asset）

标的物是指期权合约中约定交割的东西。比如上证50ETF期权的标的物是华夏上证50ETF，上海期货交易所铝期权的标的物是对应月份的铝期货合约。

3. 到期日（Expiration Date）

到期日即是指期权合约所规定的、期权买方可以实际执行该期权的最后日期。上海期货交易所铝期权的到期日是标的期货合约交割月前第一月的倒数第五个交易日。

4. 执行价（Strike Price）

执行价又称履约价格、行权价，是指买方行使权利时，买卖双方交割标的物所依据的价格。例如AL2307 - C - 20000合约，执行价为20000，投资者依据到期时标的资产的价格与执行价格的高低关系来决策是否行权。

5. 权利金（Premium）

即期权合约的价格，是期权的买方为获取期权合约所赋予的权利而必须支付给卖方的费用，其多少取决于执行价、到期时间及标的波动率等多方面因素。对期权的卖方来说，权利金是卖出期权的报酬。

6. 保证金（Margin）

在期权交易中，买方向卖方支付一笔权利金，买方获得了权利但没有义务，没有违约风险，因此买方不需要交纳保证金。对卖方来说，获得了买方的权利金，只有义务没有权利，因此，为了规避卖方的违约风险，卖方需要向结算机构交纳保证金并进行逐日盯市的结算。

7. T型报价

界面一般中间是行权价格，左侧是认购期权，右侧是认沽期权，行权价一般从小到大排列。左侧的认购期权从上到下，由实值逐渐过渡到虚值，右侧的认沽期权从上到下，由虚值逐渐过渡到实值。

8. 内在价值（Intrinsic Value）和时间价值（Time Value）

权利是有价值的，期权的价值体现为内在价值和外在价值。内在价值指期权的实值额，而外在价值是指期权的价格减去内在价值后剩余的所有价值，包括时间、波幅等所有其他因素。一般把所有外在价值统称为时间价值（权利金 = 内在价值 + 时间价值）。

（二）期权分类

按期权的权利划分，有看涨期权和看跌期权两种；按期权的交割时间划分，有欧式期权、美式期权和百慕大期权三种；按行权价格与市场价格的关系划分，分为实值期权、平值期权和虚值期权；按期权合约上的标的划分，有股票期权、股指期权、利率期权、商品期权以及外汇期权等种类。

1. 看涨期权和看跌期权

看涨期权（Call Option）：看涨期权又称买权，给予期权买方在特定期限内以特定价格买入某种资产的权利。比如某投资者买入 AL2310 - C - 19000 合约，则他有权利在 2023 年 9 月的期权到期日按照 19000 元/吨的价格买入 1 手铝期货合约。如果到期铝期货价格为 20000 元/吨，则该投资者行使权利，此时浮盈 20000 - 19000 = 1000 元/吨，扣除买入期权成本，即为净利润。如果到期铝期货低于 19000 元/吨，则该投资者放弃行使权利，损失为买入期权的权利金。

看跌期权（Put Option）：看跌期权又称卖权，给予期权买方在特定期限内以特定价格卖出某种资产的权利。看跌期权的买家预期在期权到期之前标的资产的价格能够下跌。比如某投资者买入 AL2310 - P - 18000 合约，则他有权利在 2023 年 9 月的某一天按照 18000 元/吨的价格卖出 1 手铝期货合约。如果到铝期货价格下跌到 17000 元/吨，则该投资者行使权利，此时浮盈 18000 - 17000 = 1000 元/吨，扣除买入期权成本，即为净利润。如果到期铝到期没有跌破 18000 元/吨，则该投资者选择放弃行权，最大损失为该投资者买入看跌期权的成本。

2. 欧式期权、美式期权和百慕大期权

欧式期权与美式期权并无地域的区别，而是按照对买方行权时间规定的不同来划分。

欧式期权（European Options）：是指期权买方必须在期权到期日当天才能行使的期权。在期权合约到期日之前不能行使权利，在到期日之后期权作废，买方权利随之消失。

美式期权（American Options）：允许期权持有者在到期日或到期日前的任意一天行权，在到期日之后期权作废，买方权利随之消失。

百慕大期权（Bermuda Option）：是一种可以在到期日前所规定的一系列时间行权的期权。介于欧式期权与美式期权之间，百慕大期权允许持有人在期权有效期内某几个特定日期执行期权。比如，期权可以有3年的到期时间，但只有在3年中每一年的最后一个月才能被执行，它的应用常常与固定收益市场有关。

3. 实值期权、平值期权和虚值期权

按期权执行价格与标的资产价格的关系，可将期权分为实值期权、平值期权和虚值期权三类。

在不考虑交易费用和权利金的情况下，假设期权的买方立即行权，他是盈利的，那么这个期权就是实值期权；假设他立刻行权后是亏损的，那么这个期权就是虚值期权；如果他不赚不亏，那这个期权就是平值期权。对于看涨期权而言，执行价格低于标的现货价格的期权就是实值期权，高于标的现货价格的期权就是虚值期权；对于看跌期权，执行价格高于标的现货价格的期权就是实值期权，低于标的现货价格的期权就是虚值期权。

4. 股票、股指、利率、商品、外汇期权和ETF期权

股票期权（Stock Options）：是以股票为标的物的期权合约，国内简称为个股期权。在美国芝加哥期权交易所挂牌交易的个股期权约有1896种；香港联合证券交易所在1995年推出了首支汇丰控股期权，成为亚洲第一个为投资者提供个股期权交易的市场。

股票指数期权（Stock Index Options）：简称股指期权，以股票指数为标的物的期权合约，通常通过现金结算行权损益。

利率期权（Interest－rate Options）：是一种与利率变化挂钩的期权，到期时以现金或者与利率相关的合约（如利率期货、利率远期或者政府债券）进行结算。利率期权是指买方在支付了期权费后即取得在合约有效期内或到期时以一定的利率（价格）买入或卖出一定面额的利率工具的权利。

商品期权（Commodity Options）：作为期货市场的一个重要组成部分，是当前资本市场最具活力的风险管理工具之一。目前国内商品期权都是期货期权，期货品种包括各类大宗商品，如农产品中的小麦大豆、金属中的铜铝等。

外汇期权（Foreign Exchange Options）：也称为货币期权，指合约购买方在向出售方支付一定期权费后，所获得的在未来约定日期或一定时间内，按照规定汇率买进或者卖出一定数量外汇资产的选择权。

ETF 期权：是以 ETF 为标的物的期权合约。如国内上海证券交易所交易的上证 50ETF 期权等。

（三）期权定价

1. Black - Scholes 模型

Black - Scholes 模型（BS 公式）将五个参数（要素）代入到公式中，可以计算期权的价格，即权利金。这五个参数分别是期货合约当前价格、行权价、到期剩余日期、无风险利率、标的物价格变化（波动率）。

（1）期货合约当前价格：在其他变量相同的情况下，期货合约价格上涨，则看涨期权价格上涨，而看跌期权价格下跌；期货合约价格下跌，则看涨期权价格下跌，而看跌期权价格上涨。

（2）行权价（执行价）：对于看涨期权，行权价越高，期权价格就越低；对于看跌期权，行权价越高，期权价格就越高。

（3）到期剩余时间：在其他变量相同的情况下，到期剩余时间越长的期权对于期权买方的价值就越高，对期权卖方的风险就越大，所以它们的价格也应该更高。

（4）无风险利率：在其他变量相同的情况下，利率越高，看涨期权的价格就越高，看跌期权的价格就越低；利率越低，看涨期权的价格就越低，看跌期权的价格就越高。利率的变化对期权价格影响的大小，与期权到期剩余时间的长短正相关。

（5）波动率是衡量期货合约价格变化剧烈程度的指标，指的是价格的不计方向的、以百分比衡量的变化。在其他变量相同的情况下，波动率较高的期权具有更高的价格。隐含波动率是将市场上的期权价格代入 BS 模型，反推出来的波动率数值，又称恐慌指数或市场情绪温度计。当市场预期未来的行情波动幅度变大时，期权权利金会变高，因此可以把隐含波动率当作是权利金是否高估或低估的衡量标准。

期权价格与各参数的关系如表 9 - 1 所示。

表 9-1　　期权价格与各参数的关系

标的物价格	看涨期权↑	看跌期权↓
约定未来买卖的价格	看涨期权↑	看跌期权↓
标的物价格变化	看涨期权↑	看跌期权↓
到期剩余时间	看涨期权↑	看跌期权↓
无风险利率	看涨期权↑	看跌期权↓

2. 二叉树模型

对期权定价还有一种有用并且很流行的方法是构造二叉树（Binomial Tree）模型。其主要用于计算美式期权的价值。二叉树模型假设标的价格波动只有向上和向下两个方向，且假设在整个考察期内，标的价格每次向上（或向下）波动的概率和幅度不变。模型将考察的存续期分为若干阶段，根据标的价格的历史波动率模拟出标的在整个存续期内所有可能的发展路径，并对每一路径上的每一节点计算期权行权收益和用贴现法计算出的期权价格。对于美式期权，由于可以提前行权，每一节点上期权的理论价格应为期权行权收益和贴现计算出的期权价格两者较大者。

（四）铝期权合约

铝期货期权于 2020 年 8 月 10 日在上海期货交易所正式挂牌交易，为有色金属行业风险管控带来新的工具。以下是针对上期所铝期货期权合约的解读，旨在帮助投资者对铝期权做基础性了解（见表 9-2 和图 9-1）。

表 9-2　　上期所铝期货期权合约

指标	合约内容
合约标的物	铝期货合约（5 吨）
合约类型	看涨期权、看跌期权
交易单位	1 手铝期货合约
报价单位	元（人民币）/吨
最小变动价位	1 元/吨
涨跌停板幅度	与标的期货合约涨跌停板幅度相同
合约月份	最近两个连续月份合约，其后月份在标的期货合约结算后持仓量达到一定数值之后的第二个交易日挂牌。具体数值交易所另行发布

续表

指标	合约内容
交易时间	9：00～11：30，13：30～15：00及交易所规定的其他时间
最后交易日	标的期货合约交割月前第一月的倒数第五个交易日，交易所可以根据国家法定节假日等调整最后交易日
到期日	同最后交易日
行权价格	行权价格覆盖标的期货合约上一交易日结算价上下浮动1.5倍当日涨跌停板幅度对应的价格范围。行权价格≤10000元/吨，行权价格间距为50元/吨；10000元/吨＜行权价格≤20000元/吨，行权价格间距为100元/吨；行权价格＞20000元/吨，行权价格间距为200元/吨
行权方式	美式。买方可以在到期日前任一交易日的交易时间提交行权申请；买方可以在到期日15：30之前提交行权申请、放弃申请
交易代码	看涨期权：AL－合约月份－C－行权价格 看跌期权：AL－合约月份－P－行权价格
上市交易所	上海期货交易所

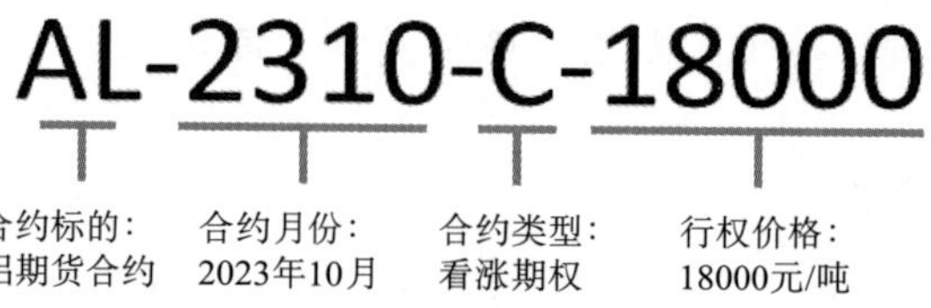

图9－1　铝期权合约要素

1. 合约标的：行权对象，即铝期货合约“AL”

2. 行权价：行权时买方支付金额，卖方收取金额，例如“20000”表示行权价为每吨20000元。

对于上期所的铝期权，行权价格始终覆盖铝期货合约上一交易日结算价上下1.5倍当日涨跌停板幅度对应的价格范围，所以它行权价格数量是不固定的。比如前一日铝期货结算价为20000元，铝期货涨跌停幅度6%，那么行权价格的上限是$20000\times(1+0.06\times1.5)=21800$，行权价格的下限是$20000\times(1-0.06\times1.5)=18200$，于是行权价格就按照规定好的行权价格间距分布在［18200，21800］之间。

3. 合约月份：例如“2310”表示这份铝期权合约的合约月份是2023年10月。国内大商所的豆粕期货和郑商所的白糖期货均属于典型的农产品期货，主力合约集中在1月、5月和9月，而国内沪铝期货的主力合约在一年内涵盖12个月，因此其对应的期权主力月份也将涵盖全年12个月。铝期权主力合约的分布，类似50ETF期权，主力期权合约将保持距离到期日较近的特征。

4. 合约类型：看涨期权（认购期权）还是看跌期权（认沽期权），即“C”表示看涨，“P”表示看跌。

5. 合约单位：行权交割多少数量的标的。交易单位为1手铝期货合约。

6. 行权方式：上期所上市的铝期权，在行权方式上与国内前期上市的铜期权保持一致，均为美式期权。一方面，可以更好地与国际接轨，如LME有色期货期权是美式期权；另一方面，美式行权方式也更加灵活便利，分散行权压力，对产业客户套期保值目的来说，很多时候能提前解锁。

7. 涨跌停幅度：目前铝期权的涨跌停幅度和铝期货的涨跌停幅度设计为一致。

涨停价 = 期权合约上一交易日结算价 + 标的期货合约上一交易日结算价 × 合约涨跌停板比例；

跌停价 = max（期权合约上一交易日结算价 − 标的期货合约上一交易日结算价 × 合约涨跌停板比例，期权合约最小变动价位）

8. 到期日：上期所规定铝期权合约的到期日是标的期货合约交割月前第一月的倒数第五个交易日。举个例子，比如“AL2310C18000”合约，它的合约月份是2023年10月，说明对应期货标的合约的交割月份是2023年10月，10月前一个月的倒数第5个交易日就是2023年9月22日，所以“AL2310C18000”期权合约的到期日是2023年9月22日。

9. 期权保证金比例计算：铝期货期权卖方交易动态保证金的收取标准为下列两公式计算中较大者：

公式1：期权合约结算价 × 标的期货合约交易单位 + 标的期货合约交易保证金 −（1/2）× 期权合约虚值额；

公式2：期权合约结算价 × 标的期货合约交易单位 +（1/2）× 标的期货合约交易保证金。

当期权处于平值或实值时，公式1和公式2的较大值肯定是公式1的值，所以期权的保证金就等于（结算价 × 合约单位 + 期权的保证金）；随着期权越来越虚值，公式 1 的值终将小于公式 2，此时期权的保证金就等于（结算价 × 合约单位 + 期权的保证金 × 0.5）。因此从公式 1 和公式 2 可以看出越虚值的期权收取的保证金越少，越实值的期权收取的保证金越多。

10. 交易指令：铝期权合约的交易指令包括限价指令、取消指令以及交易所规定的其他指令。限价指令可以附加立即全部成交否则自动撤销（FOK）和立即成交剩余指令自动撤销（FAK）两种指令属性。

11. 最大下单手数：铝期权交易每次最大下单数量为 100 手，交易所可以根据市场情况对每次最大下单手数进行调整并公布。

12. 持仓限额：铝期权标的期货合约挂牌至交割月份前第 2 月，客户期权单边持仓限额为 10000 手；标的期货合约交割月前第 1 月，客户期权单边持仓限额为 3000 手。

二、期权与期货有何差异？

期权与期货是金融市场中两种不同的交易工具，两者有很多相似之处，也有许多不同之处。主要体现在以下几方面。

1. 标的资产不同

期货的标的是标准化的商品或金融产品，如黄金、原油、股指等；而期权的标的可以是股票、商品、期货合约、债券等。

2. 权利义务不同

期货的买卖双方都有义务履行合约，即买方必须按照合约规定购买标的物，卖方必须按照合约规定交付标的物；而期权的买卖双方则有不同的权利义务，买方在支付期权卖方一定的费用后有权利选择是否行使期权，卖方则在期权买方行权时有义务按照合约规定交付或买入相应标的物。

3. 杠杆效应不同

期货和期权都具有杠杆效应，但期权的杠杆效应相对较大，因为期权的买方只需支付权利金即可获取权利，而期货的买卖双方都需要缴纳一定的保证金。期权卖方杠杆相对较接近期货。

4. 期限不同

期货合约期现为一年，有效交易期限通常是几个月，而期权的交易期限可以是一天、一周、一个月，甚至一年以上。目前国内上市的场内铝期权，交易主力为两个最近的连续月份合约，与期货主力基本保持一致。

5. 盈亏与风险不同

在期权交易中，投资者的风险和收益是不对称的，期权买方承担有限风险（即损失权利金的风险）而盈利则有可能是无限的，期权卖方享有有限的收益（以所获得权利金为限）而其潜在风险可能无限。期货合约当事人双方承担的盈亏风险是对称的。

除表9－3所列的主要差别外，与期货相比，期权更加灵活，多个期权可以进行灵活多样的策略组合，能实现不同的风险管理目标，即可以根据不同的风险管理目标设计个性化的组合策略。

表9－3　期权与期货的主要差别

指标	期货	期权
权利义务	买卖双方均有权利义务	买方有权利无义务，卖方有义务无权利
套保	锁定盈亏	锁定损失，保持继续盈利可能
效果	完全对冲，基本没有不确定因素	标的走向不利时，起到对冲风险的作用，走向有利时可产生收益
盈亏风险	买卖双方盈亏风险相同，直线收益	买方最大风险为权利金，曲线收益
资金占用	买卖双方都需要缴纳保证金，受行情变化影响可能需要追加	买方先支出权利金，无须后续资金；卖方需要保证金及有追保可能
成本	资金占用的成本	期权时间价值的损耗

三、铝衍生品市场的发展趋势如何？

铝是有色金属中行业规模较大的品种，应用广泛，多年来我国一直是铝生产加工以及消费等领域最大国，企业众多，贸易规模大，风险需求强烈。同时经过多年的发展，上期所的铝期货已经形成了一定的市场规模，合约连续性和流动性好，投资者结构相对合理，成为我国有色金属行业重要的风险管理工具，为企业套期保值、规避价格波动风险发挥了重要作用。

随着有色金属行业高质量发展和供给侧结构性改革，企业风险管理精细化和多样化需求上升，上期所顺应市场的发展，在铝期货的基础上推出了铝期货期权。

自 2020 年 8 月铝期权上市以来，成交和持仓规模稳步增长，截至 2023 年 7 月 31 日，铝期权累计成交 3252. 33 万手（单边，下同），其中，看涨期权累计成交 1614. 28 万手，看跌期权累计成交 1638. 04 万手。铝期权累计持仓 3783. 37 万手，其中，看涨期权累计持仓 1830. 5 万手，看跌期权累计成交 1952. 87 万手。月均成交、持仓量由刚上市的不足 1 万手逐步提升至目前的 10 万手以上（见图 9 - 2）。期权成交和持仓在行权价格上的分布集中于平值和虚值附近，与期权市场其他品种惯例相符。铝期权每月行权量则由刚上市的不足 5000 手提升至 10000 手左右（见图 9 - 3）。

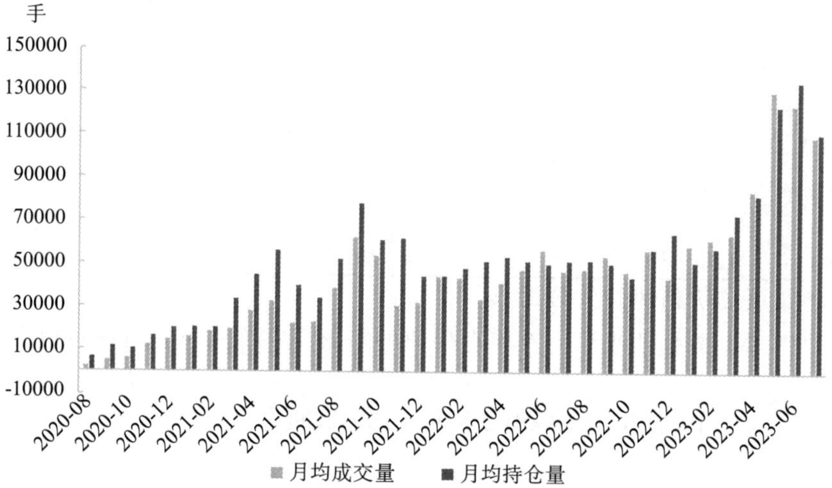

图 9 - 2 铝期权月均成交及持仓量

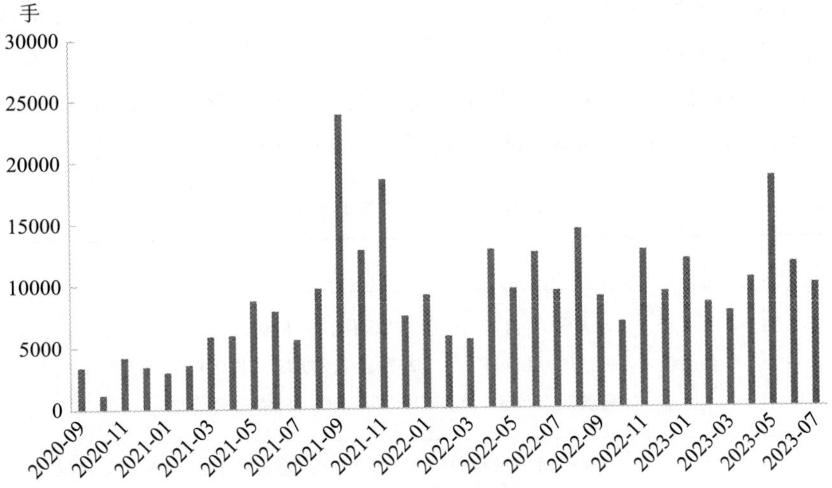

图 9－3　铝期权行权量

我国的铝期权市场无论从规模、流动性，或者是市场结构，相对于上市初期都有较大变化。随着更多投资者参与市场，铝期权市场将发展得更成熟、更广阔。

四、铝期权交易策略有哪些?

对于产业链的现货参与者来说，在生产、销售、采购各个环节中，期权是一种实用的价格风险管理工具。

通常对上游企业来讲，有库存保值的需求，在面临下跌行情可以有两种方式操作，一是买入看跌期权，支付期权费，对冲库存的贬值风险；二是卖出看涨期权，获得期权费，在市场价格没有突破执行价格的情况下，可以增加现货销售利润。

对下游企业来说，通常有采购套保的需求，在面临上涨行情可以有两种方式操作，一是买入看涨期权，支付期权费，获取未来价格上涨的差额收益；二是卖出看跌期权，获得期权费，在市场价格高于执行价格的情况下，可以降低现货采购成本。

另外，期权占用资金少，操作灵活，能有效实现投资增值目的。对于投资者来说，期权是以小博大的投资利器（见表9－4）。

表9－4　铝相关企业期权策略思路

企业类型	保值类型	策略
上游企业	库存保值	下跌行情可以有两种方式操作，一是买入看跌期权，支付权利金对冲库存的贬值风险；二是卖出看涨期权，获得权利金，在市场价格没有突破执行价格的情况下，可以增加现货销售价格
下游企业	采购保值	上涨行情可以有两种方式操作，一是买入看涨期权，支付权利金获取未来价格上涨的差额收益；二是卖出看跌期权，获得权利金，在市场价格高于执行价格的情况下，可以降低现货采购成本
投资增值		期权占用资金少，操作灵活，能有效实现投资增值目的

（一）期权基本交易策略

1. 买入看涨期权

适用说明：当投资者或者产业客户预期铝价后市将大涨，市场波动率正在扩大时，可以考虑买进看涨期权。

举例分析：如处在铝产业链下游的加工型企业，企业采购铝锭为主，产成品销售价格一般固定。因此在采购之前，企业面临铝价向上波动造成成本上升的压力，这类企业就非常适合在期权市场进行买入看涨期权等操作。

策略损益图：当铝期货合约价格上涨，期权买方可以行权或平仓，获得期货价格上涨的收益。理论上，当市场价格上涨时，买方潜在盈利无限，当市场价格下跌时，风险有限，最大亏损是支付的权利金。期权到期时盈亏平衡点等于行权价格加上买方买入期权时支付的权利金（不考虑交易成本）。如图9－4、表9－5所示。

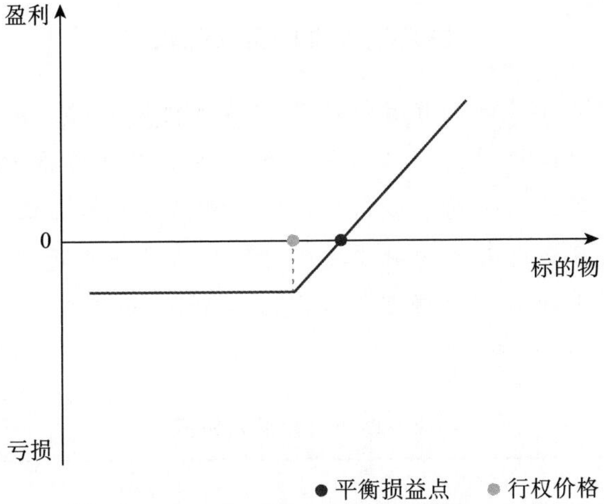

图 9-4　买入看涨期权损益

表 9-5　买入看涨期权策略

项目	策略内容
最大风险	权利金
最大收益	无限
盈亏平衡	行权价 + 权利金
行情预测	判断标的物大概率为上涨
标的物	充足流动性 大概率上涨，有较明确支撑位
期权	充足流动性 到期剩余 3 个月或以上 最后一个月时间价值耗损大，预留足够的数据平仓
了结方式	平仓
优点	更强杠杆性 比直接购买标的物便宜 风险有限 收益无限
缺点	执行价和到期日选择不合适，可能 100% 亏损 方向性判断错误，可能 100% 亏损

案例 9-1

应用期权进行买入保值

7月6日某铝材厂与下游消费商签订铝材销售合同，商定7月26日一次性交付500吨铝锭铝材，价格以7月6日当天现货价格18280元/吨为基准价。铝材生产周期为一周。该铝材厂担心开始生产时铝锭采购价格上涨造成亏损，而7月6日当天采购则需提前占用原材料采购资金，而期货买入保值也需要占用不小的保证金费用，于是该铝材厂当日买入看涨期权进行保值。操作如表9-6所示。

表9-6　　应用期权进行买入保值

日期	现货市场	期权市场
7月6日	售出500吨铝材，收取一部分定金，约定7月20日交货。当日现货价格为18280元/吨	使用客户交付的订金买入10手执行价格为18500元/吨的AL2308看涨期权，权利金40元/吨。当日期货价格为17800元/吨
7月20日	采购现货铝锭，加工铝材。当日现货价格18280元/吨	期货价格上涨至18300元/吨，期权价格相应上涨120元/吨。期权进行平仓了结
盈亏状况	现货盈亏：0 期权盈利：(120-40)×500=40000元 综合盈利：40000元	

此例中铝材生产厂利用下游消费商的定价进行期权买入保值，基本无须额外资金成本。虽然在铝锭采购日铝锭现货价格重回期初价格，而期货价格则有所上涨，但也未达到行权价，该铝材厂无须行权，只需平仓期权。而期货价格的上涨则使得期权价格也明显上涨，平仓获利。该铝材厂完全保住了加工费，并获得期权上涨带来的收益。

2. 买入看跌期权

适用说明：当投资者或者产业客户预期铝价后市即将反转下跌，或者持有现货为了规避货物贬值，可以考虑买入看跌期权。

举例分析：如处在铝产业链上游的冶炼企业，其原材料及铝土矿的价格相对固定，而其产品电解铝售价对标标的期货合约，这类企业属于上游风险闭口、下游风险敞口，其产品的销售价格存在市场风险，可能出现价格波动对企业利润形成影响，这类企业适合于在期权市场做出买入看跌期权等操作。

策略损益图：当铝期货价格下跌，期权买方可以行权或平仓，获得价格下跌的收益。理论上，当市场价格下跌时，潜在盈利巨大，当市场价格上涨时，风险有限，最大亏损是支付的权利金。期权到期时的盈亏平衡点等于行权价格减去买方买入期权时支付的权利金（不考虑交易成本）。如图 9－5、表 9－7 所示。

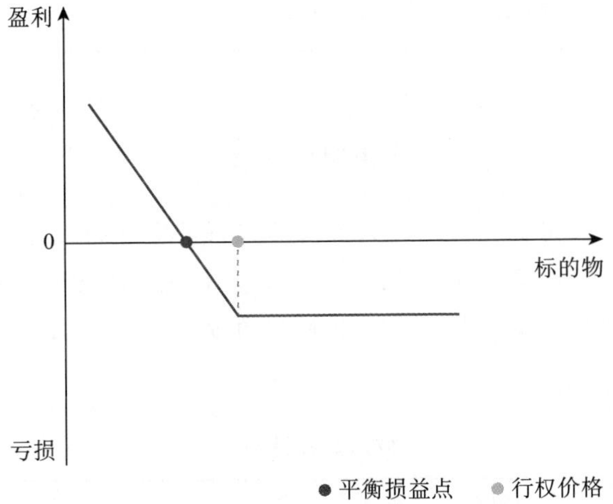

图 9－5　买入看跌期权损益

表 9－7　　　　买入看跌期权策略

项目	策略内容
最大风险	权利金
最大收益	行权价－权利金
盈亏平衡	行权价－权利金
行情预测	熊市看跌
标的物	充足流动性 大概率下跌，有较明确压力位
期权	充足流动性 到期剩余 3 个月或以上 最后一个月时间价值损耗大，预留足够时间平仓

续表

项目	策略内容
了结方式	平仓
优点	更强杠杆性 风险有限，权益无限
缺点	执行价和到期日选择不合适，可能100%亏损 方向判断错误，可能100%亏损

案例9－2

应用期权锁利润

A企业为电解铝生产企业，铝价上涨使得其利润持续改善，且达到今年内以来最高水平。而经济不景气的情况下，A担心消费走弱引发铝价下跌。为维护当前高利润，A采取买入看跌期权的方式进行保值操作。具体操作如表9－8所示。

表9－8　应用期权锁利润

日期	现货市场	期权市场
4月20日	现货价格：19100元/吨	期货价格：19000元/吨 买入执行价格为18500元/吨的AL2306看跌期权，权利金50元/吨
5月12日	现货价格：17890元/吨	期货价格：17930元/吨 操作：进行行权
盈亏状况	现货盈亏：17890－19100＝－1210元/吨 期权盈利：19000－17930－50＝1020元 综合盈利：－190元/吨	
7月14日	现货价格：18500元/吨	期货价格：18350元/吨 买入执行价格为17900元/吨的AL2309看跌期权，权利金40元/吨
8月7日	现货价格：18450元/吨	期货价格：18460元/吨，权利金30元/吨 操作：平仓

续表

日期	现货市场	期权市场
盈亏状况	现货盈亏：18450 - 18500 = -50 元/吨 期权盈利：30 - 40 = -10 元 综合盈利：-60 元/吨	

从 A 前后两次期权操作可以看出，当铝价波动不大的时候，买权保值效果不突出，即便如此，通过买入期权保值仍实现了将风险控制在较小范围内的目的。

3. 卖出看涨期权

适用说明：当投资者预期铝价后市上涨无力，或者呈现盘整，大幅波动概率较小，可考虑卖出看涨期权收取权利金。

举例分析：铝产业链中企业拥有大量铝锭库存，企业预期短期内铝价不会大幅上涨，因此卖出高于现在期货价格为行权价的铝看涨期权以增加潜在收益。潜在收益是卖出期权收取的权利金，可以有效提高资金使用效率。

策略损益图：卖出看涨期权，当买方行权时，卖方有履约的义务。如果看涨期权到期，买方放弃行权，卖方获得全部权利金。对于看涨期权卖方来说，当市场价格上涨时面临风险，而当市场价格下跌时有可能获得向买方收取的全部权利金。如图 9-6、表 9-9 所示。

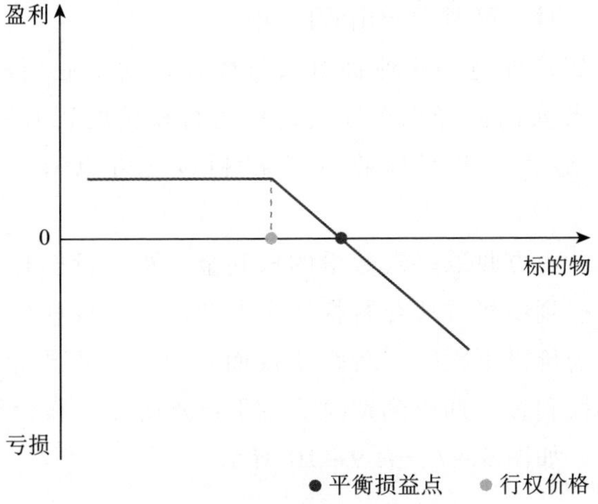

图 9-6　卖出看涨期权损益

表 9-9　　卖出看涨期权策略

项目	策略内容
最大风险	无限
最大收益	权利金
盈亏平衡	行权价 + 权利金
行情预测	看跌，不涨
标的物	充足流动性 大概率不涨，有较明确压力位
期权	充足流动性 到期剩余 1 个月或更短
了结方式	平仓或持有到期
优点	到期前收取时间价值 为下跌或盘整的标的物增加收入
缺点	方向性错误时，风险无限

4. 卖出看跌期权

适用说明：当投资者预期铝期货价格下跌结束，即将反转上涨或者盘整，后期波动不大时，可考虑卖出看跌期权。

举例分析：铝产业链中企业拥有大量库存，而企业预期短期内铝价不会大幅下跌，因此卖出低于现在期货价格为行权价的铝看跌期权以增加潜在收益。潜在收益是卖出期权收取的权利金，可以有效提高资金使用效率。

策略损益图：卖方收取一定数量的权利金，买方行权时，卖方有履约义务。如果看跌期权到期买方放弃行权，卖方获得全部权利金。对于看跌期权卖方来说，当市场价格下跌时，看跌期权面临风险，而当市场价格上涨时，有可能获得全部权利金。期权到期时盈亏平衡点等于行权价格减去卖出期权时收取的权利金。如图 9-7、表 9-10 所示。

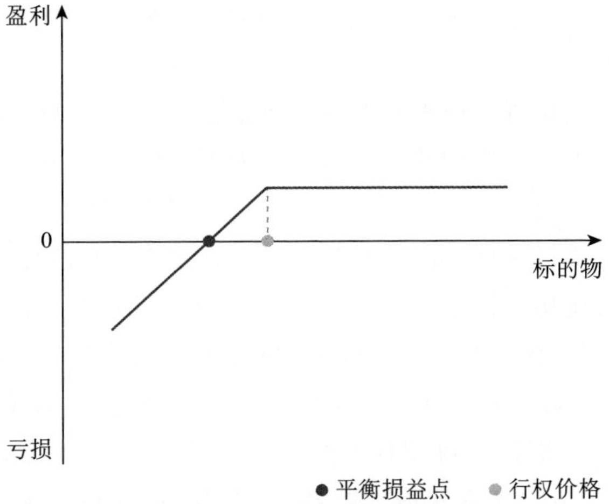

图 9－7　卖出看跌期权损益

表 9－10　卖出看跌期权策略

项目	策略内容
最大风险	行权价－权利金
最大收益	权利金
盈亏平衡	行权价－权利金
行情预测	看涨，不跌
标的物	充足流动性 大概率不跌，有较明确支撑位
期权	充足流动性 到期剩余 1 个月或更短
了结方式	平仓或持有到期
优点	到期前收取时间价值 为上涨或盘整的标的物增加收入
缺点	方向性错误时，风险无限

（二）组合策略

1. 牛市看涨价差期权组合

构建原理：牛市看涨期权价差是指投资者在买进一个行权价较低的看涨

期权的同时，又卖出一个标的物相同、到期日也相同，但行权价较高的看涨期权。

适用说明：当投资者或者产业客户预期铝价后市有上涨趋势，并且有较明确压力位时，可以考虑构建牛市看涨价差期权组合。相比于只购买看涨期权，它能降低交易成本和盈亏平衡点，更适合于长期交易。

举例分析：假设 2023 年 8 月 15 日，当铝期货价格涨至 18500 元/吨，投资者预计价格还将继续上涨，于是买入 1 个月后到期，行权价格为 18500 元/吨的看涨期权，付出权利金 150 元/吨。此外，投资者预计价格很难上涨至 20000 元/吨（阻力价位），于是他卖出一份相同到期日，行权价格为 20000 元/吨的看涨期权，得到权利金 20 元/吨，即投资者的权利金净支出为 130 元/吨。此策略投资者最大收益为 20000 - 18500 - 130 = 1370 元/吨，最大损失为权利金支出 130 元/吨。

策略损益图：当期货价格低于低行权价格时，不管价格下跌多少，损失是一定的，即期权净权利金支出（高权利金支出 - 低权利金支出），随着标的资产价格的上涨，收益不断增大，到期时标的资产价格超过高执行价格，便可获得最大收益。最大收益 = 高执行价格 - 低执行价格 - 净权利金付出。其中，平衡损益点为：低行权价格 + 净权利金支出。如图 9 - 8、表 9 - 11 所示。

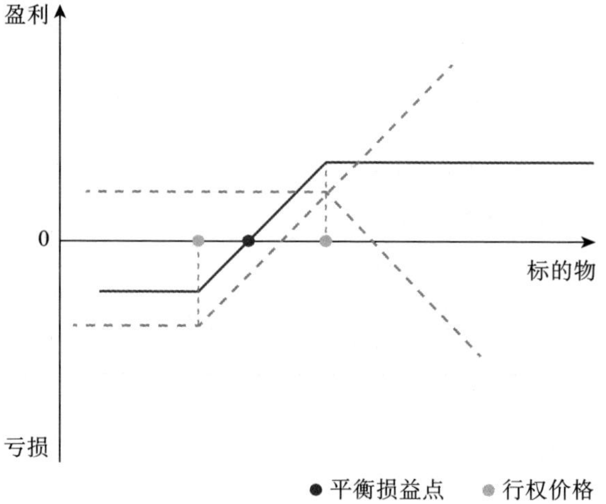

图 9 - 8 牛市看涨价差期权损益

表 9－11　　牛市看涨价差期权策略

项目	策略内容
最大风险	支付的净债务
最大收益	行权价差额－净债务
盈亏平衡	较低行权价＋净债务
行情预测	趋势上涨
标的物	充足流动性 趋势上涨，有较明确支撑位
期权	充足流动性 最好大于 6 个月到期 较低行权价：看涨—平值或轻度虚值 支撑—平值或轻度实值 较高行权价：利用损益图寻找较优收益和盈亏平衡点的期权
了结方式	中级：两腿都平仓 高级：根据标的物价格变化决定长腿部分的取舍
优点	对中长期趋势而言，与只买入看涨期权比，减少风险和成本，降低盈亏平衡点，向下风险有限 离到期日越远，下方保护越好
缺点	标的物大涨，则上方收益有限 获得较大收益的概率降低

2. 牛市看跌价差期权组合

构建原理：牛市看跌期权价差是指投资者在卖出一个行权价较高的看跌期权的同时，又买入一个标的物相同、到期日也相同，但行权价较低的看跌期权。

适用说明：当投资者或者产业客户预期铝价后市有上涨趋势，将突破前期压力位，但又担心行情反弹无力会急转直下造成较大风险，可以考虑构建牛市看跌价差期权组合。对比可以发现，牛市看涨价差与牛市看跌价差拥有类似的到期损益结构，但它们的差别在于，初始构建组合时产生的现金流不同。牛市看涨价差买入较贵的低行权价看涨期权，卖出较便宜的高行权价看涨期权，所以是净支出权利金；而牛市看跌价差买入较便宜的低行权价看跌期权，卖出较贵的高行权价看跌期权，所以是净获得权利金。而牛市看涨价差适合波动率低的情况，牛市看跌价差适合波动率高的情况。

假设 2023 年 8 月 15 日，当铝期货价格持续上涨，投资者预计价格将突破 18500 元/吨价格，即决定卖出 1 个月后到期，行权价格为 18500 元/吨的看跌期权，收入权利金 150 元/吨，但又害怕短期反弹无力大幅下跌，于是同时买入一份相同到期日，行权价格为 18000 元/吨的看跌期权进行保护，付出权利金 20 元/吨，即组合构建成牛市看跌价差组合，当下投资者权利金净收入 150 - 20 = 130 元/吨。此策略投资者最大收益即为 130 元/吨，最大损失为（18500 - 18000） - 130 = 370 元/吨。

策略损益图：注意，投资者在构建组合之初就已经得到了该策略所能提供的最大收益，即“买低卖高”获得的权利金差额。在此之后，提前的平仓或标的价格低于高行权价时，都会给投资者带来损失。当期权到期时，标的资产价格超过高执行价格，便可获得最大收益。若当期货价格低于低行权价格时，不管价格下跌多少，损失是一定的，即期（高权利金支出 - 低权利金支出） - 权净权利金收入。其中，平衡损益点为：高行权价格 - 净权利金收入。另外，投资者需注意，若卖出的高行权价的看跌期权是实值的状态，有一定被提前行权的风险。如图 9 - 9、表 9 - 12 所示。

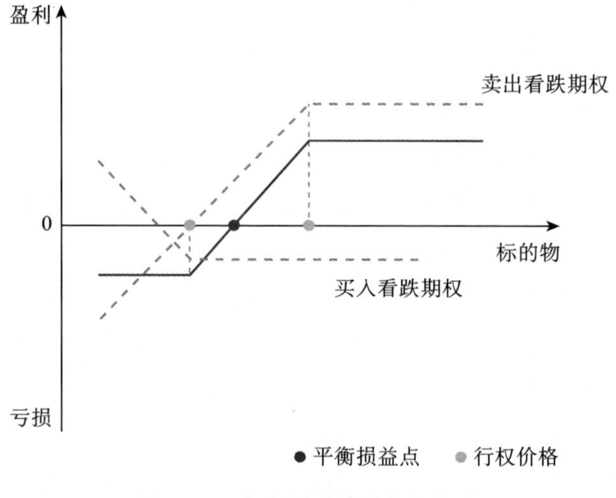

图 9 - 9　牛市看跌价差期权损益

表 9-12　　牛市看跌价差期权策略

项目	策略内容
最大风险	行权价差额 - 净债权
最大收益	净债务
盈亏平衡	较高行权价 - 净债务
行情预测	趋势上涨
标的物	充足流动性 趋势上涨或在一个范围内变化，有较明确支撑位
期权	充足流动性 到期剩余 1 个月或更短时间的期权
了结方式	中级：两腿都平仓 高级：根据标的物价格变化决定长腿部分的取舍
优点	与只卖出看跌期权比，保护向下风险 标的物即时价格不变，也有短期收入
缺点	标的物大涨，则上方收益有限 保护越少，收益越高，保护越多，收益越少 最大损失通常大于最大收益

3. 熊市看跌价差期权组合

构建原理：熊市看跌价差期权的交易方式是买进一个行权价较高的看跌期权，同时卖出一个到期日相同、但是行权价较低的看跌期权。相比于只购买看跌期权，它能降低交易成本和盈亏平衡点，更适合于长期交易。

适用说明：当投资者或者产业客户预期铝后市有下跌趋势，并且有较明确支撑位时，可以考虑构建熊市看跌价差期权组合。

举例分析：假设 2023 年 8 月 30 日，当铝期货价格艰难涨至 19000 元/吨，投资者预计价格到顶，于是买入 1 个月后到期，行权价格为 19000 元/吨的看跌期权，付出权利金 200 元/吨。此外，为了降低成本，且投资者预计价格很难下跌至 18000 元/吨（支撑价位）以下，于是他卖出一份相同到期日，行权价格为 18000 元/吨的看跌期权，得到权利金 30 元/吨，即投资者的权利金净支出为 170 元/吨。此策略投资者最大收益为 19000 -

18000 - 170 = 830 元/吨，最大损失为权利金支出 170 元/吨。

策略损益图：当期货价格高于高行权价格时，不管价格有多高，损失是一定的，即期权净权利金支出（高权利金支出 - 低权利金收入），当期货价格低于低执行价格时，产生最大收益，即高执行价格 - 低执行价格 - 净权利金支出；期货价格位于低执行价格和高执行价格之间时，随着期货价格的上涨，此策略从最大收益逐步变为最大亏损。最大收益 = 高执行价格 - 低执行价格 - 净权利金付出。其中，平衡损益点为：高行权价格 - 净权利金支出。如图 9 - 10、表 9 - 13 所示。

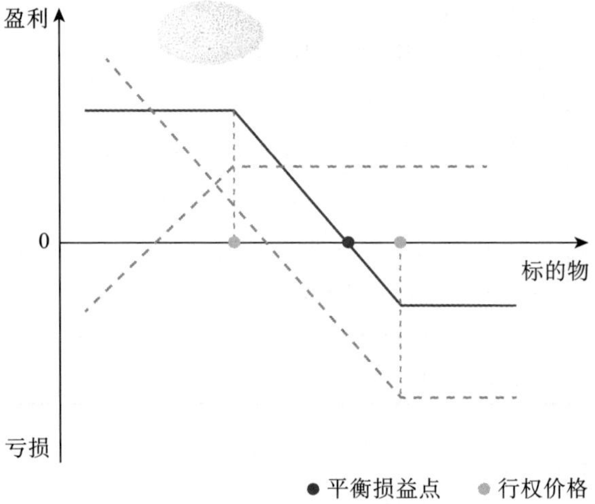

图 9 - 10　熊市看跌价差期权损益

表 9 - 13　熊市看跌价差期权策略

项目	策略内容
最大风险	支付的净债务
最大收益	行权价差额 - 净债务
盈亏平衡	较低行权价 - 净债务
行情预测	趋势下降
标的物	充足流动性 趋势下跌，有较明确压力位

续表

项目	策略内容
期权	充足流动性 最好大于6个月到期 较高行权价：看跌—平值或轻度虚值 压力—平值或轻度实值 较低行权价：利用损益图寻找较优收益和盈亏平衡点的期权
了结方式	中级：两腿都平仓 高级：根据标的物价格变化决定长腿部分的取舍
优点	对中长期趋势而言，与只买入看跌期权比，减少风险和成本，降低盈亏平衡点，风险有限 离到期日越远，保护越好
缺点	标的物大跌，则收益有限 获得较大收益的概率降低

4. 熊市看涨价差期权组合

构建原理：熊市看涨价差期权的交易方式是卖出一个行权价较低的看涨期权，同时买进一个到期日相同、但是行权价较高的看涨期权。

适用说明：当投资者预期市场行情难继续上涨，此时卖出看涨期权以期赚取权利金；但单纯持有卖出看涨期权潜在风险大（期权卖方：收益有限，风险无限），在市场行情大幅上涨时，会被行权而产生较大损失。因此，为防范该风险，通过买入更高执行价的看涨期权进行风险对冲，此时两个期权即组合形成了熊市看涨价差期权组合。因为组合中更高行权价的看涨期权权利金花费较少，通常熊市看涨价差期权组合同样拥有正的现金流，即构建组合时就能收入权利金。

举例分析：假设2023年8月30日，当铝期货价格艰难涨至19000元/吨，投资者预计价格到顶，于是卖出1个月后到期，行权价格为19000元/吨的看涨期权，收入权利金200元/吨。同时，以防有继续大幅上涨的风险，于是他买入一份相同到期日，行权价格为19500元/吨的看涨期权，付出权利金90元/吨，即投资者的权利金净收入为200－90＝110元/吨。此策略投资者最大收益即为110元/吨，最大损失为（19500－19000）－110＝390元/吨。

策略损益图：该期权组合同样拥有收益风险均有限的损益特征。持有到期的最大盈利即为开仓时收入的“净权利金”（净权利金为买权支出权利金与卖权收取权利金之差）；最大亏损为“高行权价－低行权价－净权利金”；期权策略的盈亏平衡点为“低行权价格＋净权利金”。该组合缺点是，通常最大损失大于最大收益。如图 9－11、表 9－14 所示。

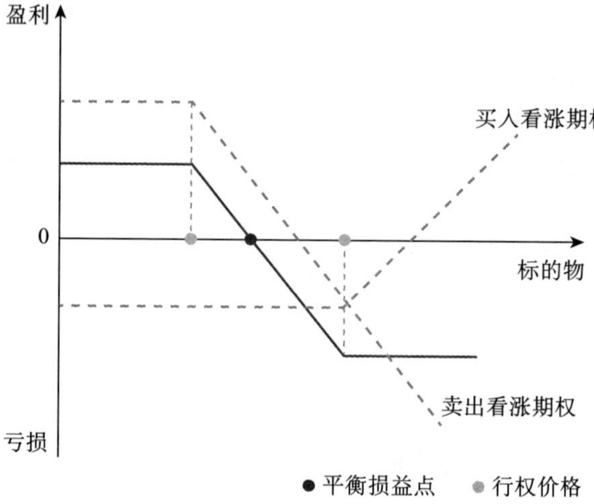

图 9－11　熊市看涨价差期权损益

表 9－14　熊市看涨价差期权策略

项目	策略内容
最大风险	行权价差额－净债权
最大收益	净债务
盈亏平衡	较低行权价＋净债务
行情预测	趋势向下或在一个范围内发生变化
标的物	充足流动性 趋势向下或在一个范围内变化，有较明确压力位
期权	充足流动性 到期剩余 1 个月或更短时间的期权
了结方式	中级：两腿都平仓 高级：根据标的物价格变化决定长腿部分的取舍

续表

项目	策略内容
优点	与只卖出看涨期权比，保护向下风险 标的物即时价格不变，也有短期收入
缺点	标的物下跌，获得的收益有限 保护越少，收益越高，保护越多，收益越少 最大损失通常大于最大收益

5. 买入跨式期权组合

构建原理：跨式期权，又称马鞍式期权，买入跨式期权组合是指同时买入相同执行价格、相同到期日的看涨和看跌期权。

适用说明：当投资者或者产业客户预期铝价后市方向不明确，但认为会有显著的价格变动，波动率会增大时，可以考虑买入跨式期权组合。

举例分析：假设目前铝期货价格为18000元/吨，美联储议息会议即将公布结果，投资者不知道会议结果是利空还是利多，但明确会对市场产生较大波动，于是决定同时买入AL2310－C－18000看涨期权，付出权利金180元/吨，买入AL2310－P－18000看跌期权付出权利金200元/吨。投资者的权利金净支出为380元/吨。当价格大于18380或小于17620的时候，投资者可获取利润。此策略投资者最大收益无限，最大损失为权利金支出380元/吨。

策略损益图：后市波动性越大，对期权部位越有利，一旦市场如预期般大幅波动，组合通常都会有较大利润产生。只要价格波动超过高平衡点或低于低平衡点，就会有盈利。最大风险是损失全部权利金。缺点是成本较高，头寸面临时间价值衰减的负面影响。如图9－12、表9－15所示。

6. 买入宽跨式期权组合

构建原理：宽跨式期权组合和跨式期权组合类似，买入宽跨式期权组合是指买入一个行权价较高的看涨期权的同时，买入一个到期日相同的行权价较低的看跌期权。

适用说明：当投资者或者产业客户预期铝价后市方向不明确，但认为波动性会增大，价格波动幅度显著时，可以考虑买入宽跨式期权组合。相较于买入跨式策略，该策略采用两个不同的执行价格来构造盈亏区间，因而在选择执行价格的时候可以有更大的灵活性，投资者可以结合市场行情考虑虚值

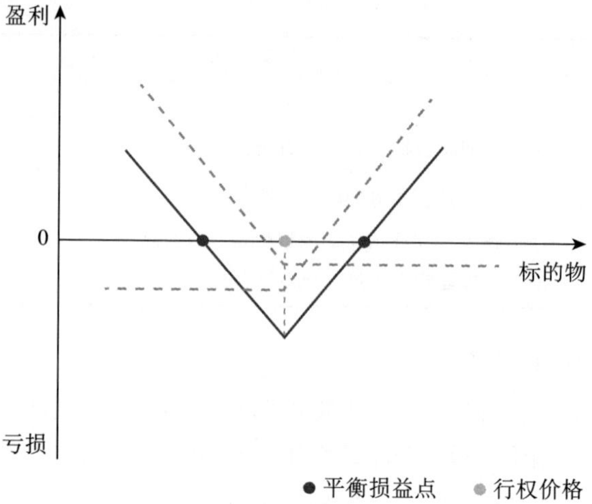

图 9－12　买入跨式期权损益

表 9－15　买入跨式期权策略

项目	策略内容
最大风险	净债务
最大收益	无限
盈亏平衡	行权价－净债务 行权价＋净债务
行情预测	方向中性，波动性增强，朝任意方向发生大幅变化
标的物	充足流动性 三角形即将突破态势，即将开始发生大波动 两周内有消息和新闻发布的标的物
期权	充足流动性 行权价：平值期权 均为相同到期日的期权、3 个月左右
了结方式	平仓 或根据波动方向，选择取舍
优点	任何方向显著波动都可以获利 风险有限 价格波动大，潜在收益无限

续表

项目	策略内容
缺点	成本较高 需要价格发生显著变化才能获利 竞买/竞买价差对策略影响大 对心理承受能力要求高

期权以降低构造成本。

举例分析：假设目前铝期货价格为 18000 元/吨，美联储议息会议即将公布结果，投资者不知道会议结果是利空还是利多，于是决定同时买入 AL2310 - C - 18200 看涨期权，付出权利金 100 元/吨，买入 AL2310 - P - 17800 看跌期权付出权利金 110 元/吨。投资者的权利金净支出为 210 元/吨。当价格大于 18410（18200 + 210）或小于 17590（17800 - 210）的时候，投资者获取利润。此策略投资者最大收益无限，在价格在［17590，18410］之间有亏损，最大损失为权利金支出 210 元/吨。

策略损益图：买入宽跨式策略与买入跨式策略有类似的收益结构，但相对而言，买入宽跨式的成本较低，需要更大的波动幅度才能有所获利。如图 9 - 13、表 9 - 16 所示。

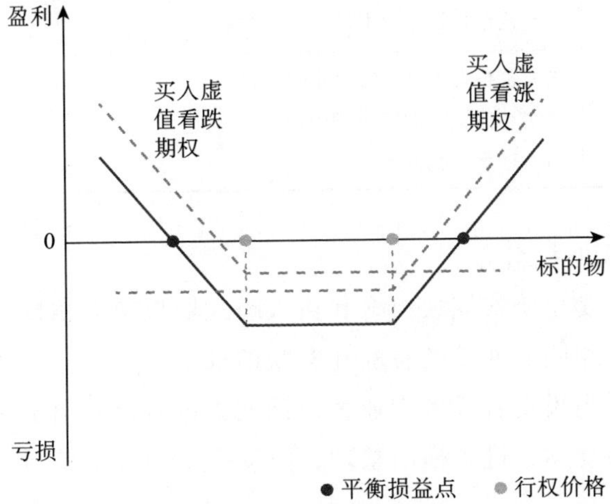

图 9 - 13　买入宽跨式期权损益

表 9 – 16　　买入宽跨式期权策略

项目	策略内容
最大风险	净债务
最大收益	无限
盈亏平衡	较低行权价 – 净债务 较高行权价 + 净债务
行情预测	方向中性，波动性增强，朝任意方向发生大幅变化
标的物	充足流动性 三角形即将突破态势，即将开始发生大波动 两周内有消息和新闻发布的标的物
期权	充足流动性 较低行权价：小于当前标的物价格 较高行权价：大于当前标的物价格 均为相同到期日的期权、3 个月左右
了结方式	平仓 或根据波动方向，选择取舍
优点	任何方向显著波动都可以获利 风险有限 价格波动大，潜在收益无限 比跨式期权组合成本低
缺点	需要价格发生显著变化才能获利 竞买/竞卖价差对策略影响大 对心理承受能力要求高

7. 卖出跨式期权组合

构建原理：卖出跨式期权组合和买入跨式期权组合相反，是指同时卖出相同执行价格、相同到期日的看涨和看跌期权。

适用说明：当投资者或者产业客户预期铝价后市方向不明确，但认为不会有显著的价格变动，进入横向整理，波动率不动或下跌时，可以考虑卖出跨式期权组合。

举例分析：假设目前铝期货价格为 18000 元/吨，投资者预期后市方向不明确，但认为不会有显著的价格变动，于是决定卖出 AL2310 - C - 18000 看涨期权，收取权利金 180 元/吨，同时卖出 AL2310 - P - 18000 看跌期权收取权利金 200 元/吨。投资者的权利金净收入为 380 元/吨。当价格大于 18380（18000 + 380）或小于 17620（18000 - 380）的时候，投资者遭受损失，且最大损失无限。在价格在［17620，18380］之间有盈利，此策略投资者最大收益为权利金收入 380 元/吨。

策略损益图：若市价在到期日如预期一样在预期幅度内徘徊，则所卖出的期权时间价值大量流失，投资者可赚取全部权利金。此组合风险较大，若价格超出平衡损益点，则损失无限，即使市价维持在预期的波动幅度，若波动率上升，则看涨或看跌期权的权利金都会上升，卖出跨式期权仍会招致损失。如图 9 - 14、表 9 - 17 所示。

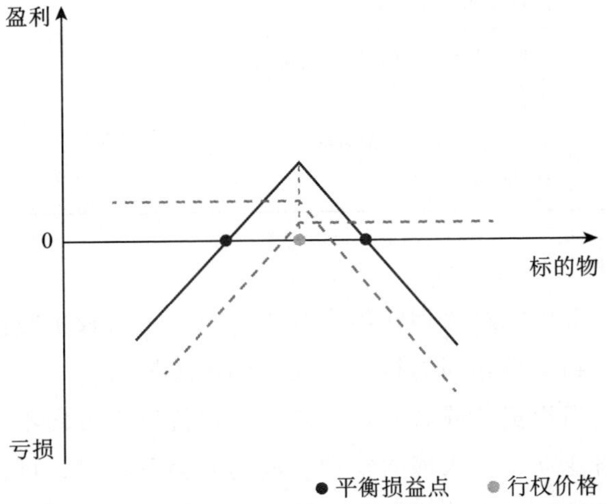

图 9 - 14　卖出跨式期权损益

表 9 - 17　卖出跨式期权策略

项目	策略内容
最大风险	无限
最大收益	净债权
盈亏平衡	行权价 - 净债务 行权价 + 净债务

续表

项目	策略内容
行情预测	方向中性，不发生大幅变化
标的物	充足流动性 在一个范围内变化，有较明确支撑位和压力位 大概率保证短期没有消息和新闻发布的标的物
期权	充足流动性 行权价：平值期权 均为相同到期日的期权、1 个月或更短时间
了结方式	平仓 会考虑买入更远虚值看涨和看跌期权形成买入蝶式组合
优点	即使标的物价格不变，也可以获利 高权益的收入型策略
缺点	价格往任何方向变化都风险无限 收益有限 竞买/竞卖价差对策略影响大 高风险策略

8. 卖出宽跨式期权组合

构建原理：卖出宽跨式期权组合是指卖出一个行权价较高的看涨期权的同时，卖出一个到期日相同的行权价较低的看跌期权。

适用说明：当投资者或者产业客户预期铝价后市方向不明确，但认为不会有显著的价格变动，进入横向整理，波动率会下跌时，可以考虑卖出宽跨式期权组合。相较于卖出跨式策略，该策略采用两个不同的执行价格来构造盈亏区间，因而在选择执行价格的时候可以有更大的灵活性，投资者可以结合市场行情考虑虚值期权以增加盈利区间，但因此最大收益也会低于跨式。

举例分析：假设目前铝期货价格为 18000 元/吨，投资者预期后市方向不明确，但认为价格有明显的支撑位及压力位，于是决定卖出 AL2310 - C - 18500 看涨期权，收取权利金 50 元/吨，同时卖出 AL2310 - P - 17500 看跌期权收取权利金 60 元/吨。投资者的权利金净收入为 110 元/吨。当价格大于 18610（18500 + 110）或小于 17390（17500 - 110）的时候，投资者遭受损失，最大损失无限。在价格在［17390，18610］之间有盈利，此策略投资者最大收益为权利金收入 110 元/吨。

策略损益图：若市价在到期日如预期一样在预期幅度内徘徊，则所卖出的期权时间价值大量流失，投资者可赚取全部权利金。此组合风险较大，若价格超出平衡损益点，则损失无限，即使市价维持在预期的波动幅度，若波动率上升，则看涨或看跌期权的权利金都会上升，卖出宽跨式期权仍会招致损失。如图 9－15、表 9－18 所示。

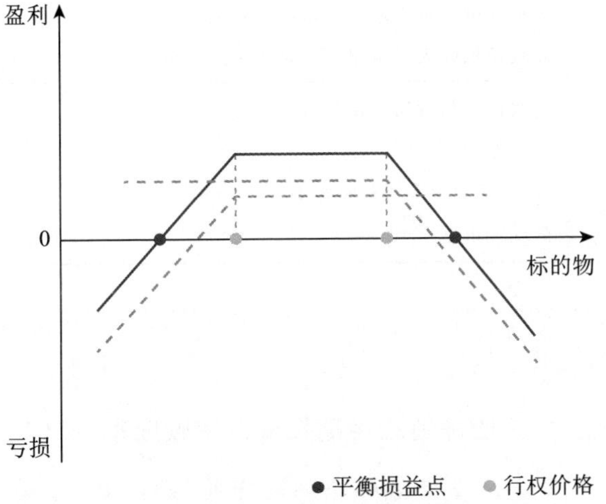

图 9－15 卖出宽跨式期权损益

表 9－18 卖出宽跨式期权策略

项目	策略内容
最大风险	无限
最大收益	净债权
盈亏平衡	较低行权价－净债务 较高行权价＋净债务
行情预测	方向中性，不发生大幅变化
标的物	充足流动性 在一个范围内变化，有较明确支撑位和压力位 大概率保证短期没有消息和新闻发布的标的物

续表

项目	策略内容
期权	充足流动性 看跌期权：虚值，低于当前价 看涨期权：虚值，高于当前价 均为相同到期日的期权、1个月或更短时间
了结方式	平仓 会考虑买入更远虚值看涨和看跌期权形成买入蝶式组合
优点	即使标的物价格不变，也可以获利 高权益的收入型策略，风险小于跨式组合
缺点	价格往任何方向变化都风险无限 收益有限 竞买/竞卖价差对策略影响大 高风险策略

延伸阅读

巴菲特巧用期权降低持股成本

1993年4月2日，万宝路牌香烟宣布将降价20%，在这个“万宝路星期五”公告发布之后，包括可口可乐在内的一些著名股票的价格纷纷走低，市场开始沽空可口可乐股票，但是，巴菲特基于其对可口可乐公司的调研和了解，坚信可口可乐是一只好股票。

实际上，巴菲特认为可以每股大约35美元的价格买入300万股的可口可乐股票。而且他笃定可口可乐股票的价格不会跌破这一个市场价位。所以他决定卖出可口可乐的看跌期权以降低自己持有股票的成本，当然如果股票价格跌至执行价格以下，他将不得不以高于公开市场的价格买进可口可乐股票。

于是巴菲特在1993年4月以每份1.50美元的价钱卖出了300万股可口可乐股票的看跌期权合约。这个期权的到期日是1993年12月17日，购买该期权的投资者可以在此之前按照每股35美元左右的价格卖出可口可乐股票。在伯克希尔公司的股东年会上，巴菲特证实了这一做法，并且说他还会以相似的做法再增加200万股。

要是股票的市场价格从当时每股大约40美元下跌至每股大约35美元时，巴菲特就必须以每股大约35美元的价格买进500万股可口可乐股票。由于巴菲特已经获得了每股1.50美元的差价，他的实际成本价会是每股大约33.50美元。

巴菲特这次签署的“看跌期权”合约唯一承担的风险便是，如果可口可乐的股价在12月跌破每股33.50美元，他就必须按照每股35美元的价格购买可口可乐股票，而不管它的市场价格当时有多么的低。但是，如果股票价格比每股33.50美元还低的话，他也许还会再买更多的可口可乐股票，因为他本来就想以每股35美元的价格买进可口可乐股票。

到了1993年底，由于可口可乐股票的价格仍高于35美元，所以这些期权都没有被履行，巴菲特由此赚得了750万美元。

五、铝期权交易的风险应如何控制?

1. 基差风险

现实中无论期权还是期货对冲，都不能做到完全的无风险。其中，期货的风险主要来自持有期内基差的偏离，期权作为期货的衍生品，自然也面临着同样的基差风险。在基差走强或走弱的市场中，会对套期保值者带来直接的盈利或亏损。因此市场投资者在入场前，就需要对当前的基差走向有所判断，选择对自己有利的时机入场。具体基差对套期保值的影响如表9-19所示。

2. 流动性风险

期权包括看涨和看跌期权，合约数量较多。可能存在交易不活跃、流动性较差的情况，如果投资者选择了流动性差的进行交易，可能会导致成交价

表 9－19　基差变动对期权套期保值的影响

基差变动情况	套期保值种类	套期保值效果
基差不变	卖出套期保值	两个市场盈亏完全相抵，套期保值者得到完全保护
	买入套期保值	两个市场盈亏完全相抵，套期保值者得到完全保护
基差走强（包括正向市场走强、反向市场走强、正向市场转为反向市场）	卖出套期保值	套期保值者得到完全保护，并且存在净盈利
	买入套期保值	套期保值者不能得到完全保护，存在净亏损
基差走弱（包括正向市场走弱、反向市场走弱、反向市场转正向市场）	卖出套期保值	套期保值者不能得到完全保护，并且存在净亏损
	买入套期保值	套期保值者得到完全保护，并且存在净盈利

格不理想。所以投资者在交易时需要注意期权的流动性，选择较为活跃的合约。一般近月合约的流动性比远月合约的好，并且未平仓合约量越大的流动性越好。

3. 行权交收

投资者可能会面临行权失败风险和违约风险。比如期权权利方剔除行权后没有备齐足够的资金或者标的期货头寸，会被判定行权失败，无法赋予有关权利。还有就是期权的义务方在到期日未能准备足够的资金或证券交收，就会被判定为违约，可能会面临处罚。

4. 强行平仓

期权义务方因为保证金较少并且无法在规定时间内补足被强制卖出。所以当投资者收到合约账户追保通知时，应及时在规定时间内交齐保证金，不然可能会被强制卖出。

5. 价值风险

期权是有一个到期日的，越临近到期日，期权的价值越小，虚值期权价值到期后就会归零。所以投资者在选择买入临近到期的期权时需注意，做好场外管理以及设置止损止盈，防止面临价值归零。

6. 套保风险敞口管理

因为期权收益与对应标的物之间是非线性的。在用期权进行套期保值时，需要不断调整套保比率。企业要做到期权和标的数量的匹配，不能期权端远远超过现货/期货端，否则就变成了投机，将再度暴露风险敞口。

自测题

一、选择题

1. 期权买方在期权到期前任一交易日或到期日均可以选择行权的是（　　）。

A. 欧式期权　　B. 百慕大式期权

C. 美式期权　　D. 亚式期权

2. 期权合约是由买方向卖方支付（　　），从而获得在未来约定的时间以约定的价格买入或卖出标的资产的权利。

A. 权利金　　B. 行权价

C. 标的价格　　D. 结算价

3. 铝权合约的最小变动价位为（　　）元/吨。

A. 1　　B. 2

C. 0.1　　D. 0.5

4. 预期后市标的物价格下跌，期望获得权利金，投资者适宜选择（　　）策略。

A. 卖出看跌期权　　B. 买入看跌期权

C. 买入看涨期权　　D. 卖出看涨期权

5. 根据期权交易（　　），交易所规定了客户可以持有的、按单边计算的某月份期权合约投机持仓的最大数量。

A. 强行平仓制度　　B. 大户报告制度

C. 限仓制度　　D. 交易限额制度

6. 上海期货交易所铝看涨期权履约行权后，看涨期权买方将按行权价格获得铝期权的（　　）持仓，卖方按行权价格，获得铝期货的（　　）持仓。

A. 卖，买　　B. 卖，卖

C. 买，卖　　D. 买，买

7. 某投资者以45.5元/吨的价格买入1手（5吨）铝看涨期权合约，当天卖出平仓，平仓价格为50元/吨，不考虑手续费，该笔交易盈亏为（　　）元。

A. 22.75　　B. 0

C. 22.5　　D. －22.5

8. 以下关于期权与期货收益或风险的说法，正确的是（　　）。

A. 期权的卖方收益无限　　B. 期货的买方风险有限

C. 期货的卖方收益有限　　D. 期权的买方风险有限

9. 当标的期货价格为（　　）元/吨时，行权价格为18500元/吨的铝看涨期权为虚值。

A. 18400　　B. 18600

C. 18700　　D. 18500

10. 为了防范铝期货价格大幅下跌的风险，又不愿交纳交易保证金，投资者适宜选择（　　）策略。

A. 买入铝期货看跌期权　　B. 卖出铝期货看跌期权

C. 卖出铝期货看涨期权　　D. 买入铝期货看涨期权

二、判断题

1. 客户进行商品期权交易，使用与期货交易相同的交易编码。（　　）

2. 期权卖方可能发生巨额损失，这一损失可能远大于该期权的权利金，并可能超过投资者存放在期货公司的全部初始保证金以及追加保证金。（　　）

3. 看跌期权买方预期期权合约的标的物价格将会下跌。（　　）

4. 看跌期权标的物价格高于行权价格，则内在价值小于0。（　　）

5. 对于期货看涨期权，当期货合约市场价格高于其行权价格时，期权为虚值期权。（　　）

6. 美式期权和欧式期权的区别主要是交易地域不同。（　　）

7. 如果其他条件不变，随着期权临近到期日，该期权的时间价值就会逐渐增大。（　　）

8. AL2312P18400 合约表示的是标的期货为 AL2312 合约、行权价格为 184000 元/吨的看跌期权合约。（　　）

9. 高风险等级的产品或服务可以由经营机构自主确定，但应当至少包含 R5 风险等级的产品或服务。（　　）

10. 期权卖方无须交纳保证金。（　　）

三、填空题

1. 预期后市铝价下跌，期望获得权利金，投资者适宜选择________策略。

2. 期权买方有权在将来某一时间，按照________买入或卖出一定数量的标的物。

3. 看跌期权的卖方承担________。

4. 某投资者买入 10 手上期所 AL－1312－C－18500 期权合约，提出行权前，该投资者在无其他持仓情况下至少备足________手 AL2312 期货合约保证金。

5. 期权卖方履约后超过期货持仓限额的，期货公司________按有关规定强行平仓。

6. 期权合约的涨停板幅度是根据________乘以相应比例为基准确定的。

7. ________是期权买方未获得期权合约所赋予的选择权而向卖方支付的费用。

8. 根据期权交易________，交易所规定了客户可以持有的、按单边计算的某月份期权合约投机持仓的最大数量。

9. 投资者买入铝期货看涨期权合约，随后铝期货合约大幅下跌，这类风险属于________。

10. 投资者参与期权交易，应当遵循________原则，不得以不符合适当性为由，拒绝承担交易结果与履约责任。

参考答案

一、选择题

1. C 2. A 3. A 4. D 5. C
6. D 7. C 8. D 9. A 10. A

二、判断题

1. × 2. √ 3. √ 4. × 5. ×
6. × 7. × 8. √ 9. √ 10. ×

三、填空题

1. 卖出看涨期权 2. 特定价格
3. 买入标的物的潜在义务
4. 10 5. 有权
6. 标的期货上一交易日结算价
7. 权利金 8. 限仓制度
9. 市场风险 10. 买卖自负

后　记

本书是专为期货交易者编写的一本普及性读物，适合铝产业链企业和普通交易者阅读。

本书注意实用性、趣味性，以通俗易懂的语言、鲜明生动的案例将理论知识简单化，避免了理论知识阐述过程中的呆板僵硬。对铝产业链企业而言，本书具有指导实务操作的作用，书中包含了大量套期保值、套利、风险管理的应用型案例，对企业应用铝期货和期权有一定借鉴意义。对普通交易者而言，本书通过一问一答的形式，由浅入深地剖析铝的基本面及技术面，有助于交易者快速了解铝市场。

与证券、债券等金融工具相比，期货作为风险管理工具，专业性强，杠杆率高，风险大，这在客观上要求期货交易者应具备一定的专业投资知识、经济实力以及风险承受能力。“期市有风险，入市需谨慎！”

由于篇幅限制，本书无法尽述相关实体企业及交易者在期货市场上可能面临的所有具体情况，不管是实体企业还是普通交易者，参与期货交易时，都务必结合自身需求，制定科学合理的交易策略。企业参与套期保值要避免变成投机，普通交易者要严格评估自身能力，尽可能地熟悉并掌握交易品种的市场特点及操作技巧，并严格控制交易规模，避免遭受不必要的损失。

作为《期货交易者教育系列丛书》之一，本书由中国期货业协会组织编写，新湖期货股份有限公司的孙匡文、柳晓怡承担了本书的具体编写任务。上海期货交易所对本书书稿进行了审阅并提出了宝贵建议。

本书在《铝》的基础上修订而来，在此感谢《铝》编写人员新湖期货股份有限公司时岩、祝捷、翁鸣晓、陈四建、李强、王蓉、廉正、李文靖、许红萍等同志在上版图书的编写过程中作出的杰出贡献。

本书在编写过程中还得到了中国证监会期货司、上海期货交易所和新湖期货股份有限公司领导的指导和帮助，在此表示衷心的感谢！书中的错误之处，敬请批评指正。

中国期货业协会《期货交易者教育系列丛书》编委会

2024 年 9 月

中国期货业协会
China Futures Association

中国财经出版传媒集团
中国财政经济出版社

书单
FUTURES

一、系列

序号	系列
(一)	期货交易者教育系列图书
(二)	金融衍生品系列丛书
(三)	中国期货业发展创新与风险管理研究
(四)	中国期货市场年鉴
(五)	“讲故事　学期货”金融国民教育丛书
(六)	全国期货从业人员资格考试参考用书
(七)	服务实体经济系列
(八)	期货投资者保护丛书
……	……

二、明细

(一) 期货交易者教育系列图书

序号	书名	书号
1	铜期货	978-7-5223-0293-5
2	精对苯二甲酸（PTA）期货	978-7-5223-1405-1
3	玉米期货	978-7-5223-2467-8
4	铝期货	978-7-5223-2980-2
5	小麦	978-7-5095-3183-9
6	锌	978-7-5095-3190-7
7	线型低密度聚乙烯、聚丙烯和聚氯乙烯期货	978-7-5223-2982-6
8	早籼稻	978-7-5095-3076-4

续表

序号	书名	书号
9	棉花期货	978-7-5223-2276-6
10	燃料油期货	978-7-5223-2659-7
11	棕榈油期货	978-7-5223-2981-9
12	黄金	978-7-5095-2532-6
13	白糖期货	978-7-5095-8814-7
14	豆类期货	978-7-5095-8815-4
15	焦煤焦炭期货	978-7-5223-2286-5
16	乙二醇期货	978-7-5223-1645-1
17	铅	978-7-5095-4086-2
18	鸡蛋期货	978-7-5095-5803-4
19	铁矿石期货	978-7-5095-5809-6
20	纤维板、胶合板期货	978-7-5095-5810-2
21	石油沥青期货	978-7-5095-5816-4
22	菜籽系期货	978-7-5095-5743-3
23	白银期货	978-7-5095-5955-0
24	玻璃期货	978-7-5095-5697-9
25	动力煤期货	978-7-5095-5802-7
26	稻谷期货	978-7-5095-5826-3
27	原油期货（第二版）	978-7-5223-2342-8
28	苹果期货	978-7-5223-0455-7
29	花生期货	978-7-5223-0967-5
30	生猪期货	978-7-5223-0851-7
31	天然橡胶期货	978-7-5223-1184-5
32	钢材期货	978-7-5223-1175-3
33	甲醇期货	978-7-5223-1295-8
34	纸浆期货	978-7-5223-1277-4
35	纯碱期货	978-7-5223-2285-8
36	镍与不锈钢期货	978-7-5233-2488-3
37	锡期货	978-7-5223-2660-3
38	液化石油气期货	978-7-5223-2931-4
……	……	……

（二）金融衍生品系列丛书

序号	书名	书号
1	股指期货（第二版）	978-7-5095-9432-2
2	场外衍生品（第二版）	978-7-5095-9596-1
3	国债期货（第二版）	978-7-5095-9601-2
4	金融期权（第二版）	978-7-5095-9598-5
5	外汇期货（第二版）	978-7-5095-9597-8
6	结构化产品（第二版）	978-7-5095-9600-5
7	金融衍生品习题集（第二版）	978-7-5095-9599-2

（三）中国期货业发展创新与风险管理研究

序号	书名	书号
1	中国期货业发展创新与风险管理研究（8）	978-7-5095-6907-8
2	中国期货业发展创新与风险管理研究（9）	978-7-5095-7523-9
3	中国期货业发展创新与风险管理研究（10）	978-7-5095-8144-5
4	中国期货业发展创新与风险管理研究（11）	978-7-5223-0213-3
5	中国期货业发展创新与风险管理研究（12）	978-7-5223-1483-9
6	中国期货业发展创新与风险管理研究（13）	978-7-5223-2215-5
7	中国期货业发展创新与风险管理研究（14）	978-7-5223-2819-5
……	……	……

（四）中国期货市场年鉴

序号	书名	书号
1	中国期货市场年鉴（2015）	978-7-5095-6924-5
2	中国期货市场年鉴（2016）	978-7-5095-7503-1
3	中国期货市场年鉴（2017）	978-7-5095-8331-9
4	中国期货市场年鉴（2018）	978-7-5095-9079-9
5	中国期货市场年鉴（2019）	978-7-5095-9869-6
6	中国期货市场年鉴（2020）	978-7-5223-0640-7
7	中国期货市场年鉴（2021）	978-7-5223-1500-3
8	中国期货市场年鉴（2022 中文版）	978-7-5223-2380-0
9	中国期货市场年鉴（2022 英文版）	978-7-5223-2381-7
10	中国期货市场年鉴（2023 中文版）	978-7-5223-2837-9
11	中国期货市场年鉴（2023 英文版）	978-7-5223-2836-2
……	……	……

（五）“讲故事 学期货”金融国民教育丛书

序号	书名	书号
1	走进期货	978-7-5095-7095-1
2	如何进行期货交易	978-7-5095-7092-0
3	期货的套保和套利	978-7-5095-7093-7
4	期货交易中的“规矩”	978-7-5095-4355-9
5	金属期货	978-7-5095-7087-6
6	农产品期货	978-7-5095-7104-0
7	能化期货	978-7-5095-7088-3
8	金融期货	978-7-5095-7094-4
9	期权	978-7-5095-7217-7
10	场外衍生品	978-7-5095-7091-3

（六）全国期货从业人员资格考试参考用书

序号	书名	书号
1	期货及衍生品基础（第三版）	978-7-5223-1005-3
2	期货法律法规与职业道德（第二版）	978-7-5223-2897-3
3	期货及衍生品分析与应用（第四版）	978-7-5223-0998-9

（七）服务实体经济系列

序号	书名	书号
1	期货行业主力复工复产案例集	978-7-5223-0168-6
2	期货服务实体经济案例集	978-7-5095-8029-5
……	……	……

（八）期货投资者保护丛书

序号	书名	书号
1	期海导航——期货投资常识与基础知识	978-7-5223-1045-9
2	期海护航——期货交易者合法权益保护	978-7-5223-1531-7

咨询电话：010-88190912

咨询邮箱：jiayanping@cfemg.cn